«A» EXPRESSIVA ARTE DA PERSUAÃO

JASON HARRIS

«A» EXPRESSIVA ARTE DA PERSUASÃO

OS 11 HÁBITOS QUE TRANSFORMARÃO QUALQUER UM EM UM [MESTRE DA INFLUÊNCIA]

ALTA BOOKS
GRUPO EDITORIAL
Rio de Janeiro, 2023

A Expressiva Arte da Persuasão

Copyright © 2023 da Starlin Alta Editora e Consultoria Eireli.
ISBN: 978-85-508-1526-8

Translated from original The soulful art of persuasion. Copyright © 2019 by Jason Harris. ISBN 978-1-9848-2256-7. This translation is published and sold by permission of Currency a division of Penguin Random House LLC, an imprint of Random House, the owner of all rights to publish and sell the same. PORTUGUESE language edition published by Starlin Alta Editora e Consultoria Eireli, Copyright © 2023 by Starlin Alta Editora e Consultoria Eireli.

Impresso no Brasil — 1ª Edição, 2023 — Edição revisada conforme o Acordo Ortográfico da Língua Portuguesa de 2009.

Todos os direitos estão reservados e protegidos por Lei. Nenhuma parte deste livro, sem autorização prévia por escrito da editora, poderá ser reproduzida ou transmitida. A violação dos Direitos Autorais é crime estabelecido na Lei nº 9.610/98 e com punição de acordo com o artigo 184 do Código Penal.

A editora não se responsabiliza pelo conteúdo da obra, formulada exclusivamente pelo(s) autor(es).

Marcas Registradas: Todos os termos mencionados e reconhecidos como Marca Registrada e/ou Comercial são de responsabilidade de seus proprietários. A editora informa não estar associada a nenhum produto e/ou fornecedor apresentado no livro.

Erratas e arquivos de apoio: No site da editora relatamos, com a devida correção, qualquer erro encontrado em nossos livros, bem como disponibilizamos arquivos de apoio se aplicáveis à obra em questão.

Acesse o site www.altabooks.com.br e procure pelo título do livro desejado para ter acesso às erratas, aos arquivos de apoio e/ou a outros conteúdos aplicáveis à obra.

Suporte Técnico: A obra é comercializada na forma em que está, sem direito a suporte técnico ou orientação pessoal/exclusiva ao leitor.

A editora não se responsabiliza pela manutenção, atualização e idioma dos sites referidos pelos autores nesta obra.

```
Dados Internacionais de Catalogação na Publicação (CIP) de acordo com ISBD

H313e    Harris, Jason
            A expressiva arte da persuasão: os 11 hábitos que transformarão
         qualquer um em um mestre da influência / Jason Harris ; traduzido por
         Janaina Araújo. – Rio de Janeiro : Alta Books, 2023.
            304 p. ; 16cm x 23cm.

            Tradução de: The Soulful Art of Persuasion
            Inclui índice.
            ISBN: 978-85-508-1526-8

            1. Autoajuda. 2. Comunicação. 3. Persuasão. I. Araújo, Janaina. II.
         Título.
                                                              CDD 158.1
2022-591                                                      CDU 159.947

            Elaborado por Odílio Hilario Moreira Junior – CRB-8/9949

                        Índice para catálogo sistemático:
                        1.    Autoajuda 158.1
                        2.    Autoajuda 159.947
```

Produção Editorial
Grupo Editorial Alta Books

Diretor Editorial
Anderson Vieira
anderson.vieira@altabooks.com.br

Editor
José Ruggeri
j.ruggeri@altabooks.com.br

Gerência Comercial
Claudio Lima
claudio@altabooks.com.br

Gerência Marketing
Andréa Guatiello
andrea@altabooks.com.br

Coordenação Comercial
Thiago Biaggi

Coordenação de Eventos
Viviane Paiva
comercial@altabooks.com.br

Coordenação ADM/Finc.
Solange Souza

Coordenação Logística
Waldir Rodrigues

Gestão de Pessoas
Jairo Araújo

Direitos Autorais
Raquel Porto
rights@altabooks.com.br

Assistente Editorial
Caroline David

Produtores Editoriais
Illysabelle Trajano
Maria de Lourdes Borges
Paulo Gomes
Thales Silva
Thiê Alves

Equipe Comercial
Adenir Gomes
Ana Carolina Marinho
Ana Claudia Lima
Daiana Costa
Everson Sete
Kaique Luiz
Luana Santos
Maira Conceição
Natasha Sales

Equipe Editorial
Ana Clara Tambasco
Andreza Moraes
Arthur Candreva
Beatriz de Assis
Beatriz Frohe

Betânia Santos
Brenda Rodrigues
Erick Brandão
Elton Manhães
Fernanda Teixeira
Gabriela Paiva
Henrique Waldez
Karolayne Alves
Kelry Oliveira
Lorrahn Candido
Luana Maura
Marcelli Ferreira
Mariana Portugal
Matheus Mello
Milena Soares
Patricia Silvestre
Viviane Corrêa
Yasmin Sayonara

Marketing Editorial
Amanda Mucci
Guilherme Nunes
Livia Carvalho
Pedro Guimarães
Thiago Brito

Atuaram na edição desta obra:

Tradução
Jana Araújo

Copidesque
Samantha Batista

Revisão Gramatical
Hellen Suzuki
Thamiris Leiroza

Diagramação
Joyce Matos

Capa
Marcelli Ferreira

Editora afiliada à:

Rua Viúva Cláudio, 291 – Bairro Industrial do Jacaré
CEP: 20.970-031 – Rio de Janeiro (RJ)
Tels.: (21) 3278-8069 / 3278-8419
www.altabooks.com.br — altabooks@altabooks.com.br
Ouvidoria: ouvidoria@altabooks.com.br

A todos aqueles na jornada pelo sucesso expressivo.

Agradecimentos

A Expressiva Arte da Persuasão foi desenvolvido a partir de histórias pessoais, modelos de comportamento, eventos e pesquisa profunda. Sou grato aos amigos, à família e aos colegas, que me ajudaram a levar este livrinho até a linha de chegada.

À equipe por trás disso: Robert, Gretchen, Stephen e Julia. À equipe editorial na Random House/Currency e ao meu editor-astro, Roger.

Gostaria de agradecer pela paciência e pelos sábios conselhos de Karen e de nossos dois filhos, Cole e Jett. Pelos comentários dos meus pais, Chuck e Sandy, e da minha irmã, Stacey. E gostaria de agradecer a toda a família profissional na Mekanism, e aos meus sócios originais de 13 anos, Tommy, Ian e Pete. Também à orientação de Mike, Tom e Brendan, às dicas de marketing de Meagan e Emma e ao apoio de Nina.

E quero agradecer a Tim Ferris e Ryan Holiday, pela inspiração infinita de seu trabalho.

Sobre o Autor

Jason Harris é CEO da premiada agência criativa Mekanism e cofundador da Creative Alliance. Ele trabalha de perto com as marcas, misturando espírito e ciência para criar campanhas provocativas que engajem o público. E são marcas expressivas, como Peloton, Ben & Jerry's, Miller Coors, HBO e as Nações Unidas. Sob sua liderança, a Mekanism entrou na Agency A-list da *Ad Age* e foi indicada duas vezes em sua lista Best Places to Work [Melhores Lugares para Trabalhar], além de entrar na lista Creativity 50, da revista *Creativity*. Harris entrou no Top 10 de Líderes de Impacto Social Mais Influentes e na lista das "100 People Who Make Advertising Great" [100 Pessoas que Tornam a Publicidade Grandiosa] da 4A. Seus métodos são estudados na Harvard Business School.

Sumário

O Ponto de Partida — 3

princípio 1: **ORIGINALIDADE**

CAPÍTULO 1	vire-se e encare o estranho	15
CAPÍTULO 2	o poder persuasivo do storytelling	37
CAPÍTULO 3	nunca fechar negócio	63

princípio 2: **GENEROSIDADE**

CAPÍTULO 4	doe-se	101
CAPÍTULO 5	a atração da positividade	119
CAPÍTULO 6	um pouco de respeito	141

xii   A EXPRESSIVA ARTE *da* PERSUASÃO

princípio 3: EMPATIA

CAPÍTULO 7	não sou eu, somos nós	165
CAPÍTULO 8	o imperativo da colaboração	183
CAPÍTULO 9	área comum	201

princípio 4: EXPRESSIVIDADE

CAPÍTULO 10	a importância da busca de habilidades	223
CAPÍTULO 11	luz pessoal	243
Palavras Finais		265

| Notas | 273 |
| Índice | 287 |

A Expressiva Arte *da* Persuasão

O Ponto de Partida

É difícil saber em quem confiar atualmente.

Hoje em dia, não é possível olhar para uma tela sem ser atingido por falsa indignação, fake news, golpes de phishing, anúncios pop-up ou algum outro tipo de estupidez online. A confiança no governo e na grande mídia se aproxima de níveis historicamente baixos.[1] E se alguém já confiou de olhos fechados nos gigantes do Vale do Silício, como o Facebook e o Google, não confia mais.[2] A maioria dos norte-americanos não confia nem em pesquisas de opinião — pelo menos, de acordo com uma pesquisa de opinião.[3]

Então, como persuadir pessoas em um ambiente em que ninguém tem razão alguma para confiar em você — em que as pessoas buscam de forma ativa motivos para suspeitar? Este é um desafio com o qual passei minha carreira lutando, pois é muito claro: a população norte-americana com certeza não confia em pessoas na minha linha de trabalho.

Como CEO da agência criativa Mekanism, pertenço a uma das profissões menos confiáveis do mundo. As únicas pessoas consi-

4 A EXPRESSIVA ARTE *da* PERSUASÃO

deradas mais desonestas, de acordo com uma pesquisa da Gallup, são vendedores de carros usados e membros do Congresso.[4] São companhias bem questionáveis.

Essas atitudes dizem muito sobre a natureza da influência na era moderna, pois se há uma coisa que todas essas três profissões têm em comum é que todas estão no ramo da persuasão. E quando se imagina alguém que vive de persuadir, dois tipos de pessoa vêm à mente.

O primeiro é o trambiqueiro escorregadio e de fala rápida que tenta tirar vantagem de nós, como os corretores de imóveis desesperados em *Sucesso a Qualquer Preço* (que ganhou um Prêmio Pulitzer como peça de teatro). Esses são os tipos de indivíduos que nos dirão qualquer coisa que queiramos ouvir apenas para fechar negócio. Eles se fiam em promessas vagas, truques linguísticos e letras miúdas para ocultar a verdade. Repetem nosso nome de forma irritante como se nos conhecessem. São propositalmente inofensivos, autoconscientes demais, calculistas, ávidos por agradar e, em uma palavra, *inexpressivos*. Ninguém quer comprar nada dessas pessoas; elas nos fazem querer encontrar qualquer desculpa para dizer não.

No outro extremo, estão os ideólogos e faladores que têm certeza de seu ponto de vista e acham que qualquer um que discorde deles é idiota ou perigoso. Pense em jornalistas partidários e trolls de internet, lobistas de Brasília e pseudointelectuais de programas de rádio. Pessoas neste grupo podem ser encontradas em todos os pontos de nosso espectro político. E são incapazes de convencer qualquer um que já não tenha abraçado sua exata visão de mundo.

Como profissional líder da indústria da propaganda, vejo-me confrontado com essas preconcepções todos os dias. Mesmo assim, consegui construir uma carreira em torno da minha habilidade de persuadir — seja ajudando a persuadir consumidores a comprar determinados produtos e serviços, persuadindo clientes a contratar nossa agência e a permanecer conosco, persuadindo potenciais funcionários a vir trabalhar conosco ou nossos funcionários atuais a dar o seu melhor. Consegui fazer isso em uma indústria na qual a persuasão ocorre no ambiente mais escrutinado que se pode imaginar.

Qual é o meu segredo? Bem, encontrei apenas uma solução que funciona neste atual mundo moderno: ser o oposto do vendedor grudento ou do fanfarrão autoiludido que todo mundo quer evitar; ser alguém em quem as pessoas possam confiar e com quem possam se conectar — e até se emocionar.

Em outras palavras, você precisa ser *expressivo*.

Essa é a ideia principal por trás de *A Expressiva Arte da Persuasão*. E se baseia na simples observação de que uma pessoa nos persuadir ou não tem pouco a ver com as palavras e frases exatas usadas ou com as posições assumidas; trata-se do tipo de pessoa que ela realmente é.

Pessoas persuasivas não são aquelas habilidosas em bajular seu público ou descobrir o que ele quer ouvir; são pessoas com quem desejamos concordar. Elas têm qualidades que nos compelem a ficar ao seu lado e a confiar nelas, qualquer que seja a questão. Sua persuasão vem do *âmago*.

O resultado é uma forma de influência muito mais poderosa do que apenas a razão. Argumentos lógicos nos *forçam* a aceitar uma determinada conclusão, gostemos dela ou não, mas a persuasão expressiva nos *atrai* para uma posição. Persuadir de maneira genuína se trata de *engajar*, e não de *insistir*. E isso pode ser realmente aprendido e se tornar um hábito com a prática.

Não vou lhe oferecer um apanhado de truques para fechar um negócio ou fazer uma venda rápida. O que *vou* mostrar é como desenvolver hábitos pessoais que lhe permitirão ser o tipo de pessoa em que os outros confiam, de quem buscam conselho e com quem querem colaborar.

Em resumo, mostrarei como desenvolver um *caráter* mais persuasivo.

O caráter é o conjunto de traços, disposições e virtudes que uma pessoa demonstra de forma consistente por meio de pensamentos, respostas emocionais e ações — as qualidades que refletem quem ela é. Desenvolver um caráter persuasivo significa adquirir traços, hábitos mentais e práticas pessoais que, quando internalizados de verdade, sem dúvida o transformarão em alguém mais influente.

Os Quatro Princípios

As disposições pessoais que podem nos tornar persuasivos caem em quatro categorias principais.

Primeiro, pessoas persuasivas têm *originalidade*. Quando falam, sentimos que vêm de uma posição de autenticidade e honestidade, e que temos um vislumbre de sua versão real e única — não de um pacote preconcebido para nos agradar. Os pensamentos e as ações de pessoas que têm essa virtude são motivados por uma compreensão profunda de quem são, sempre sendo elas mesmas e construindo compromissos profundos e de longo prazo; elas não são motivadas pelo desejo de ganhos de curto prazo.

Em segundo lugar, pessoas persuasivas têm *generosidade*. Elas frequentemente dão algo e não esperam nada em troca. Não estou falando apenas de dinheiro ou coisas concretas. Pessoas persuasivas também são generosas com conselhos, oportunidades, apresentações, respeito e positividade emocional. Nunca temos a impressão de que elas fazem algo apenas em benefício próprio.

Terceiro, pessoas persuasivas têm *empatia*. Elas têm uma curiosidade natural em relação às outras pessoas e buscam se envolver em conversas que vão além do papo furado sobre assuntos que genuinamente interessem aos outros. Pessoas desse tipo são colaboradoras habilidosas e têm uma visão que enfatiza nossa humanidade em comum, não nossas diferenças.

Por fim, pessoas persuasivas têm *expressividade*. Elas se agarram a seus próprios padrões éticos e pessoais autoimpostos, sempre se esforçam para melhorar e motivam os outros a irem além de seus limites normais. São fontes de inspiração para aqueles ao seu redor. Como resultado, têm uma autoridade pessoal que as torna naturalmente influentes.

Exploraremos esses quatro princípios em detalhes quando focarmos os onze hábitos específicos que decorrem deles, como esses hábitos contribuem para a persuasão e o que podemos fazer para desenvolvê-los e fortalecê-los.

Meu objetivo é ajudá-lo a incorporar determinados atributos, pontos de vista e tendências à sua vida, para que se tornem uma parte reflexiva e habitual de quem você é. Dessa forma, quando demonstrar empatia, generosidade ou expressividade, ficará óbvio para as pessoas a seu redor que estão tendo um vislumbre do seu caráter — mesmo se esse reconhecimento for inconsciente.

Dependendo dos seus pontos fortes e fracos naturais, alguns dos capítulos a seguir serão mais úteis que outros. Leitores que são naturalmente empáticos, por exemplo, não precisam passar muito tempo aperfeiçoando esse aspecto do caráter.

A melhor maneira de usar este livro é ser honesto consigo mesmo sobre os traços que mais precisam ser trabalhados e focar práticas que mais lhe tragam vantagem.

Tornando a Persuasão Expressiva Novamente

"Persuasão" não é exatamente uma palavra que comove. Ela é um pouco carregada, e a maioria das pessoas a associa à decepção e a alguma forma de coerção. Não há dúvidas de que a persuasão negativa é possível. De fato, a vemos na forma de disseminação do medo, propagandas de ataque político e na retórica de "nós contra eles". E minha própria área, a publicidade, com certeza carrega alguma responsabilidade pela má reputação da persuasão.

Mas ela também pode vir de um lugar positivo e otimista — um lugar *expressivo*.

Se você se esforçar para ser original, generoso, empático e expressivo, será meio caminho andado para uma vida mais recompensadora e significativa. Você também será uma pessoa mais feliz, positiva e com experiências mais gratificantes.

Que esses traços de caráter também o tornarão mais influente em uma ampla gama de situações é um belíssimo efeito colateral benéfico. Mas isso não muda o fato de que eles são profundamente relevantes para qualquer um que aspire se tornar mais influente — em casa, no trabalho, entre amigos ou até na vida em geral.

Quando se conquistam as pessoas pelo seu caráter, elas estão, em geral, motivadas por suas próprias melhores tendências. Essas tendências incluem o reconhecimento de nossa humanidade em comum, a disposição de ver as coisas por um ponto de vista diferente, o senso de possibilidade e o desejo de responder a emoções positivas.

Há uma dolorosa falta de persuasão na cultura atual de polarização política, câmaras de ressonância online e tribalismo. Para que superemos nossas diferenças e descubramos uma maneira de viver melhor em sociedade, precisamos nos tornar melhores em persuadir uns aos outros.

Ao mesmo tempo, o caráter agora importa muito mais do que antes. Graças a mudanças culturais nos últimos anos, formas de discriminação, misoginia e racismo que antes eram varridas para debaixo do tapete agora estão sendo repreendidas. As falhas de caráter de uma pessoa podem ser o fim de sua carreira. Esse é o principal motivo para abordar a persuasão de uma posição que coloque o caráter no centro de tudo.

A Expressiva Arte da Persuasão é para empreendedores, aspirantes a empreendedores, pessoas criativas e qualquer um que queira usar o poder da persuasão para convencer colegas, pares, clientes, amigos ou companheiros de seu ponto de vista. Afinal, em algum nível, todos nós estamos no negócio da persuasão.

É claro que não podemos fingir ser persuasivos, assim como não é possível fingir ser pianista clássico, arremessador de lance livre ou neurocirurgião. Mas qualquer um pode aprender a ser persuasivo. Tive que a aprender a sê-lo ao longo de mais de duas décadas na implacável área da publicidade.

Este livro em suas mãos o ajudará a fazer o mesmo.

PRINCÍPIO 1

ORIGINALIDADE

Quando uma pessoa é verdadeiramente persuasiva, nunca duvidamos de que o que ela
diz é real. Mesmo que discordemos, ainda
reconhecemos que ela defende algo e não
tem medo de nos mostrar quem ela é e o
que valoriza.

Esse é o tipo de pessoa que se importa
mais com ser fiel a si mesma do que com
apenas conseguir um sim, convencer os outros do quanto são incríveis, impressionar o
chefe, fechar algumas vendas extras ou se
sair melhor que alguém em uma discussão.
É por isso que ser sua versão mais original e
genuína é um componente essencial da persuasão.

Por definição, não é possível fingir ser você mesmo. Se apresentar sua versão verdadeira, as pessoas estarão muito mais dispostas
a ouvi-lo, acreditar em você e ficar do
seu lado em questões controversas.

Quando alguém é assumi-
damente original, podemos
sentir em nosso âmago
que essa pessoa é digna
da nossa lealdade, de
nossa fidelidade
e, sim, de nosso
negócio.

Capítulo 1

vire-se e encare
o estranho

*Então fiquei de cara comigo mesmo Mas nunca consegui
ter nem um vislumbre De como os outros devem ver o
farsante Estou rápido demais para fazer esse teste*
— David Bowie, "Changes"

Meu ídolo sempre foi David Bowie. Ninguém nunca seguiu melhor este conselho, com frequência atribuído a Oscar Wilde: "Seja você mesmo; todas as outras personalidades já têm dono." Ao longo de cinco décadas nas indústrias da música, da moda e do entretenimento, Bowie nunca deixou de explorar quem ele era e de encontrar novas maneiras de inspirar os outros com sua criatividade, que testou os limites de gênero e misturou vários estilos de música. Acima de tudo, como modelo a ser seguido, ele assegurou, para mim e muitos outros, que não há problema em ser você mesmo em sua forma mais estranha e maravilhosa. Ele possibilitou que todos e qualquer um ficassem confortáveis para levantar sua bandeira única de esquisitão.

16 A EXPRESSIVA ARTE *da* PERSUASÃO

Crescendo nos anos 1980, eu peguei a segunda e terceira ondas do trabalho de Bowie. "Let's Dance", "China Girl" e "Under Pressure" foram os primeiros hits que me chamaram a atenção: "Let's sway / While color lights up your face / Let's sway / Sway through the crowd to an empty space."* Bowie me balançou. Ele me convenceu porque era único; me persuadiu com suas histórias. E, a partir daí, comecei a passar noites inteiras mergulhado em sua obra. Seus discos misturavam uma assombrosa gama de estilos, de art rock a glam rock, pós-punk, eletrônica, hard rock, jazz, new wave e, infelizmente, até disco. Não havia nada que ele não pudesse fazer.

Não estou sozinho em minha obsessão. Afinal, ele é um dos artistas mais vendidos de todos os tempos. Sem ele, não há The Cure, U2, Lou Reed, Joy Division, LCD Soundsystem, ou mesmo Lady Gaga. A revista *Rolling Stone* recentemente o nomeou "o maior astro do rock que já caiu neste ou em qualquer outro mundo".[1]

Mas, com ele, a atração principal nunca foi apenas "Changes" ou "Ashes to Ashes"; era Bowie — ou Ziggy Stardust; Aladdin Sane; o Thin White Duke; ou alguém de seu estoque infinito de alter egos. Antes de ser Bowie, David Robert Jones era um músico com dificuldades indo de uma banda para outra e produzindo uma série de singles que ninguém comprava. Mesmo quando mudou de nome para David Bowie, seu primeiro disco solo não chegou a lugar nenhum — e é fácil ver por quê. Naqueles anos, Bowie ainda tentava se encaixar em categorias existentes do que achava que queriam dele. Fosse tocando folk ou covers de blues, tudo soava como algo que as pessoas já tinham ouvido. Era familiar demais.

E, advinha? Ninguém estava nem aí para aquele tal de David Bowie.

---

* "Vamos nos balançar / Enquanto a cor ilumina seu rosto / Vamos nos balançar / Nos balançar por entre a multidão até um espaço vazio."

ORIGINALIDADE 17

Mas, em 1969, quando soltou "Space Oddity" dias antes do lançamento do Apollo 11, da NASA, ele iniciou o caminho para se tornar o deus internacional do rock que mudaria o formato da cultura popular para sempre. Na década que se seguiu, ele empreendeu uma jornada criativa incomparável na história do rock. Dos discos *The Man Who Sold the World*, *Hunky Dory* e *The Rise and Fall of Ziggy Stardust and the Spiders from Mars*, passando por *Young Americans* e *Heroes* até o lançamento póstumo da perturbadora obra-prima *Blackstar*, Bowie estava constantemente se reinventando, incorporando novas ideias, forçando limites e desafiando suposições a cada oportunidade — mesmo do além-túmulo.

O momento desse renascimento não foi acidental. Bowie passou os dois anos entre seu primeiro disco solo fracassado e o lançamento de "Space Oddity" descobrindo novas influências e explorando novas maneiras de fazer arte. Ele viveu em um monastério budista, estudou dança, teatro e mímica e ajudou a criar um laboratório experimental de artes.[2] Estava descobrindo formas de ser seu verdadeiro eu e de expressá-lo melhor. Mergulhou fundo em si mesmo para entender o que queria dizer e convencer todos nós a prestar atenção.

Acima de tudo: ele encontrou sua própria visão e aprendeu a sempre confiar nela.

O que o tornou irresistível como artista foi que ele não estava tentando ser o próximo Mick Jagger ou Bob Dylan. Ele estava se tornando o primeiro e único David Bowie, um homem a quem as velhas categorias não se aplicavam. Ele não era blues nem pop, psicodélico nem soul, homem nem mulher, gay nem hétero. Não tinha uma identidade única. O que uniu tudo o que ele fez foi que tudo isso veio da originalidade de David Bowie. E isso bastava.

Crescendo no entorno de Washington, D.C., no conservador Condado de Fairfax, Virgínia, eu absorvia cada disco, letra e persona de Bowie. Nem sempre sabia o que estava sentindo quando ouvia alguma de suas músicas, mas sabia que sentia algo *expressivo*. E era muito mais interessante do que a banda Wham!

Na época que descobri Bowie, eu já meio que era a ovelha negra da família. Meus pais e muitos de meus parentes são professores e acadêmicos. Meus interesses eram incompreensíveis para eles: eu não era um rato de biblioteca, era um viciado em televisão sem vergonha obcecado por *A Super Máquina* e *Super-Herói Americano*. Também adorava assistir as histórias de trinta segundos espalhadas entre os programas de TV. Ainda penso em comerciais como o "Oh yeah!" do Kool-Aid Man, "How many licks does it take to get to the Tootsie Roll center of a Tootsie Pop?" ou "Leggo my Eggo"* — slogan que minha irmã e eu repetimos inúmeras vezes na mesa do café da manhã. Ainda hoje me pego dizendo "Time to make the donuts" — do comercial da Dunkin' Donuts da minha infância —, no caminho para o trabalho. Eu separava cada componente desses comerciais antigos, da música à atuação e à direção, analisando o que os fazia funcionar. Ele me persuadia a comprar o que estava vendendo? Definitivamente, este não era um comportamento normal para uma criança de 12 anos, e com certeza não na minha família de intelectuais e educadores.

Foi preciso que David Bowie me mostrasse que a esquisitice não é algo a ser combatido, e sim abraçado. Ele me deu permissão para ser meu estranho e único eu.

Ironicamente, o único emprego em escritório que ele teve foi como artista na Nevin D. Hirst Advertising, em Londres.[3] Ele não durou muito tempo ali, mas, mesmo depois, manteve uma relação próxima com o mundo da publicidade, fazendo aparições na TV para tudo, da Pepsi à Louis Vuitton.[4]

Pode soar ilógico o fato de eu ter aprendido sobre a importância da autenticidade com David Bowie — o mestre da autocriação, das infinitas identidades —, mas faz sentido. Sim, ele

---

* Slogans de comerciais de televisão norte-americanos dos anos 1980.

era uma confusão de contradições e personalidades radicalmente diferentes, mas tudo era o original e verdadeiro Bowie o tempo todo. Você podia até não entender o que ele estava fazendo, mas sabia que estava mostrando um lado único de si mesmo e não se importava com o que ninguém pensava. Era impossível não sentir.

E essa qualidade de ser você mesmo de forma autêntica está no cerne da persuasão.

O Caráter É Quem Manda

A persuasão é uma questão de caráter pessoal, não de fatos ou argumentos. Os modos mais poderosos de persuadir não têm muito a ver com evidências, argumentos ou lógica. Na verdade, muitas vezes o que convence as pessoas não é o conteúdo do que está sendo dito, mas a fonte — em outras palavras, a pessoa que passa a mensagem. Aristóteles sabia disso mais de dois milênios atrás. Como ele colocou: "Acreditamos em bons homens de maneira mais completa e rápida do que em outros... Talvez quase possamos dizer que o caráter [do orador] seja seu meio de persuasão mais eficiente."[5]

Isso faz sentido. Para a maioria das questões, não temos conhecimento, tempo ou perícia para descobrir sozinhos qual lado escolher. Acredito na minha médica quando ela diz que preciso tomar suplementos de vitamina D ou deixar meu tornozelo torcido de molho por uma semana. Não é a ciência que me convence — eu não estudei medicina e não faço ideia de por que diabos precisamos de tanta vitamina D, mas minha médica estudou e conhece seu próprio ofício, e os bons transmitem a convicção e o caráter para nos fazer ouvir.

Quando um político tenta nos persuadir sobre reforma tributária, segurança nacional ou imigração, na maior parte do tempo não temos informações o suficiente para decidir com base apenas nos fatos. Decidimos com base em se essa pessoa parece ou não bem-intencionada, confiável, confiante e sincera. Decidimos com base no caráter percebido do indivíduo.

Quando falo de caráter, me refiro — ou, mais importante, Aristóteles se refere — não apenas à lista de regras éticas que tentamos seguir ou às crenças pessoais que mantemos. Nosso caráter também é formado pelos hábitos e pelas inclinações que demonstramos sem perceber. Quando uma pessoa corajosa vê uma escola em chamas, não hesita em correr para dentro do prédio para ajudar as crianças. Quando uma pessoa honesta encontra uma carteira, faz o melhor para devolvê-la ao dono e não considera nem por um instante pegar o dinheiro dentro dela. Uma pessoa sincera diz a verdade desapercebidamente, não depois de pesar os prós e contras de ser honesta.

Logo, os traços de caráter que nos tornam persuasivos também precisam vir de dentro. As pessoas precisam saber que estão tendo um vislumbre do nosso eu verdadeiro — uma espiadela em algo que nem nós sabemos que estamos lhes mostrando.

Peep Show da Alma

O primeiro passo para desenvolver um caráter persuasivo é aprender a ser assumidamente você mesmo.

Eu sei, eu sei, "Seja você mesmo" não é nenhuma novidade. Já ouvimos isso um milhão de vezes. É algo que dizemos a um amigo que se prepara para uma entrevista de emprego ou que esteja prestes a convidar alguém para um encontro. Mas o que as pessoas realmente querem dizer com "Seja você mesmo" é "Relaxe, seja natural e não pense demais".

Mas não é disso que estou falando, pois, na maioria das situações em que tentamos ser persuasivos, nosso instinto nos leva na

ORIGINALIDADE 21

direção errada. Tentamos esconder aquelas partes de nós mesmos que achamos que os outros não vão gostar. E dizemos e fazemos coisas que achamos que nos tornarão mais atraentes para o público. Sorrimos mais do que o normal ou reagimos de forma animada em relação a algo para o qual não ligamos tanto assim. Usamos uma linguagem mais formal do que normalmente usamos na vida real. Em bom português, fingimos até conseguirmos.

Mas não é a isso que seres humanos respondem. Eles conseguem perceber o que estamos fazendo a quilômetros de distância, quer nos demos conta ou não. As pesquisadoras Leanne ten Brinke, Dayna Stimson e Dana R. Carney, da Berkeley's Haas School of Business, demonstraram em experimentos recentes o quanto somos ótimos em detectar conversa fiada de maneira inconsciente.[6] O trabalho tinha o propósito de descobrir se reações instintivas e de frações de segundos eram melhores em identificar desonestidade do que nosso julgamento consciente. Para isso, elas conduziram um experimento em que pediram a um grupo de universitários para assistir a interrogatórios gravados de pessoas suspeitas de roubar US$100. Apenas alguns dos suspeitos realmente haviam roubado o dinheiro, mas foi pedido a todos nas gravações que negassem a culpa. Alguns realmente haviam roubado, mas todos negaram.

Curiosamente, quando foi pedido aos universitários para identificar *de forma consciente* quais suspeitos mentiam e quais diziam a verdade, as respostas não foram muito precisas. Na verdade, só atingiram 54% de precisão, um pouco melhor do que se tivessem adivinhado.

O incrível foi: quando as pesquisadoras mediram as reações *inconscientes*, instintivas e de frações de segundos dos universitários aos vídeos, eles mostraram separar muito melhor os mentirosos daqueles que diziam a verdade. Especificamente, os participantes que consideravam algum dos mentirosos gravados respondiam mais rápido a palavras como "desonesto", "fingido"

22 A EXPRESSIVA ARTE *da* PERSUASÃO

e "falso" do que a palavras como "honesto" e "genuíno" durante um teste elaborado para medir reações mentais automáticas. Quando consideravam algum dos suspeitos honesto, o oposto era verdadeiro.[7, 8]

Ou seja, o que o trabalho de Brinke, Stimson e Carney mostra é que as pessoas são ótimas em detectar desonestidade com precisão instintiva e em frações de segundos — muito melhor do que quando julgam papo furado de forma consciente. Logo, quando contamos mentirinhas inofensivas para cair nas graças do público, há uma boa chance de acionarmos o alarme de decepção logo de cara, sem que sequer o público se dê conta. O público pode não saber exatamente o que estamos escondendo, mas sabe que escondemos algo. E, uma vez que a insinceridade é farejada, você se torna apenas mais um vendedor tentando enganá-lo.

Existem duas maneiras de contornar o sensor de papo furado natural de alguém. Primeiro, podemos aprender a ser especialistas em papo furado. Não é fácil, mas com certeza é possível; são os chamados vigaristas. E, se você quiser se tornar um, há outros livros por aí. Este não é um deles.

Para aqueles que gostam de deitar a cabeça no travesseiro com a consciência tranquila, há uma outra opção: parar de tentar fazer as pessoas gostarem de você e ser quem você é totalmente. Ou, em outras palavras, não seja David Robert Jones tentando fazer músicas batidas que ele achava ser o que as pessoas queriam. Seja Ziggy Stardust e ponha para fora seu eu mais estranho, honesto e maravilhoso, mesmo que isso signifique violar algumas normas sociais.

Vou lhe dar um exemplo pessoal. Por anos, fingi gostar de vinho. Estive na rota do vinho de Napa, Califórnia, algumas dezenas de vezes. E, todas as vezes, eu seguia o protocolo: balançava e cuspia. Segurava minha taça contra a luz e a girava. Usava palavras como "amadeirado" e "encorpado", como se soubesse do que estava falando. Memorizei algumas das regiões e varietais e qual vinho harmonizar com qual comida. Achava que estava arrasando.

Eu me convenci de que gostava de tudo aquilo, mas não gostava. Na verdade, detesto vinho. É ácido. Deixa meus dentes roxos. E, depois de bebê-lo, ele me faz querer deitar e apagar. Eu sou um cara mais enérgico. Bebo um mescal ou algum drink com vodka em qualquer noite da semana (ou todas as noites, em semanas difíceis). Eu apenas sentia que vinho era o tipo de coisa que deveria gostar, então segui o fluxo — em especial quando estava com alguém que queria impressionar.

Hoje em dia, quando me sento em algum restaurante, devolvo minha taça de vinho ao garçom na primeira chance que tenho. Acontece que as pessoas respeitam isso. Os amantes de vinho que conheço são os que mais respeitam, pois definitivamente não querem passar a noite inteira ouvindo um dissimulado recitar bobagens pretensiosas que tentou aprender em Napa. Além disso, significa que sobra mais vinho para eles.

Desligar o filtro e mostrar um pouco de verdade pode nos dar vantagem real quando tentamos convencer o público. Aqui estão algumas razões pelas quais isso funciona. Primeiro, um ser humano original — com gostos e desgostos, interesse externos e obsessões surpreendentes — é algo que outras pessoas reconhecem e com que conseguem se conectar, quer se identifiquem completamente com aquela pessoa ou não.

Afinal, diversidade é a única coisa que temos em comum.

Além disso, nos tornamos memoráveis, autênticos, e isso nos torna muito mais confiáveis do que alguém que parece estar encenando um espetáculo. Isso também nos dá uma chance de compartilhar uma parte de nós e de contar histórias pessoais.

Não tenho vergonha de encher as paredes do meu escritório com imagens de artistas, músicos e figuras históricas que realmente adoro e que me inspiram. É claro, a cliente que estou tentando conquistar pode detestar The Clash ou Prince, mas é quase certo que adore algum tipo de música, arte ou ícone cultural. Isso torna a foto de Joe Strummer algo com o qual ela consegue se identificar e ajuda a me tornar um ser humano, em vez de um empresário tentando tirar algo dela.

Mas existe outra razão para expressar nosso eu autêntico e completo sempre que possível: é quase impossível prever quais partes de nossa identidade atrairão as outras pessoas. Podemos achar que nossa coleção de minúsculos gatos de porcelana, copos de shot, tênis Nike retrô, histórias em quadrinhos da Marvel ou seja lá qual for a obsessão será incompreensível para nosso público, mas pode ser exatamente aquilo que ele mais admira sobre nós. E isso nos torna memoráveis. Além de tudo, o fato de nos abrir ao escrutínio transmite confiança. E, quando se trata de persuasão, confiança é poder.

Quando permitimos que nossa bandeira de esquisitão tremule, mostramos às outras pessoas que confiamos, respeitamos e as acolhemos. E também nos abrimos para ouvir suas obsessões e seus interesses únicos.

É por isso que é uma boa ideia ser seu eu mais estranho. Mas esta é a parte difícil: não devemos ter nenhuma dessas razões em mente quando realmente buscamos persuadir alguém. Se só estamos nos expondo para fazer uma venda, então não estamos sendo genuínos, mas, sim, manipuladores. É preciso chegar a um ponto em que a singularidade que demonstramos em nossas interações venha de algum lugar real. É preciso ser algo que fazemos sem pensar. Deixar as pessoas verem nossas esquisitices é o que nos torna interessantes e memoráveis. Quem quer se misturar e ser insosso e esquecível?

Para algumas pessoas, isso é fácil — e se torna mais fácil com a idade — mas, em geral, é necessário percepção, disciplina e prática. Nem Bowie fazia isso naturalmente; ele teve que correr atrás e aprender a fazê-lo.

Como Ter Interações Mais Autênticas

Como aprendemos a ser ainda mais originais? Parece uma pergunta complicada, mas não é. Na verdade, há um método simples que podemos pôr em prática todos os dias e que pode ser resumido em três etapas.

Percepção

Percepção, neste caso, é ouvir de verdade o que estamos dizendo. Comece a prestar mais atenção a cada interação que você tem. O que estamos buscando são ocasiões em que dizemos ou fazemos algo que não reflete realmente o que sentimos. Talvez tenhamos dado um sorriso amarelo para uma tentativa de piada de mau gosto de alguém. Talvez tenhamos fingido estar muito mais felizes ou aborrecidos com o clima de hoje do que realmente estávamos. Talvez tenhamos evitado compartilhar algo sobre nós mesmos porque não tínhamos certeza de como o outro reagiria ou se sentiria sobre isso.

A maioria de nós faz essas coisas automaticamente. E, é claro, pode ser que cada ocasião dessas seja apenas inocente. Estamos só sendo educados, dizemos a nós mesmos. Ou só tentando evitar conflitos, terminar essa conversa esquisita e seguir a vida. Mas esses pequenos momentos de insinceridade podem rapidamente se somar e virar uma completa falsidade. No mínimo, são oportunidades perdidas de mostrar algo real de nós mesmos.

Momentos como esses tomam diferentes formas para cada pessoa, mas quando sabemos o que buscamos, é difícil ignorá-los. Então, quando se pegar se envolvendo nesse tipo de insinceridade em pequena escala, tome nota.

Análise: Faça uma Avaliação Detalhada Pós-Jogo

Assim como um atleta assiste a gravações de jogos para manter suas habilidades em dia, é bom fazer uma análise pós-jogo de nossas trocas ou argumentos para conferir onde podemos ser mais nós mesmos. Depois de cada conversa, pergunte a si mesmo qualquer uma das questões a seguir que se aplique:

- Onde nessa conversa fui meu eu mais genuíno?

- Onde me percebi não sendo sincero ou me segurando?

Com essas informações em mãos, pergunte-se:

- Como posso desenvolver esses momentos em que me permiti me mostrar?

Em relação aos momentos menos genuínos, pergunte-se:

- O que eu poderia ter dito ou feito se estivesse sendo honesto? Se estivesse sendo meu eu mais genuíno? Se não estivesse tão preocupado com a visão do outro sobre mim?

- Como eu teria agido se estivesse falando com meu amigo mais antigo — alguém que me conhece melhor do que eu mesmo?

Não me leve a mal — não estou lhe dizendo para ser um c*zão babaca só para se destacar. Se sua resposta para qualquer uma das perguntas for "Você está me tirando a alegria de viver! Por favor, pare de falar!", você não entendeu nada. Nosso objetivo não é fazer com que a outra pessoa tente nos bater. É apenas conduzir a conversa da forma mais genuína possível.

Adaptação: Implemente o que Aprendeu

Quaisquer que sejam suas respostas para essas perguntas, é preciso pôr esse conhecimento em prática. Mantenha um diário no qual registra seus pontos fortes e fracos. Talvez haja um tópico de conversa que realmente traga à tona seu eu mais genuíno. Ou talvez haja um detalhe em sua vida que você evita comentar a qualquer custo — talvez até tente escondê-lo. As pessoas nos respeitam quando contamos algo profundamente pessoal sobre nossa vida. Pode haver coisas que você fala sem pensar ou que finge gostar, mas detesta. Não tenha vergonha de suas experiências e seus pontos de vista; orgulhe-se deles.

O simples ato de anotar essas coisas ajudará a internalizar essas lições. E, se desenvolver o hábito de fazer isso, você terá muito mais consciência de quando estiver sendo falso. Com o tempo, começará a se refrear antes que as palavras saiam de sua boca, até que se torne automático.

É como aprender a tocar um instrumento musical — piano, por exemplo. No começo, pensamos em cada pequeno detalhe: como sentar, onde posicionar os pés, quanta tensão há nos punhos, o dedilhar, o ritmo, a força ao apertar as teclas. Cada nota que tocamos exige concentração intensa. Mas conforme dominamos o instrumento, cada vez mais o que fazemos se torna puramente automático. Nesse ponto, a música parece apenas fluir de nós. Ou, melhor ainda, é como aprender uma língua estrangeira. No começo, ficamos obcecados com a gramática, o vocabulário e os tempos verbais. Conjugamos os verbos em nossa mente e pronunciamos cada palavra com cuidado. Passamos as páginas do dicionário e memorizamos palavras. Mas, quando dominamos a língua, tudo isso some e as palavras fluem direto de nossa mente sem hesitar.

Esse é o processo que você deve aplicar para desenvolver cada hábito persuasivo detalhado neste livro. Não pense nisso em termos de ter que aprender algo novo. Pense como descobrir e confiar nas qualidades únicas que já existem em você.

É isso que os jogadores de golfe querem dizer quando falam de "encontrar sua tacada". Eles não estão arquitetando uma tacada perfeita do zero, mas descobrindo a própria tacada natural por meio da prática deliberada. E, de certa forma, isso o ajudará a encontrar a *sua* tacada.

Colecione Modelos de Comportamento e Estude-os

Haverá ocasiões em que estaremos cansados, com fome ou apenas perderemos o interesse no autoaperfeiçoamento. O que falta nesses momentos é inspiração. E uma maneira segura de lidar com essa falta é ter um conjunto de modelos de comportamento ao qual recorrer.

Especificamente, devemos estar sempre em busca de pessoas que admiramos por sua conduta sincera e verdadeira. Pode ser Steve McQueen. Pode ser Oprah. Pode ser Steph Curry. Pode ser a pessoa que corta o seu cabelo. Não importa, contanto que funcione para você.

Agora pense por que, exatamente, essa pessoa se destaca para você. Observe de perto a maneira como ela fala, seu tom, seu uso de contato visual, sua escolha de palavras, seus tópicos de conversa — tudo. Aqui, recomendo também que você mantenha um diário no qual possa anotar os traços de caráter que admira. Minha ode a Bowie no início do capítulo saiu direto do meu caderno.

Ao fazer isso, você estará internalizando as características de seus modelos de comportamento que acha mais admiráveis para se utilizar delas em sua própria vida. E, quando se sentir entrando no modo de agradar pessoas, lembre-se de um desses modelos e imagine como eles agiriam no seu lugar. Seu objetivo não é copiar as idiossincrasias dessas figuras, mas ser inspirado por elas.

Por que "Seja Confiante" É um Péssimo Conselho

Pessoas confiantes são naturalmente persuasivas — não é necessário dizer isso. Se dois mecânicos me derem explicações conflitantes sobre o que há de errado com meu carro, vou acreditar naquele que diz que com certeza o problema é uma junta do cabeçote queimada. Definitivamente não vou apostar no cara que parece estar fazendo uma suposição. E a ciência corrobora.

Em um experimento, os psicólogos Paul C. Price e Eric R. Stone mostraram a um grupo de 35 pessoas as previsões da bolsa de valores segundo dois analistas financeiros fictícios — um chamado Brown, e o outro, Green. Os participantes veriam, por exemplo que Brown previu com 86% de certeza que uma ação em particular subiria, depois descobririam se ele estava certo ou errado. O grupo recebeu 24 pares de resultados de opiniões de cada analista, formando um histórico razoável para os dois.[9]

Depois, os participantes tinham que escolher qual analista contratariam. Nenhum dos dois era melhor em prever as ações do que o outro. Na verdade, ambos faziam exatamente as mesmas previsões em geral para todas as ações. A única diferença era que um deles era sempre muito confiante — prevendo com, digamos, 99% de certeza, quando o outro previa com 84%. Mesmo quando o analista superconfiante estava incerto, ele era extremamente incerto — fazendo uma previsão com 7% de certeza, em vez dos 22% de certeza do outro analista.

Como era de se esperar, os participantes preferiram o analista mais confiante, mesmo que ele não fosse melhor em escolher ações. Quando nos deparamos com duas opções igualmente boas, a confiança faz a diferença.

Isso sugere que há uma boa razão para que as pessoas digam com frequência "seja confiante" se a intenção é persuadir. Mas não vou fazer isso. Porque a verdade é que "seja confiante" é um conselho ruim. Da próxima vez que alguém lhe disser isso, faça um favor a si mesmo e ignore. Dizer "seja confiante" a alguém é como dizer "fique com sono" ou "fique surpreso" — não podemos apenas decidir ficar assim. O que *podemos* decidir é *transmitir* confiança. Ou, mais precisamente, podemos adotar hábitos e desenvolver traços de personalidade que tornarão a nossa confiança real.

Estar confortável em sua própria pele é mais da metade do caminho quando se trata de expressar confiança. Mas também existem várias estratégias específicas para nos comunicar de forma mais confiante.

Dizer a Verdade com Autoridade

Se vai dizer algo, diga. Se não está disposto a transmitir uma ideia importante de maneira bem informada, então não diga nada. Pare de usar uma linguagem que suavize o que está dizendo ou sugira incerteza. Estou falando de palavras e frases como:

- talvez

- provavelmente

- tipo

- acredito que...

- posso estar errado

- acho que...

- pode ser uma ideia idiota, mas...

Apenas se livre delas. O mesmo vale para comentários quebra-gelo, como "Posso fazer uma pergunta?" ou "Só jogando uma ideia...".

Essas pequenas introduções e esquivas são o que pesquisadores em comunicação chamam de discurso fragmentado (*powerless speech*), e a razão é óbvia.[10] Quando falamos dessa maneira, transmitimos insegurança a nosso público e damos a impressão de que o que estamos dizendo não merece ser levado a sério. Aqui, podemos dar tchauzinho a qualquer chance de persuadi-lo, pois o público não está acreditando no que estamos comunicando. E por que deveria? Nem nós acreditamos.

Alguns podem se opor a essa estratégia, como se fosse um tipo de enganação. Afinal, não é desonesto fingir ser mais confiante do que somos? Sim. Mas não estou dizendo para fingir; apenas para mudar a maneira como expressamos as coisas em que realmente acreditamos, pois, se nosso discurso for cheio de linguagem fragmentada, até afirmações nas quais acreditamos profundamente parecerão inacreditáveis ou, no mínimo, questionáveis. O uso de uma linguagem coerente (*powerful speech*) aumenta nossa confiança. E usar o discurso fragmentado faz o mesmo, mas na direção oposta.

Aprendi essa lição da maneira mais difícil. Recentemente, fui convidado a participar de um programa da Fox transmitido nacionalmente nos EUA para discutir as tendências de publicidade do Super Bowl daquele ano. Fiquei animado, afinal, se tem algo sobre o qual posso falar com autoridade é de publicidade. Além disso, sou um superfã de ótima publicidade, então o Super Bowl é como o Natal — er... Chanucá para mim.

Achei a gravação da minha participação ótima enquanto acontecia. Então, assisti à gravação. Logo no início da entrevista, meu discurso era hesitante. Metade das palavras na minha primeira frase era "Olha..." ou "Acredito que...". Eu me sentia confiante e entusiasmado, mas ninguém perceberia só de me ouvir. Demorou uns dois minutos para encontrar meu ritmo, momento em que a entrevista já estava na metade.[11]

A entrevista precisou ser feita a distância em uma redação lotada, então eu não conseguia ver a pessoa com que falava. A repórter errou o nome da minha empresa enquanto me apresentava, o que me desestabilizou ainda mais. Mas contratempos como este são esperados, e, se a experiência me ensinou alguma coisa, foi que é fácil cair de volta em maus hábitos quando estamos sob pressão.

A única forma de evitar que tais episódios nos abalem é praticar. E quando se trata de tirar a linguagem fragmentada de nosso discurso, podemos adotar o mesmo processo de três etapas que destaquei antes.

- **CONSCIÊNCIA:** Primeiro, busque essas palavras e frases em suas conversas cotidianas.

- **ANÁLISE:** Segundo, tire um momento para perceber quando está caindo nesse tipo de conversa e para pensar em como poderia ter se expressado de forma mais direta.

- **ADAPTAÇÃO:** Por fim, anote as palavras fragmentadas nas quais mais se apoia e faça um esforço deliberado para não usá-las.

Você descobrirá que eliminar palavras fragmentadas não muda em nada o sentido do que diz. Compare estas duas frases e verá o que estou dizendo:

ORIGINALIDADE 33

- **FRAGMENTADO:** "Para ser sincero, preciso dizer que o show da Beyoncé deve ser um dos melhores shows ao vivo de todos os tempos, pelo menos na minha opinião atual."

- **COERENTE:** "O show da Beyoncé é o melhor show ao vivo."

- **FRAGMENTADO:** "Não me leve a mal, eu não tenho nada contra esse autor. Mas os livros dele não funcionam para mim, pessoalmente."

- **COERENTE:** "Não gosto do estilo desse autor."

Não é necessário lembrar as pessoas de que você está tentando ser honesto; não é necessário lembrá-las de que é você que está dizendo algo; e elas com certeza entendem que é a sua opinião sendo expressa. De quem mais seria?

Descobri que, quando nos esforçamos para usar uma linguagem coerente, ela de fato afeta a maneira como pensamos. Começamos a formular pensamentos como afirmações claras e confiantes, já que não temos mais bengalas linguísticas em que nos apoiar.

Seja um Audacioso com Causa

Quando nos posicionamos, temos que ter certeza de que é pelas razões certas. Para ir além em conversas cotidianas, precisamos nos posicionar em relação a algo em que acreditamos. Ser audacioso apenas pela audácia não é eficaz. Existe uma linha tênue entre confiança e imprudência. Fazer algo extremo apenas para ser provocativo é o que chamamos de manobra. Ninguém acredita nos audaciosos. Eu não aceitaria conselhos de Evel Knievel —

a menos que quisesse me tornar perito em pular sobre quatorze ônibus em uma moto.

Uma manobra é feita pelo espetáculo. Em contrapartida, quando nos posicionamos em relação a uma questão, essa escolha precisa atingir o cerne de quem somos e do que acreditamos. Esta é a diferença entre um flash mob e uma marcha pelos direitos civis: um é sem sentido, o outro, inspirador.

Se vamos nos arriscar, precisamos servir a um sistema de valores. Para isso, precisamos identificar quais são os nossos valores centrais. Por valores, não digo apenas crenças políticas e noção de certo e de errado, embora sejam parte disso. Eu me refiro às coisas que achamos mais importantes na vida — grandes conceitos, como lealdade, otimismo, criatividade, retidão ou beleza. Pergunte a si mesmo: quais são os princípios e compromissos que não estou disposto a negociar, não importa o preço? Você pode se perguntar o mesmo sobre a empresa em que trabalha ou lidera.

Qualquer que seja sua resposta, é o que deve motivá-lo quando você toma uma decisão corajosa ou expressa uma visão forte. Mesmo se essa escolha não der certo, terá vindo de um lugar de verdade. E isso é algo que as pessoas conseguem respeitar independentemente do resultado.

Bowie não pintou um raio no rosto e se autonomeou Ziggy Stardust só por diversão. Ele queria propagar uma visão criativa e explorar novas formas de fazer arte que fossem verdadeiras para seu eu original.

RECAPITULANDO

O objetivo é chegar a um ponto em que as coisas que dizemos e fazemos reflitam nosso eu real. Quando falamos do coração, não nos importamos com o modo como os outros nos percebem, e esta é uma conquista real. Se está contorcendo-se para caber nas expectativas de outras pessoas, a única pessoa que enganará no fim será você mesmo. Uma coisa que aprendi em minha carreira na publicidade é que a habilidade do público de perceber artimanhas supera de longe a nossa de enganá-lo.

Os métodos que encontrei para evitar esse tipo de insinceridade são:

1. Externalize seu verdadeiro eu.
2. Fale e aja com confiança.
3. Colecione modelos de comportamento.
4. Siga seus valores centrais com ousadia (e alegria).

Se fizer isso, sua verdadeira personalidade brilhará de maneiras que você nunca imaginou.

Confiança é sentir-se seguro para ser você mesmo. E isso vem da convicção e de saber quem você é. Desenvolver um caráter expressivamente persuasivo é mais do que ser seu eu original, mas, sem esse traço de caráter básico em prática, você não terá muita sorte ao persuadir os outros.

Como disse o designer gráfico Sean McCabe, ninguém influencia o mundo tentando ser exatamente como todo mundo.[12]

Capítulo 2

o poder persuasivo do storytelling

Sempre há espaço para histórias que consigam transportar as pessoas para outro lugar.

— J. K. Rowling

Quando as pessoas perguntam o que eu faço da vida — ou o que minha empresa, a Mekanism, faz — minha resposta é sempre a mesma: *storytelling* (em outras palavras, nós contamos histórias). Sim, somos uma agência de publicidade. Logo, no fim das contas, estamos no ramo de venda de produtos, sejam eles sorvetes, tênis ou desodorantes. Mas nossa forma de lidar com essa tarefa é descobrindo a verdade central de uma empresa, contando *histórias* que transmitam essa verdade de maneiras cativantes, significativas e divertidas.

Essa abordagem é muito diferente de como os publicitários costumavam vender produtos. Até algumas décadas atrás, a prática-padrão das propagandas era listar os benefícios e as características do último carro, produto de limpeza ou eletrodoméstico e alardear seu "preço baixíssimo". Na verdade, os comerciais diziam diretamente a seus consumidores por que era uma boa ideia comprar algo. A única coisa que as propagandas tinham que fazer era oferecer os fatos (mesmo que eles fossem ligeiramente exagerados).

Mas, no mundo atual, precisamos entender nosso público de uma forma mais emocional, verdadeira e expressiva se quisermos criar uma conexão. Nesse cenário, apenas fatos e características não fazem o serviço sozinhos. É o storytelling que move, conecta e cria laços significativos entre as marcas e os consumidores. É o storytelling que detém o maior poder de persuasão — e não só no mundo da publicidade.

Os pesquisadores já reconheceram há muito tempo o storytelling como uma atividade humana universal — e benéfica — desde os primórdios de nossa espécie. Como o historiador Yuval Noah Harari escreveu: "A diferença real entre os chimpanzés e nós é a cola misteriosa que permite que milhões de humanos cooperem de maneira eficiente. Essa cola misteriosa é feita de histórias, não de genes."[1]

Então, sim, nós meio que devemos nossa própria existência ao storytelling. Uma pesquisa do antropólogo Daniel Smith e de sua equipe, na University College London, descobriu que o storytelling "pode ter tido um papel essencial na evolução da cooperação humana, ao transmitir normas sociais e cooperativas para coordenar o comportamento de grupo".[2] Contamos histórias para comunicar nossos valores e forçar os outros a adotar esses mesmos valores.

Há uma boa razão para estarmos usando histórias para persuadir uns aos outros desde o início: mais do que qualquer outra forma de comunicação, as histórias têm o poder de inspirar lealdade, nos tirar do momento presente e nos permitir considerar ideias de uma nova perspectiva, além de nos fazer entender as coisas em um âmbito emocional. Logo, se seu objetivo é mudar

ORIGINALIDADE 39

mentalidades e fazer as pessoas agirem, ser proficiente em storytelling é uma necessidade básica.

Exploraremos o que, exatamente, torna as histórias ferramentas tão poderosa de persuasão. Mas também revelaremos os hábitos e traços de caráter que permitem a qualquer um se tornar um storyteller persuasivo.

De Presidentes a Paris: Convencendo por Meio de Histórias

Quando bem contada, uma ótima história envolve as pessoas na narrativa, absorvendo-as em um mundo diferente do próprio e criando uma conexão quase sobrenatural com os personagens principais. Por um breve momento no tempo, o público se esquece de si e passa a habitar a história. Todos já experimentamos isso ao assistir a um filme cativante ou ao nos perdermos em um livro. E, quando estamos imersos em uma história, ficamos muito mais propensos a baixar a guarda e nos desprender de noções preconcebidas.

Não é coincidência que as maiores religiões do mundo tenham disseminado suas mensagens por meio de mitos, alegorias e histórias bíblicas. Ou que os maiores líderes de nossa época também tenham sido alguns dos melhores storytellers, seja Martin Luther King Jr., Mahatma Gandhi, The Notorious RBG ou Nelson Mandela.

Talvez o maior praticante do storytelling persuasivo na história dos Estados Unidos tenha sido Abraham Lincoln. "Dizem que eu conto muitas ótimas histórias", explicou uma vez o ex-presidente. "Suponho que sim, mas aprendi com a experiência que pessoas simples... são influenciadas mais facilmente por intermédio de uma ilustração ampla e engraçada do que de qualquer outra maneira."[3]

40 A EXPRESSIVA ARTE *da* PERSUASÃO

Para Stephen Douglas, seu maior oponente nos históricos Debates Lincoln-Douglas sobre a instituição da escravatura, a habilidade de storytelling de Lincoln era algo a ser temido. "Cada uma de suas histórias parecia um golpe nas minhas costas", observou certa vez. "Não há nada mais, nem seus argumentos, nem suas réplicas, que me incomode. Mas, quando ele começa a contar uma história, sinto que estou prestes a ser superado."[4]

Até o discurso mais famoso de Lincoln, o Discurso de Gettysburg, transporta as pessoas para a fundação dos EUA, "há 87 anos".

Próximo ao fim da Guerra Civil, o general William Tecumseh Sherman perguntou ao presidente como os militares deveriam lidar com o presidente confederado Jefferson Davis. A principal preocupação de Lincoln era preservar a União depois dessa guerra sangrenta e assegurar que aqueles que lutaram do outro lado retornassem à sociedade norte-americana de forma pacífica.

Punir Davis publicamente inflamaria as tensões políticas por todo o país. Mas deixá-lo sair ileso teria sido tão ruim quanto, politicamente. Do ponto de vista de Lincoln, o cenário de melhor caso para um país destruído e dividido era que o ex-presidente confederado fugisse. Claro que ele não podia revelar esse desejo ao público, então expressou seu posicionamento com uma história. Ela envolvia um homem que havia parado de beber. Quando um amigo lhe perguntou se ele gostaria de uma bebida alcoólica, recusou e pediu um copo de limonada. Enquanto o amigo servia a limonada, mencionou que a bebida ficaria mais gostosa com um pouco de conhaque. O homem explicou que não se oporia se o conhaque fosse acrescentado sem seu conhecimento. Sherman entendeu o ponto: Lincoln queria que o general deixasse Davis escapar, mas sem que o presidente soubesse.[5]

Sem essa capacidade de storytelling, seria improvável que Lincoln tivesse sido capaz de construir a rede política — ou o

ORIGINALIDADE 41

apoio popular — que lhe permitiu se tornar presidente. (A propósito, as histórias foram mais que meras ferramentas persuasivas para Lincoln. Alguns suspeitam que as anedotas leves e engraçadas que ele contava fossem um modo de lidar com sua depressão debilitante — uma forma de tentar reajustar o próprio cérebro.)

Por sorte, ninguém precisa ser um mestre político da magnitude de Lincoln para usar o storytelling a seu favor. Considere uma situação em que você tenta convencer seu parceiro a passar as férias em Paris, e não em Londres. Pode argumentar que Paris tem uma culinária de primeira, museus incomparáveis e um clima melhor que o de Londres. Mas, novamente, do ponto de vista da persuasão — como na publicidade —, apenas listar os benefícios e características não é uma maneira muito eficiente de convencer alguém.

Na melhor das hipóteses, dizer a alguém por que deveria fazer algo — comprar um produto, votar em alguém, doar para a caridade — apela para seu intelecto. Convida essa pessoa a pesar os prós e contras de uma situação e a leva a uma conclusão lógica. Isso é ótimo. Mas a lógica é só uma parte do quebra-cabeças, e discutir raramente é a melhor forma de mudar ideias.

Na pior das hipóteses, essa abordagem levará a um confronto. Afinal, ninguém gosta de ouvir o que fazer, como qualquer um que já tenha criado um filho sabe muito bem. E, se nosso público já tiver um posicionamento atual sério, pregar um sermão sobre por que estão errados pode fazer com que se agarrem ainda mais a suas crenças.

Agora, imagine que, em vez de listar as razões pelas quais seu parceiro deveria escolher Paris e não Londres, vocês fossem a uma exibição de *Acossado*, de Jean-Luc Goddard, ou, se a Nouvelle Vague francesa não for sua praia, vissem *Meia-noite em Paris*, de Woody Allen, *Antes do Pôr do Sol*, de Richard Linklater, ou algum outro filme que mostre toda a beleza romântica de

Paris e os transporte para aquelas ruas pitorescas. O fato é que essa experiência será muito mais útil para convencer seu amor do que qualquer lista de atrações turísticas, pois histórias nos envolvem em um nível emocional profundo.

Para mim, o exemplo mais educativo do poder persuasivo do ótimo storytelling vem de uma das bandas mais medíocres de todos os tempos: o Kiss. Sim, estou falando daquela banda de rock cheia de maquiagem e saltos altos, com performances baseadas em engolir fogo e sacudir a língua.

Como o Kiss Usou o Storytelling para Conquistar o Mundo

Quando adolescente, eu amava o Kiss. Quer dizer, aqueles caras eram de outro mundo. Vestiam fantasias loucas de couro preto, colocavam fogo nas coisas e tocavam instrumentos que flutuavam no ar. Até cuspiam sangue. Eu ouvia todos os discos no talo, de *Dressed to Kill* até *Destroyer*, aprendi todas as letras (banais) e, com frequência, pintava o rosto com tinta preta e branca. E, é claro, meus pais levantavam as sobrancelhas e sacudiam a cabeça quando eu saía do meu quarto com a língua para fora e fazendo chifrinhos com as mãos.

Enquanto Bowie era um verdadeiro gênio musical, os membros do Kiss com certeza não eram. Não me entenda mal — a música era sempre divertida, mesmo se fosse simples. Mas, de alguma forma, apesar da falta de talento como músicos, a banda produziu um total de trinta discos de ouro. É mais do que qualquer outra banda norte-americana na história, de acordo com a Associação Americana da Indústria de Gravação. Quatorze de seus álbuns chegaram a disco de platina, e três, ao multiplatina.[6]

O sucesso do Kiss foi bem além das vendas de discos. A banda inspirou seguidores como nenhum outro artista musical antes deles. Nós nos autointitulamos "Kiss Army" e, entre outras coisas, assumimos a função de ligar para as estações de rádio e atormentar os radialistas para que tocassem as músicas da banda. Essa abordagem de marketing brilhante é algo que adotei desde então em meu próprio trabalho na publicidade. Mas, naquela época, eu não enxergava isso como marketing — via como um ato de devoção à banda que me cativou. Eu ficava animado de fazer parte daquela enorme comunidade. De certa forma, o Kiss Army foi a primeira rede de influenciadores do mundo. Os fãs construíam a banda.

O Kiss também foi pioneiro no campo do merchandising de marca, produzindo um arsenal aparentemente infinito de mercadorias esquisitas. A banda conseguiu incluir sua imagem em tudo, de *action figures* a histórias em quadrinhos, protetores labiais, canivetes, clipes de dinheiro, camisinhas, caixões e até cheques bancários.[7] Imagine o quanto é preciso ser devotado à banda para pagar seu aluguel com um cheque do Kiss.

Como explicar esse nível de popularidade de uma banda que, musicalmente falando, estava longe de ser brilhante? Como eles inspiraram um exército de seguidores e venderam tantos discos sem produzir um único single número um nos Estados Unidos?[8] Simples: era tudo uma questão de storytelling. Fosse o monstro linguarudo do Gene Simmons; o "Catman" do baterista Peter Criss; o "Starchild" de Paul Stanley; ou o "Spaceman" de Ace Frehley; esses caras não eram músicos. Eram demônios psicóticos de alguma mitologia alienígena que eles mesmos inventaram. Em outras palavras, eram personagens em uma história envolvente que eu e outros milhões achávamos irresistível. A música era apenas um veículo para transportar o público para sua narrativa louca e arrebatadora.

Antes de criar essa história, eram apenas roqueiros cabeludos comuns de Nova York que mal conseguiam encher um bar local. Mas, assim que inventaram a história de seu mundo alternativo, isso não importava mais. Na verdade, ninguém nem prestava atenção na música, só na história que eles contavam.

Esse tipo de conexão profunda e não racional com o público é algo que apenas excelentes storytellers conseguem atingir. É por isso que histórias são uma ferramenta poderosa para moldar visões, forjar alianças e mudar as ideias das pessoas: elas possibilitam o acesso a uma parte da psique humana que a argumentação lógica simplesmente não consegue atingir. E é por essa razão que aprender a ser um ótimo storyteller é parte crucial no desenvolvimento de um caráter persuasivo.

Somos Transportados pelas Histórias

O maravilhoso sentimento de ser absorvido por uma história da maneira que eu era quando era um jovem soldado do Kiss Army é uma sensação humana básica que os psicólogos chamam de *transporte*. Pesquisadores descobriram que, quando somos transportados por uma história, nossos cérebros realmente processam as informações de maneira diferente; nós nos tornamos menos conscientes do mundo real e mais conscientes do mundo da história. E, obviamente, isso nos torna mais abertos a mudar nossas crenças. De certa forma, os cientistas estão finalmente descobrindo uma verdade que Gene Simmons já conhecia nos anos 1970.

O estudo dos psicólogos sociais Melanie C. Green e Timothy C. Brock oferece uma prova convincente do poder do transporte. Os pesquisadores conduziram vários experimentos nos quais pediram que os participantes lessem uma história declaradamente perturbadora. Nela, uma jovem chamada Katie vai ao shopping com sua irmã mais velha, Joan, e acaba sendo brutalmente assassinada a facadas por um paciente psiquiátrico fugitivo. Um negócio bem medonho, com certeza. Mas o ponto era esse. Os pesquisadores precisavam de uma história envolvente do ponto de vista emocional para que os experimentos funcionassem. A história também foi criada para transmitir um conjunto de crenças, embora apenas de forma implícita. Por exemplo, a narrativa sugere que shoppings não são seguros, que pacientes psiquiátricos precisam de mais supervisão e que o mundo é, basicamente, uma bosta.

O que Green e Brock descobriram ao longo de vários experimentos foi que os leitores que atingiram maiores níveis de transporte tiveram mais tendência a adotar crenças mais consistentes com a história — como que pacientes psiquiátricos precisam de mais supervisão. Esses leitores também mostraram sentimentos mais positivos em relação às protagonistas. Leitores que por alguma razão foram menos transportados tiveram crenças menos consistentes com a história e menos afeto pelas personagens principais. Curiosamente, a história ser apresentada como ficção ou fato não afetou muito esses resultados.[9]

Agora, imagine o que se precisaria fazer para convencer uma pessoa de que shoppings não são seguros ou de que pacientes psiquiátricos precisam de mais supervisão usando apenas argumentos lógicos. Seria necessário apresentar evidências, seja na forma de estatísticas ou testemunho de especialista. E seria preciso demonstrar por que sua pesquisa prova sua conclusão. Tudo isso deveria ser organizado em uma apresentação no PowerPoint, com gráficos de linhas e pontos essenciais.

Vamos supor que nosso público conseguisse ficar acordado durante todo o slideshow, sem cochilar. (Como alguém que já foi sujeitado a centenas de apresentações de PowerPoint, posso afirmar que esta não é uma suposição segura.) Depois de tudo isso, talvez nosso público termine concordando conosco. Mas existem fortes chances de que, com base em sua própria experiência com shoppings ou alas psiquiátricas, ele não concorde.

Por quê? Para iniciantes, gráficos e pontos essenciais por si só podem gerar um festival de sonecas. E prestar atenção neles geralmente exige uma quantidade gigantesca de foco. Então, logo de cara, estamos pedindo a nosso público que nos faça um favor só por nos ouvir. Não é uma boa forma de começar se nosso objetivo é persuadi-lo. Dados são importantes, mas são apenas parte da equação.

Por outro lado, uma ótima história não demanda tanto trabalho ou disciplina para chamar a atenção. Ela nos atrai automaticamente, queiramos ou não; são interessantes de escutar — são mais entretenimento do que trabalho. E isso as torna muito mais fáceis de lembrar. De fato, informações apresentadas em histórias são até 22 vezes mais memoráveis que fatos diretos.[10]

Quando a persuasão ocorre por meio do storytelling, não é necessário repetir nosso ponto para o público *ad infinitum*. Como o experimento do shopping de Green e Brock deixa claro, basta que a história insinue nossos principais pontos e o público chegará sozinho às conclusões — contanto que tenha a oportunidade de fazê-lo. Isso é crucial, porque conclusões às quais chegamos sozinhos sempre serão mais poderosas do que aquelas que somos forçados a aceitar. As crenças às quais chegamos sozinhos são nossas — são pessoalmente nossas. E como resultado, com frequência, somos muito menos propensos a abrir mão delas quando a coisa dificulta. É por isso que, sempre que preciso comunicar uma ideia a meus clientes, colegas e funcionários, geralmente tenho uma história na manga para acompanhar os dados a fim de que a mensagem seja transmitida.

Usando Histórias para Transmitir Valores: Uma Lição de Walt Disney

A Mekanism, minha agência de publicidade, é uma empresa dedicada a vender marcas por meio do storytelling. Este é o serviço que oferecemos aos nossos clientes. Meu papel como CEO na agência depende do storytelling eficaz.

Minha função é vender ideias aos clientes e persuadi-los de que nosso trabalho vai reverberar no público pretendido. Quando estão decididos por uma estratégia ruim, tento convencê-los a desistir. E se não têm certeza se devem nos contratar, explico por que somos a agência certa para o trabalho. Em todos esses casos, é tarefa minha e da equipe contar uma história que ajude a persuadir os clientes.

Mas há outro aspecto do meu trabalho para o qual o storytelling é crucial: motivar minha equipe e reuni-la em torno dos valores e das crenças centrais da agência. Um de nossos valores centrais é a colaboração. A Mekanism se orgulha de ser uma organização que valoriza talentos de uma ampla gama de diferentes backgrounds e áreas. Mas não basta juntar um grupo de pessoas altamente qualificadas, fechar os olhos e esperar que o melhor aconteça. Fazer um trabalho verdadeiramente bom exige que os membros desse grupo diverso complementem uns aos outros e sejam capazes de trabalhar juntos sem egos, em torno de objetivos comuns e aderindo a um conjunto comum de crenças.

Quando coloco essa ideia da forma como acabei de fazer, talvez faça sentido. Ou talvez soe como um monte de bobagens melosas, dependendo da sua perspectiva. Então, quando preciso comunicar o valor da colaboração e do trabalho em equipe para minha empresa, geralmente recorro à história do início da Mekanism.

Trata-se do primeiríssimo pitch que meu sócio — o fundador e diretor de criação da Mekanism, Tommy Means — e eu fizemos juntos. O cliente era uma pequena empresa chamada Disney. Na época, a Mekanism ainda era uma agência pequena de cinco ou seis pessoas lutando para se estabelecer. Para esse pitch, nos juntamos a dois luminares da publicidade da área da baía de São Francisco, Vince Engel e Wayne Buder. Os dois tiveram uma imensa influência na minha carreira. Bem conectados, eles estavam na porta da Disney.

48 A EXPRESSIVA ARTE *da* PERSUASÃO

Para uma empresa jovem, ávida e ainda imatura, sentar com os altos executivos da Disney era assunto sério. Em especial para a Mekanism, pois, na época, estávamos financeiramente por um fio. Se fechássemos com a empresa, resolveríamos não apenas nossos problemas de dinheiro; o cobiçado selo de aprovação da Disney nos lançaria aos altos escalões.

Nosso briefing era elaborar uma campanha para a Imagineering, uma divisão da companhia. Os Imagineers são um grupo de elite de design e desenvolvimento que é responsável pelo visual e apelo geral de tudo o que a Disney faz no mundo físico — resorts, parques temáticos, passeios, hotéis, parques aquáticos, salas de concerto e navios de cruzeiros. Dentro da empresa, eles são tratados como líderes místicos. E era nossa tarefa dar vida a eles e mostrar para o público infantil o processo pelo qual transformam ideias em realidade.

Nosso conceito era um elenco de personagens animados, cada um ilustrando um aspecto principal do processo da Imagineering.

Por exemplo, havia o Spark — um carinha com o corpo parecido com uma vela de ignição. Ele produzia ideias, que apareciam como um raiozinho partindo de um eletrodo no topo de sua cabeça. Outro personagem era a Fable, uma escritora com um teclado no colo e um monitor no peito. Ela transformava as ideias do Spark em escrita poética, e o personagem artista, Sketch, as transformava em animações. Os outros dois personagens, Rock e Block, pegariam essas ideias e as transformariam nos famosos passeios e atrações dos parques da Disney. Você entendeu o conceito. Achamos que era uma ideia brilhante para caramba. E era mesmo.

O pitch aconteceu na sede da Disney, em Burbank, e nosso público consistia em três dos maiores e mais poderosos executivos na indústria do entretenimento da época: Michael Mendenhall, diretor de marketing da Disney, Leslie Ferrarro, vice-presidente dos parques temáticos, e Jay Rasulo, um executivo sábio, dedicado e decisivo que supervisionava não apenas a Imagineering, mas também os parques temáticos e os cruzeiros, e que depois se tornaria diretor financeiro e a segunda pessoa mais importante da empresa, logo abaixo do CEO Bob Iger.

Rasulo entrou na sala de reuniões atrás de Ferraro e Mendenhall, no modo executivo completo: terno e gravata, uma comitiva de assistentes tomando nota de cada sílaba que ele pronunciava e uma expressão de "não fode comigo" entalhada no rosto. Então, com um simples aceno, os assistentes desapareceram. Era hora do show.

Com tanta coisa em jogo, nossa ansiedade fervilhava. Apresentei todo mundo e tentei aliviar a tensão com algumas fábulas sobre a importância dos Imagineers. Depois, Tommy, Vince, Wayne e eu iniciamos nosso pitch. Tínhamos criado uma linha do tempo do tamanho na mesa da sala de reuniões — na verdade, era tão grande que tivemos que alugar uma minivan para levá-la até o escritório da Disney. O título no topo era "Imagineers Rollout" ["Lançando os Imagineers", em tradução livre]. Colocamos aquela monstruosidade na mesa e mostramos como, onde e quando contaríamos a história da Imagineering ao mundo.

Explicamos nossa ideia — aproveitar a reputação da Disney de grandes personagens e storytelling para dar ao público um vislumbre do que acontecia nos bastidores da Imagineering. Usaríamos elementos experienciais, histórias em quadrinhos, uma parceria com a editora infantil Scholastic e curtas digitais. Promoveríamos a história em locais estratégicos dos parques da Disney para entreter as pessoas nas filas das atrações. Quer dizer, tínhamos quase tantas extensões de marca quanto o Kiss. Mostramos o conceito geral e deixamos os executivos com água na boca com as possibilidades de merchandising e de outras oportunidades de lucro. Não criaríamos apenas histórias; atacaríamos com a criação de produtos.

Então, revelamos os personagens. Tínhamos gastado um bom dinheiro com protótipos de *action figures*, caixas e tudo o mais, que pedimos especialmente de um fabricante de brinquedos da China. Tommy é um dos melhores apresentadores que já vi. Ele é especialista em cativar uma sala e contar ótimas histórias. Assim, de maneira suave e como o mago do pitch que é, ele apresentou cada Imagineer: Spark, Fable, Sketch, Rock e Block. Tiramos cada um da caixa e os colocamos na mesa, perto de nosso gigante calendário de storytelling. Estávamos de um lado; os executivos da Disney, do outro. E nossos personagens recém-criados olhavam da mesa direto nos olhos de Rasulo.

A expressão do executivo se suavizou e sua primeira reação foi encorajadora. Ele disse: "Não me impressiono fácil, mas isto é muito, muito impressionante." As próximas palavras, no entanto, deixaram claro que ele não estava totalmente convencido. "Meu único problema é que esses personagens parecem robôs, e as crianças querem personagens que se pareçam com elas. Eles precisam refletir o público. Ele quer ver rostos humanos, não robôs. Qual sua opinião sobre isso?"

Eu conseguia sentir o cheiro da vitória. E, para mim, aquela era uma crítica fácil de digerir. Eu já tinha participado de dezenas de reuniões como aquela e sabia por experiência própria que, se aquele era o único problema que eles tinham com a ideia, estávamos muito bem. Nós assentiríamos, explicaríamos que aqueles eram apenas protótipos grosseiros e diríamos algo como: "Quem somos nós para dizer à Disney como criar seus personagens? Estas são apenas ideias iniciais para trabalharmos juntos. É só uma prova de conceito."

Mas Tommy estava se sentindo audacioso naquele momento e não queria aceitar aquilo. Ele decidiu defender o trabalho. E, antes que eu conseguisse dizer qualquer palavra, ele disparou: "Isso não parece certo. Estes são os personagens exatamente como os imaginamos. Isso explica os Imagineers sem ter que mostrar os Imagineers." Ou seja, ele estava dizendo para os executivos que era pegar ou largar. Ele continuou, explicando por que um jovem executivo de criação de uma agência da qual ninguém havia ouvido falar ainda tinha uma compreensão melhor do que as crianças gostariam do que três das principais pessoas da maior produtora de entretenimento infantil da história. Tentei chutá-lo por debaixo da mesa, mas não consegui alcançá-lo com o pé.

Naquele momento, a reunião acabou. Jay olhou seu relógio, empurrou sua cadeira em direção à mesa, acenou com a mão e resmungou alguma coisa como "obrigado pela apresentação, mas resposta errada". A revoada de assistentes imediatamente surgiu do nada e saíram da sala tão rápido quanto tinham entrado. Juro que vi uma nuvem de desenho animado voar detrás deles. É claro que não conseguimos a conta — e nem o dinheiro.

O que deu errado? Em termos simples, falhamos em colaborar em um elemento crucial. Na preparação da apresentação, Tommy me deixou fazer meu trabalho e eu o deixei fazer o dele, e o resultado foi uma campanha genuinamente inspirada que tinha uma chance real de ganhar a conta e criar muito lucro para nós e para a Disney. Éramos dois jovens publicitários muito bons no que fazíamos e confiávamos um no outro. Mas isso não era suficiente. Não ficamos unidos durante o pitch. Eu não tinha antecipado como cada um de nós responderia a potenciais críticas ou perguntas, que tipo de atitude transmitiríamos ou quem diria o que naquela reunião de suma importância. Não me preparei adequadamente para a parte das perguntas; e não colaboramos quando foi mais crucial. O resultado foi catastrófico. (Mas colaboramos com sucesso para esvaziar uma garrafa caríssima de vodca russa chique no hotel, mais tarde naquela noite.)

Como Persuadir com Storytelling

Nós, humanos, sobrevivemos até hoje por causa de nossa habilidade de persuadir por intermédio de histórias. Vimos como o storytelling permitiu que Lincoln inspirasse uma nação, e como transformou uma banda medíocre em um sucesso global — e é assim que consigo manter nossa empresa em constante colaboração.

A história da Disney se tornou parte do folclore de agência da Mekanism; uma clássica história interna sobre colaboração e preparação que nos ajudou a transmitir esses valores para centenas de funcionários ao longo dos anos. A razão para funcionar tão bem é que ela obedece a determinadas regras fundamentais do storytelling persuasivo.

As etapas a seguir são o básico do storytelling, mas muitas vezes servem como um bom lembrete para qualquer um.

Comece com uma Verdade Simples

Esta é simples: se tentamos comunicar uma ideia por meio de uma história, precisamos conhecer a mensagem antes de começar. Bons storytellers também buscam a verdade — seu objetivo é expressar uma verdade essencialmente humana por intermédio da narrativa.

No exemplo da Disney, a mensagem é que, mesmo se formos excelentes em nosso trabalho, a falta de preparação como equipe pode levar ao desastre. Esta é uma ideia simples e verdadeira.

Se não conseguirmos comunicar a mensagem em uma única frase descomplicada, é porque ela não existe. E se tentarmos transmitir mais de uma mensagem com uma única história, provavelmente perderemos o público. Histórias complexas que permitem várias interpretações podem produzir boa literatura e arte, mas não são bons veículos para transmissão de mensagens persuasivas.

Fique com a Estrutura Clássica

A história também se enquadra em uma estrutura básica, que é tão antiga quanto o próprio storytelling. A forma mais simples dessa estrutura é a seguinte:

O Objetivo: Quem são seus personagens e o que eles querem?

Tudo começa com um protagonista, ou vários, que quer ou precisa muito de alguma coisa. Essa motivação tem que ser forte o suficiente para impulsionar a história e também precisa ser algo com o qual seu público consiga se relacionar. No caso da *Odisseia*, de Homero, Odisseu deseja desesperadamente voltar para sua casa e família depois da Guerra de Troia.

Em nosso exemplo, Tommy e eu queríamos conseguir uma grande conta para impulsionar nossa empresa; nossos objetivos na história eram dinheiro e sucesso. E todos em nossa agência ou em qualquer outra conseguem se identificar com facilidade com esses objetivos. É uma verdade universal: é preciso conquistar negócios para continuar crescendo.

O Obstáculo: O que está no caminho?

Então, o(s) protagonista(s) encontra(m) obstáculos, que deve(m) superar para atingir aquele objetivo. Em nosso caso, precisávamos criar uma grande campanha e, depois, vendê-la para o pessoal da Disney na reunião de pitch. No momento em que o obstáculo é introduzido, o público deve saber o que está em jogo e o que precisa acontecer, e deve ter uma sensação de incerteza. Pense nisso mais ou menos como contar uma piada: o que torna a frase final tão poderosa é a construção da expectativa logo antes da revelação final. Quando a frase final chega, é porque a tensão criada pela estrutura foi liberada. O mesmo se aplica a uma boa história.

Em nosso exemplo, precisávamos ganhar essa conta para conseguirmos segurança financeira. O nosso obstáculo era convencer os clientes.

A Resolução: Qual é o resultado?

Ou o(s) protagonista(s) supera(m) seus obstáculos ou não. Independentemente disso, o alívio emocional que vem com o fim de uma história bem contada precisa ser a parte mais memorável. É aí que a mensagem deve se tornar evidente. O protagonista pode atingir seu objetivo ou não, mas o que transmitirá sua mensagem é a forma como ele foi bem-sucedido ou falhou.

Em nosso exemplo, não fomos bem-sucedidos: Tommy e eu falhamos em fechar o negócio, especificamente porque não nos preparamos juntos para os fatores imprevisíveis no final do pitch. Em outro universo, poderíamos ter conseguido a conta porque Rasulo fez uma pergunta difícil, Tommy se manteve firme e Rasulo adorou nossa bravata. Essa história poderia ser sobre se manter firme em suas convicções e lutar pelo trabalho criativo.

Como Ser um Ótimo Storyteller

Entender os mecanismos básicos de uma boa história persuasiva é uma coisa. Tornar-se um bom storyteller é outra completamente diferente. Todos nós conhecemos alguém que consegue transformar as histórias mais empolgantes já ouvidas em uma bagunça confusa e sem graça. Talvez você mesmo seja uma dessas pessoas.

Se for, você não é o único. A maior parte das pessoas não são storytellers natos, assim como não são cantores de ópera ou artistas gráficos. Felizmente, o bom storytelling pode ser aprendido com esforços conscientes e repetidos. Eu treino constantemente. Aproveitando o assunto, eis aqui cinco técnicas que podem ajudá-lo a dominar o básico do storytelling persuasivo.

Técnica Um: Colecione boas histórias

O que torna uma história ótima? Em parte, é o fato de se adequar à estrutura correta. Mas, na verdade, o que separa uma história decente de uma ótima história é ela entregar nossa visão. É esse algo especial que nos deixa empolgados para repeti-la aos nossos amigos. Em meu exemplo, a história é algo que os funcionários vão querer repetir para os novos membros da equipe. Ela é, por si só, uma fofoca quente.

Histórias como essa estão por toda parte; nós só precisamos procurá-las e estruturá-las. Talvez haja um episódio na história da sua família que tenha algum apelo em particular, ou alguma coisa maluca que aconteceu com você no caminho para o trabalho, ou aquela vez que você e seus amigos foram à Barcelona. Talvez seja apenas uma história que leu, ouviu ou viu no noticiário. Qualquer que seja a fonte, quando se deparar com uma história boa de verdade, escreva-a o mais detalhadamente possível. Mantenha um caderno ou uma seção em um caderno, para anotar essas histórias.

Com a história no papel, precisamos determinar qual é sua mensagem central. Preste atenção na ideia ou lição que é trazida à tona. Pode ser que seja a importância de manter promessas, aproveitar o momento ou de fazer suas compras de Natal na última hora; não importa, a mensagem deve ficar óbvia da primeira vez que a ouvirmos. Aos poucos, vamos montando nossa coleção de ótimas histórias. E da próxima vez que tentarmos enfatizar alguma coisa, digamos, aproveitar o dia, teremos uma boa história para tirar da manga.

Técnica Dois: Storytelling é edição

Depois de encontrar uma história que transmita nossa mensagem e escrevê-la em detalhes, ainda precisamos transformá-la em algo com que o público se identifique. Isso significa editar. E ao modelar uma história, gosto de fazer três perguntas específicas.

Estou Dando ao Público Todas as Informações Corretas?

Seus ouvintes provavelmente não escutaram essa história antes, então assegure-se de oferecer todas as informações necessárias para que entendam a ação. Por exemplo, fique atento a personagens cruciais que surgem do nada ou a alguma linguagem técnica familiar para você, mas que o público talvez não conheça.

Estou Criando uma Imagem Suficientemente Vívida?

Nosso objetivo é transportar o público, então precisamos dar-lhe detalhes suficientes para dar asas à imaginação. Isso significa encontrar oportunidades para acrescentar detalhes que deem vida à história. Na situação com a Disney, mencionei o que o executivo estava vestindo e sua comitiva de assistentes, como eram alguns dos personagens que criamos e a enorme linha do tempo. Não queremos atrasar demais a ação, mas também não queremos que soe como um relatório, então devemos escolher os detalhes com sabedoria.

O que Posso Cortar?

Qualquer coisa na história que não ajude a estabelecer o objetivo, o obstáculo ou a resolução provavelmente pode ser cortada. Não mergulhei fundo na história dos Imagineers, na minha primeira viagem à Disneylândia quando criança ou na minha cena favorita de *Fantasia* (que é o Mickey como aprendiz de feiticeiro — uma lição sobre limpeza). Nada disso tinha nenhuma relação com os três principais componentes da estrutura da história, então foram descartados.

Mas vale a pena notar que eu tive o privilégio de escrevê-la em várias páginas neste livro. No entanto, a maior parte do storytelling é falada. E, em minha experiência, as melhores histórias contadas não duram mais que dois minutos, no máximo; tenha isso em mente ao modelar sua narrativa. Uma boa regra de ouro é que levamos mais ou menos um minuto para falar 125 palavras. Assim, se estiver escrevendo a história, ela não deve ter mais que 250 a 300 palavras.

Técnica Três: Ensaie

Quando estiver feliz com seu rascunho, é hora de ensaiar. Meu processo funciona mais ou menos assim: primeiro, leio em voz alta, palavra por palavra, várias vezes. O objetivo não é memorizar, mas me familiarizar com a história. Quando chegar o momento de contá-la, não queremos que pareça que estamos recitando um texto. O que queremos é uma compreensão firme o suficiente da estrutura básica e dos detalhes para que não haja divagações ou hesitações.

Depois, encontre um gravador. Você ficará surpreso com a diferença que isso faz. Para início de conversa, o microfone ajuda a manter a honestidade: sem um gravador rodando ao fundo, é tentador falar rápido demais ou começar de novo quando nos enrolamos. Quando temos um gravador rodando, é muito mais difícil trapacear.

Memorize a Primeira e a Última Linhas

Sim, decorar a história inteira pode fazê-la parecer sem vida. Mas às vezes ajuda guardar na memória a primeira e última linhas. Se falar em público o deixa um pouco ansioso, ter a primeira linha e a final engatilhadas lhe dará um pouco mais de confiança.

Técnica Quatro: Aprenda com os melhores

Encontre exemplos de storytellers que você admira pessoalmente e descubra o que os torna bons — da mesma forma que quem faz filmes esmiúça o trabalho de um diretor brilhante, ou um ótimo compositor estuda as sinfonias de Mozart. Estamos buscando grandes e pequenas técnicas que podemos aplicar a nosso próprio storytelling. Pode ser qualquer coisa, desde a escolha do assunto até o tom de voz. Talvez seja a maneira que passam de um evento ao próximo, a maneira que começam uma sentença em particular, o uso das mãos, o ritmo de uma frase ou a cadência da voz.

Técnica Cinco: Não subestime histórias conhecidas

É tentador acreditar que ótimas histórias precisam ser originais — ou, pelo menos, não conhecidas — para cativar o público. Mas esse nem sempre é o caso. Na verdade, recontar uma história que seu público já conhece às vezes pode ser mais poderoso do que contar uma história nova. Essa foi a descoberta de

ORIGINALIDADE 59

um estudo recente dos psicólogos Gus Cooney, Daniel Gilbert e Timothy D. Wilson.[11]

Os pesquisadores conduziram uma série de experimentos envolvendo noventa universitários de Harvard. Em um deles, os participantes foram divididos em grupos de três. Um dos estudantes recebia o papel de storyteller e os dois restantes eram os ouvintes. Estes últimos assistiam a uma história em vídeo de dez minutos (vamos chamar de vídeo A). Em uma sala separada, aquele que contaria a história assistia ao vídeo A ou a um outro completamente diferente (vamos chamar de vídeo B). Quando o grupo era reunido, o storyteller tinha que contar em dois minutos a história do vídeo ao qual havia acabado de assistir.

No entanto, antes disso, o storyteller tinha que prever se os ouvintes reagiriam de forma mais positiva ao reouvir a história do vídeo A, ao qual haviam assistido, ou à história do vídeo B, uma narrativa desconhecida. A maioria dos storytellers achou que os ouvintes apreciariam a nova história. Mas, na verdade, eles reagiram de forma mais negativa ao ouvir essa nova história do que aquela a que haviam assistido. Em outras palavras, os storytellers foram, como os pesquisadores definiram, "penalizados pela novidade".[12]

Por que alguém gostaria mais de uma história que já conhece do que de uma que não conhece? Essa é uma questão complicada. Mas uma das razões que Cooney, Gilbert e Wilson consideram é que "diferentemente de novas histórias, as já conhecidas ativam nos ouvintes memórias de suas próprias experiências passadas e, portanto, têm maior probabilidade de evocar emoções fortes".[13]

Quanto mais pensamos, mais faz sentido. Alguns filmes têm maior impacto quando os vemos pela segunda ou terceira vez do que da primeira. E ouvir uma música que conhecemos e adoramos pode ser uma experiência mais profunda do que ouvi-la pela primeira vez. Da mesma forma, quando nosso objetivo é comunicar uma mensagem, usar uma história com a qual os ouvintes já têm uma conexão emocional pode ser uma enorme vantagem.

Aprendi isso há muitos anos, durante uma de minhas primeiras experiências como storyteller persuasivo. Fui convidado a fazer um discurso na minha formatura do ensino médio. Se você já teve que aturar um desses falatórios nessas cerimônias, sabe que é fácil elas serem sem graça ou soarem bregas, mesmo que o orador tenha uma pérola de sabedoria profunda para compartilhar. Esse perigo é ainda maior se seu público for um grupo exausto de alunos de ensino médio e seus pais.

Mas eu estava determinado a não deixar isso acontecer. A mensagem que queria transmitir era muito simples: que nossas vidas são tanto preciosas quanto passageiras e que não podemos desperdiçá-las. Eu sabia que a melhor maneira de comunicar essa ideia era pela narrativa. Então, busquei uma história que sabia que seria familiar e emocionalmente relevante para meu público: *Blade Runner — O Caçador de Androides*, a obra-prima distópica de Ridley Scott, baseada no romance *Androides Sonham com Ovelhas Elétricas?*, de Philip K. Dick. A questão principal da qual a obra trata é: "O que significa ser humano?"

O filme se passa em uma Los Angeles futurística na qual humanos artificiais, conhecidos como "replicantes", vivem entre nós. O personagem principal, Deckard (Harrison Ford), é um ex-policial que trabalha como "caçador de replicantes" — um tipo de caçador de recompensas encarregado de encontrar e matar esses androides.

Boa parte do público conhecia a história. Quase todos os adolescentes tinham pelo menos ouvido falar do filme, fossem nerds de ficção científica ou não. E muitos deles, como eu, eram obcecados por isso. Logo, tirei vantagem dessa familiaridade terminando meu discurso recontando a memorável cena final do filme.

Deckard está na cola de Roy, um replicante altamente letal interpretado de forma brilhante por Rutger Hauer. Roy está desesperadamente tentando permanecer vivo — como um humano, ele acredita que vale a pena lutar por sua própria vida. Ao pular de um prédio para o outro, em meio a uma belíssima tempestade cinematográfica, Deckard acaba pendurado em um parapeito, prestes a cair nos braços da morte. Nesse momento, Roy faz algo inesperado para um replicante — ele salva Deckard, o homem que o caçava. O replicante, então, entrega o famoso monólogo do filme sobre "lágrimas na chuva", que transmite a natureza preciosa e passageira da vida de forma mais bonita do que eu jamais teria escrito:

> Eu vi coisas que vocês, humanos, não acreditariam. Naves de ataque em fogo na encosta de Órion. Eu vi raios cósmicos brilhando no escuro perto de Tannhäuser Gate. Estes momentos ficarão perdidos no tempo, como lágrimas na chuva. Hora de morrer.

A vida de Roy chega ao fim com um ato de humanidade, uma vez que ele salva a vida de Deckard, que planejava matá-lo. Até ele — um androide que tentava matar seu caçador de recompensas — não pôde negar o incrível valor da vida humana. E se um androide conseguiu ver o valor e a efemeridade da vida, então, aquele bando de estudantes do ensino médio não deveria desperdiçar um minuto das suas.

Essas foram minhas palavras finais para a turma na formatura. Minha esperança era que isso os encorajasse a experimentar tudo o que pudessem nessa breve existência, assim como eu planejava fazer. Pais e familiares de amigos que eu não conhecia me abordaram depois da cerimônia para dizer que gostaram do tema. Mas a história não teria sido tão poderosa se aqueles na plateia não tivessem visto ou se conectado ao filme, ou se ele não estivesse na crista da onda da cultura pop no momento. Eles imaginaram a cena que eu recontei. Foram transportados.

Só porque uma história é razoavelmente conhecida não quer dizer que não seja um ótimo veículo para transmitir uma mensagem persuasiva. Em algumas situações, a familiaridade é exatamente o necessário.

 RECAPITULANDO

Os seres humanos têm contado histórias uns aos outros desde os primórdios — esta é uma das razões pelas quais sobrevivemos por tanto tempo. Histórias são a forma como recontamos nossa memória e comunicamos nossos valores; são como estruturamos novas informações e compreendemos o mundo ao nosso redor.

Então, quando se deparar com uma história poderosa, agarre-a — seja um caso pessoal ou literário, uma experiência única ou um causo popular gasto pelo tempo. Assegure-se de que ela tenha *o objetivo, o obstáculo* e *a resolução*. E se apodere dela.

Se seu objetivo for mudar ideias e fazer as pessoas agirem, aprender a contar histórias cativantes e significativas é essencial — e terá mais impacto do que qualquer argumento lógico. A razão pode revelar porque devemos acreditar em uma determinada verdade. Mas uma história bem contada faz algo ainda melhor: ela nos transporta para um lugar onde podemos ver ou experimentar essa verdade nós mesmos.

E como o psicólogo Jonathan Haidt colocou: "A mente humana é um processador de histórias, não de lógica."[14]

Capítulo 3

nunca fechar negócio

Porque só uma coisa conta nessa vida... obrigá-los a assinar na linha pontilhada!... S-E-F. S — sempre, E — estejam, F — fechando. Sempre estejam fechando. Sempre estejam fechando... Estão interessados? Eu sei que estão, porque é pegar ou largar. Fechem negócio ou vão pra rua.

— Blake em *Sucesso a Qualquer Preço*

Pensar e agir puramente em termos transacionais sabotará suas tentativas de persuasão. Claro, persuadir é convencer alguém a dizer sim. Mas esse é um pensamento de curto prazo e nunca resultará em uma persuasão genuína. Para criar condições que forcem as pessoas a ficar do nosso lado, precisamos deixar claro que nos importamos com mais do que apenas nossos ganhos imediatos.

Para desenvolver um caráter persuasivo, é essencial sermos seres humanos autênticos em todas as nossas interações. Enfatizar nossa humanidade e construir relações humanas é o que paga dividendos reais quando o objetivo é convencer alguém.

Quando somos influenciados em relação a uma decisão particular, muitas vezes avaliamos a pessoa que passa a mensa-

64 A EXPRESSIVA ARTE *da* PERSUASÃO

gem, seu caráter e suas motivações, assim como todo o resto. Nós nos perguntamos: "Essa pessoa é confiável?", "Essa pessoa é alguém com quem posso me ver fazendo negócios?", ou, com mais frequência: "O que ela vai ganhar com isso?", "Qual é a dele aqui?" Se o objetivo óbvio de alguém é apenas nos fazer comprar alguma coisa ou assinar um contrato, isso ficará evidente, tornando aquela pessoa muito menos persuasiva e muito mais difícil de confiar.

Persuasão não trata de coagir o público a fazer o que queremos. Na verdade, trata-se de atraí-lo em direção a uma conclusão em particular e deixá-lo chegar nela por si próprio. É sempre melhor ser puxado do que empurrado. E uma maneira de atrair alguém para o seu lado é envolvendo as emoções do público por meio da mais humana das atividades: o storytelling.

Agora, analisaremos traços de personalidade e hábitos que atraem as pessoas, tornando nossas interações mais do que a decisão em questão — tornando-as *maiores*, mais longevas, mais *humanas*. Na maioria dos casos, o desenvolvimento desses traços envolve evitar armadilhas comuns que tornam nossas relações menos genuínas e mais transacionais. E isso começa ao deixarmos de lado muita da sabedoria convencional que hoje define a persuasão.

Por que "Sempre Fechar Negócio" É Sempre um Erro

Nessa clássica cena da adaptação para o cinema da peça *Glengarry Glenn Ross*, Blake, o personagem de Alec Baldwin, encara uma sala cheia de vendedores e faz um discurso disciplinatório sobre o básico de vendas. A lição de moral: "S-E-F. Sempre Estejam Fechando." É um mantra consagrado de vendas que remonta a décadas atrás, se não mais. Mas ele também está completamente errado.

Na verdade, a abordagem de "sempre fechar negócio" nas vendas é a inimiga da persuasão expressiva. Pode ter funcionado no passado, mas o atual mundo de desconfiança exige uma abordagem persuasiva completamente diferente. A presunção básica por trás dessa frase infame é que tudo o que uma pessoa diz ou faz enquanto tenta persuadir alguém deve visar apenas a obtenção do sim. Trata-se de impelir seu público de forma agressiva a tomar a decisão que você deseja que ele tome, quer esta seja do interesse dele quer não. Trata-se de encontrar uma maneira de fechar o negócio a qualquer custo.

Isso é o pensamento de curto prazo em sua forma mais bruta. Ele é manipulador — e não funciona. As pessoas não querem ser forçadas a tomar uma decisão; querem decidir por si próprias, à sua própria maneira, por suas próprias razões e em seu próprio tempo.

Um estilo de vendas agressivo e rápido apenas confirma os piores instintos das pessoas sobre o que o motiva. Ele as lembra que, para você, a decisão em jogo é apenas transacional, e é provável que você diga ou faça qualquer coisa para conseguir que façam o que quer. Essa visão da natureza humana foi belamente resumida por outro de meus ídolos pessoais, Bruce Springsteen, em sua canção "Badlands", na qual ele canta:

Poor man wanna be rich
Rich man wanna be king
And a king ain't satisfied
Till he rules everything[*]

---

[*] "O homem pobre quer ser rico / O homem rico quer ser rei / E um rei não está satisfeito / Até controlar tudo"

"Badlands" fala de nunca estar satisfeito e sempre tentar conseguir cada vez mais. É esse tipo de atitude de "vitória a todo custo" que acaba com a persuasão. Na maior parte das interações persuasivas, as pessoas já sabem que queremos algo delas. A única maneira de subir o nível da situação para além do puramente transacional é demonstrar que nos importamos com algo mais do que nosso ganho imediato — mais do que ser rico, ser rei ou controlar tudo. Então, caso se veja caindo no modo "sempre fechar negócio", com certeza pegou o rumo errado.

Não Seja uma Marca — Seja um Ser Humano

Em algum momento nas últimas décadas, virou tendência as pessoas falarem de si mesmas como marcas. Esse conceito talvez remonte a 1997, quando a revista de negócios *Fast Company* publicou um artigo muito conhecido com o título "The Brand Called You"[1] ["Você É Sua Marca", em tradução livre]. Desde então, uma crença no poder persuasivo de cultivar uma marca pessoal se consolidou no senso comum. Disciplinas de "personal branding", ou marca pessoal, se tornaram básicas nos cursos de negócios, mas a maioria das pessoas se depara com esse conceito muito antes em sua educação.[2] Estudantes universitários muitas vezes aprendem que criar uma marca pessoal pode ajudá-los a fincar o pé no mercado de trabalho depois da formatura. E até alunos do final do ensino médio são aconselhados a construir um "brand equity" pessoal para ajudá-los a conquistar uma vaga na universidade dos sonhos.[3] A ideia é que uma imagem pública perfeita e cuidadosamente construída, e uma "brand voice" consistente em todos os canais de mídias sociais, pode ajudar uma pessoa a se vender para o mundo.

Mas como alguém que trabalha com as melhores marcas todos os dias, eu acho essa linha de pensamento antiquada. A ideia de "personal branding" se baseia em um conceito de marca que não se aplica mais. Nessa visão, as marcas são identidades corporativas extremamente bem cuidadas e estrategicamente projetadas com apenas uma finalidade: gerar lucros. São, em uma palavra, transacionas.

Não é mais disso que se trata uma marca. Na verdade, a maioria das marcas hoje está fazendo o máximo para se distanciar dessa ideia. Muito do trabalho feito na Mekanism é voltado para dar significado e relevância emocional às marcas. Em outras palavras: nosso trabalho é tornar as marcas mais humanas e mais fáceis de se conectar. É por isso que incentivamos tanto o excelente storytelling.

Também é por isso que pedimos aos nossos clientes para investir em projetos que não sejam motivados por resultados financeiros. Por meio de uma fórmula que desenvolvemos, chamada "Make Good" ["Faça o Bem", em tradução livre], a Mekanism trabalha com as marcas para identificar seu propósito central — a razão pela qual existem, além da geração de lucros. A partir daí, ajudamos a identificar um bem social que se alinhe com esse propósito e encontramos maneiras de propagar esse bem social que não sejam puramente para o benefício da marca. Isso ajuda a torná-la mais expressiva.

O que torna nosso trabalho necessário é o fato de que esse antigo modelo de marca transacional e direcionado ao lucro não atrai mais o interesse dos consumidores. De acordo com uma pesquisa recente da Meaningful Brands, os norte-americanos não dariam a mínima se três quartos das marcas que usam desaparecessem completamente amanhã.[4]

Por outro lado, marcas que demonstram se importar com mais do que apenas gerar lucro se saem muito melhor em termos de repercussão com clientes. O estudo de propósito de 2018 da Cone/Porter Novelli descobriu que 88% dos norte-americanos comprariam um produto de uma empresa voltada a um propósito. Logo, três quartos da população dos EUA não se importam com as marcas que usam, mas 88% querem comprar de uma empresa que tenha um propósito. Esses números são espantosos demais para serem ignorados. É por isso que as marcas modernas precisam oferecer um produto ou serviço, gerar lucros *e* apoiar algo significativo. Marcas que já fizeram isso com enorme sucesso incluem nossa parceira Ben & Jerry's, que usa o sorvete para ajudar a lutar contra a injustiça social, promover um mercado justo e convencer a população a votar;* a Warby Parker, que lançou uma empresa de óculos com um modelo "compre um par, doe um par"; e, é claro, a Patagonia, que é uma força global no apoio à proteção ambiental.

Os objetos de nossas respostas emocionais — e as coisas com que naturalmente criamos uma relação — não são as identidades corporativas, mas outros seres humanos que vivem e respiram. Nosso trabalho ajuda marcas a adotar muitos dos atributos humanos, em parte lhes dando propósito e significado que transcendem o simples lucro. Pesquisadores em marketing chamam esse fenômeno de "antropomorfismo de marca", que, em essência, é ajudar a personificar marcas. E existe uma vasta literatura voltada para desvendar como esse antropomorfismo de marca faz sua mágica persuasiva e quais fatores, em última instância, fazem as marcas parecerem mais humanas.[5]

Isso levanta uma questão óbvia: se as marcas de hoje são tão comprometidas a se tornarem mais humanas, por que as pessoas querem tanto se tornar marcas antiquadas? No mínimo, uma personalidade pessoal e persuasiva evita muitas das características que desestimulam as pessoas em relação à construção de marca tradicional — em particular, a preocupação com maximizar os lucros e a obsessão com a aparência superficial.

Essa foi a sacada por trás da manchete da publicação satírica *The Onion*: "Eu Sou uma Marca, Afirma o Homem Patético."

---

* N. da T.: Diferente do sistema brasileiro, nos Estados Unidos, o voto não é obrigatório.

ORIGINALIDADE 69

O artigo descreve de passagem esse personagem ficcional como sendo "um arremedo de homem" e "irremediável".[6]

Um Conto de Duas Marcas

Não é de surpreender que alguns dos maiores equívocos de marketing que vi nos últimos anos ocorreram quando uma empresa confirmou as preconcepções negativas que cercam a marca. Um dos meus exemplos favoritos envolve a campanha "Create Your Taste" ["Crie Seu Sabor", em tradução livre] do McDonald's de alguns anos atrás. A ideia era permitir aos clientes criar hambúrgueres personalizados usando um display touchscreen nas lojas. Eles também poderiam apresentar suas criações online para que o público pudesse votar em seu sabor favorito.

Porém, quando a campanha foi veiculada na Nova Zelândia, logo virou alvo de trolls na internet. Envios inapropriados com nomes como "Bate na Bundinha, Papai" e "Privilégio Magro" inundaram a internet.[7]

A ideia por trás da campanha era boa. O McDonald's estava tentando mostrar que se importava com as preferências únicas de seus clientes e estava disposto a ir além e dar a eles algum controle criativo sobre o menu. Não foi culpa da empresa que um bando de palhaços tenha sequestrado a campanha. Mas, quando as coisas chegaram nesse ponto, o McDonald's não respondeu como uma pessoa. Em vez de reconhecer o incidente, comentar e talvez até fazer piadas sobre isso, como uma pessoa faria, a empresa fechou o site e fingiu que nada tinha acontecido.

Vamos comparar esse episódio a um transtorno parecido que aconteceu com outra grande marca: o Walmart. Em 2012, a empresa lançou uma campanha que prometia mandar o cantor Pitbull para fazer um show ao vivo na loja Walmart que mais recebesse curtidas no Facebook. Como a experiência do

McDonald's, a campanha era uma tentativa de transcender a transação fria, envolvendo os clientes e fazendo algo que não visava apenas aumentar os lucros. Mais uma vez, como se fosse combinado, os trolls surgiram. Usando a hashtag #ExilePitbull ["#ExilemOPitbull", em tradução livre], dois gaiatos da internet lançaram uma campanha para mandar o rapper para o Walmart mais remoto dos Estados Unidos — na ilha de Kodiak, Alasca, local com apenas 6.130 habitantes.[8]

O Walmart poderia facilmente ter reagido com o McDonald's, reduzindo as perdas e fechando a campanha às escondidas — seria apenas outra corporação sendo cautelosa para proteger sua imagem. Em vez disso, seguiu a onda. Pitbull lançou um vídeo anunciando que ele, de fato, iria para Kodiak, Alasca. Mesmo que fosse "por causa de alguém que achava que estava pregando uma peça, vocês precisam entender que eu iria a qualquer lugar do mundo pelos meus fãs", explicou o rapper.[9] Depois, em uma jogada realmente inspirada, ele convidou a pessoa que orquestrou o esforço #ExilePitbull, David Thorpe, jornalista do *Boston Phoenix*, para acompanhá-lo na viagem, e até postou uma foto dos dois juntos.

Respondendo como uma pessoa, o Walmart conseguiu transformar um potencial fiasco em uma onda de publicidade positiva e boa vontade, e a campanha recebeu muito mais atenção do que se o incidente nunca tivesse acontecido. Afinal, é difícil ouvir essa história e não escolher o Walmart — uma marca — em vez de alguns caras que tentaram zoar e envergonhar a empresa.

Não Desperdice a Sua Humanidade

Para uma marca, se colocar como humana exige muita consideração, esforço e sorte. Mas você e eu já somos humanos. E se seu objetivo é ser persuasivo, a última coisa que deveria querer é desperdiçar essa vantagem se apresentando apenas como mais uma "marca".

Pessoas são mais persuasivas do que marcas. Pensemos na Pesquisa Global de Confiança na Publicidade de Nielsen de 2015, que analisou os tipos de publicidade em que os consumidores estão mais propensos a confiar. De longe, o formato com maior confiança foram recomendações de amigos e da família, em que 83% dos pesquisados responderam confiar na maior parte do tempo. Entretanto, dois terços afirmaram confiar em comentários de desconhecidos online. Patrocínios e e-mails de marcas, por outro lado, receberam o menor nível de confiança.[10] Resumindo: a maior parte das pessoas prefere confiar em um estranho do que em uma marca.

Não é nenhuma surpresa, já que é, no mínimo, possível para seres humanos agir de forma altruísta e se sacrificar pelo bem comum. Podemos ser motivados por valores e objetivos que transcendem o dinheiro. Nós nos importamos com coisas como justiça, amizade e lealdade. É claro que a maior parte das interações persuasivas são, no fundo, transacionais — queremos algo da outra pessoa. Mas o público precisa de algo a mais para ser persuadido. Ele precisa sentir, intuitivamente, que quem quer persuadi-lo se importa com mais do que apenas conseguir um sim. Persuasores eficientes se importam com o propósito. Eles são expressivos.

Para o Inferno com as Transações

A velha abordagem de "sempre fechar negócio" e a preocupação atual com "marca pessoal" são dois exemplos de um estilo de persuasão que já deu o que tinha que dar. Especificamente, essas estratégias enfatizam a natureza transacional da interação persuasiva, ao mesmo tempo que minimiza ou ignora completamente os tipos de considerações humanas que mudam ideias de verdade e impele as pessoas a agir. A melhor alternativa para tais técnicas persuasivas de curto prazo é algo que seja capaz de sacrificar oportunidades de ganho imediato em favor do panorama mais amplo — ou, como gosto de dizer, *investir em longo prazo*.

Invista em Longo Prazo

Transações se tratam de conseguir o que queremos; investir em longo prazo se trata de construir relações. "Sempre fechar negócio" se trata de pressionar as pessoas a fazerem algo; investir em longo prazo se trata de atrair as pessoas em direção à nossa visão das coisas, envolvendo-as no nível humano. E, enquanto a velha abordagem transacional de vendas praticamente anuncia ao público que algo está sendo-lhe vendido, investir em longo prazo tira a ênfase da decisão em questão.

Talvez o melhor praticante do investimento em longo prazo que já conheci seja o lendário empresário musical Shep Gordon. Ele é o homem por trás de alguns dos maiores artistas do entretenimento, incluindo Alice Cooper, Blondie, Rick James e Jimi Hendrix. Ele também é responsável por inventar o conceito de chefe celebridade, representando pessoas como Emeril Lagasse, Wolfgang Puck e Daniel Boulud.[11] Ele é adorado por Hollywood, pela realeza britânica e até por Dalai Lama.

O incrível é que, ao longo de meio século nas indústrias do entretenimento e da culinária, Gordon construiu essa lista de clientes sem nunca assinar contratos formais. Suas relações são primariamente baseadas apenas em apertos de mão. Apertos de mão! Como explica, ele nunca gostou de acrescentar contratos à mistura, "porque eu não queria aquele momento. Quero dizer, se você não acha que estou lhe dando valor, que é uma relação de

ORIGINALIDADE 73

mão única, procure outra pessoa".[12] Ele tem essa confiança toda em sua habilidade e em seu talento.

Ele praticava a *compassividade nos negócios* — o que chama de usar "cupons". Eram favores e empréstimos que ele oferecia a clientes e amigos em tempos difíceis. Quando o célebre comediante Groucho Marx passou por dificuldades em seus últimos anos, Shep tirou do bolso alguns desses "cupons" para reviver a carreira do artista.

Essa forma de fazer negócios deixa claro para as pessoas com quem trabalha, desde o início, que ele não está interessado na transação imediata, mas na relação em longo prazo. E essa dinâmica é a principal razão pela qual as maiores estrelas do mundo confiam nele para cuidar de seus interesses. Com certeza, ele abriu mão de vários salários. Mas, se tivesse focado apenas em maximizar sua própria riqueza, nunca teria atingido o sucesso — ou a influência — que atingiu. Quer dizer, Shep viajou com Dalai Lama. É carma positivo que chama?

Um exemplo do talento brilhante de Shep para construir carreiras foi quando ele levou o artista norte-americano Alice Cooper para tocar no estádio de Wembley, no Reino Unido. "Era um show com 10 mil lugares; tínhamos vendido apenas 50 ingressos. Daí eu pensei, como faço as pessoas na Inglaterra conhecerem e se importarem com quem é Alice Cooper?"

Shep construiu a carreira do músico com base em uma verdade simples: adolescentes querem fazer qualquer coisa que seus pais *não* querem que eles façam. Logo, ele pensou em um plano rápido e barato: mandou imprimir uma enorme foto de Alice Cooper nu, enrolado em uma cobra, e a colou na lateral de um caminhão. Depois, pagou o motorista para assegurar que o veículo quebrasse no meio da Piccadilly Circus em plena hora do rush, fazendo com que o trânsito ficasse parado. Shep também deixou todos os tabloides britânicos cientes de que algo importante aconteceria na famosa praça e que eles precisavam ir cobrir

74 A EXPRESSIVA ARTE *da* PERSUASÃO

o fato. Então lá estava, no meio da Piccadilly Circus durante a hora do rush, um cartaz gigantesco de um Alice Cooper nu enrolado em uma cobra, com vários veículos de imprensa fotografando, canais locais de TV filmando, centenas de policiais e uma multidão de londrinos presos no trânsito. Os adolescentes adoraram o truque publicitário; os adultos detestaram. Alice Cooper apareceu em todos os tabloides e canais de TV no dia seguinte — e o show em Wembley esgotou em 24 horas. Além disso, o hino antipais "School's Out" chegou ao primeiro lugar das paradas inglesas. Era esse tipo de energia, bravata e pensamento rápido que tornava Shep indispensável a seus clientes. E um aperto de mão era tudo o que bastava.

O documentário *Supermensch: The Legend of Shep Gordon* ["Supermensch: A Lenda de Shep Gordon", em tradução livre] é inteiramente dedicado a Shep e ao estilo que o tornou tão querido por seus clientes. O título não poderia ser mais apropriado: *mensch* é uma palavra em iídiche que se refere a uma pessoa íntegra e honrada e cuja tradução direta significa "ser humano".

A abordagem baseada em apertos de mão e investir em longo prazo funcionou até em meus próprios acordos profissionais. Jon Bier, um amigo, comanda uma empresa de RP, a Jack Taylor. Ao longo dos anos, desenvolvemos uma relação na qual fazemos favores, conectamos clientes, jogamos ideias e, em geral, cuidamos um do outro. Alguns meses atrás, Jon me trouxe uma ideia para uma empreitada comercial muito inspirada — e um pouco difícil de acreditar. Ele e o sócio, Brent Underwood, planejavam investir em uma cidade fantasma real nas Inyo Mountains, na Califórnia, a mais ou menos 320km ao norte de Los Angeles.[13] O lugar, conhecido como Cerro Gordo, é um exemplar autêntico de faroeste americano, com uma taberna e um teatro daquele tempo, e estava à venda. Cerro Gordo, que quer dizer "monte gordo", tem 22 estruturas, incluindo uma capela e um hotel abandonado. No final do século XVII, era a maior produtora de prata da Califórnia.

Hoje em dia, é um local precário e intocado, e há suspeitas de que seja mal-assombrado. Jon e Bret planejam transformá-lo em um destino de férias, cheio de comodidades modernas, mas sem destruir o caráter histórico.

Os dois queriam que eu investisse e fizesse parte de tudo. Jon veio até mim e perguntou se eu aplicaria meu suado dinheiro em uma cidade fantasma abandonada.

Se fosse qualquer outra pessoa, eu teria ficado bastante desconfiado. Afinal, Jon estava tentando me convencer a ser um dos donos de prédios decadentes no meio do nada. Dá para ser mais *Sucesso a Qualquer Preço* que isso? Mas a oferta não foi feita por qualquer um. Jon e eu tínhamos estabelecido uma relação: ele sempre oferecia conselhos de graça e nunca tentou ganhar em cima desse vínculo. Era claro para mim que ele não teria me feito aquela oferta se não achasse que eu me beneficiaria com o projeto. Então, assinei um cheque — com base apenas no caráter que ele havia estabelecido ao longo de nossa relação. Assim como para Shep, para mim, um aperto de mão era mais do que suficiente. Ele havia investido em longo prazo, e, nesta situação, eu estava feliz em recompensá-lo. E outros amigos nossos, incluindo Ryan Holiday, Tero Isokauppila, Kelley Mooney, além de outras almas confiáveis, também estavam.

Vender É Contraproducente

Uma das razões pelas quais a abordagem do investir em longo prazo para influenciar é tão eficaz é que ela ajuda a lidar com um dos paradoxos centrais da comunicação persuasiva: o fato de que fica muito mais difícil convencer as pessoas quando elas percebem que estão sendo persuadidas.

Vamos considerar um estudo de 1962 dos psicólogos Elaine Walster e Leon Festinger. O objetivo era avaliar se mensagens são mais persuasivas quando o ouvinte a escuta por acaso, sem o conhecimento do locutor, do que quando são abertamente expressas. Para isso, eles criaram um experimento usando alunos de uma disciplina introdutória de psicologia da Universidade Stanford.

Os participantes foram divididos em grupos e visitaram o laboratório de psicologia, aparentemente como parte da disciplina. Em um momento da visita, eles foram levados a uma sala de observação. Era um pequeno local de onde podiam ver uma grande sala através de um espelho unidirecional e ouvir o que acontecia lá dentro com fones de ouvido — uma configuração parecida com uma sala de interrogação daquelas séries policiais.

Do outro lado do espelho, estavam alguns alunos da pós-graduação apenas matando tempo. Como o guia da visita explicou, já que a sala de observação nem sempre era usada, os alunos da pós-graduação muitas vezes a tratavam como local de descanso. Depois, foi pedido aos participantes que praticassem suas habilidades de "escuta cega", ouvindo a conversa dos pós-graduandos.

É aqui que as coisas ficam interessantes. Alguns participantes foram levados a acreditar que os pós-graduandos do outro lado do vidro *não* sabiam que estava sendo ouvidos. Até onde constava, eles estavam ouvindo uma conversa privada. No entanto, foi dito aos outros participantes que os pós-graduandos estavam totalmente cientes de que havia uma plateia do outro lado do espelho.

Em ambos os casos, os pós-graduandos desenvolveram uma discussão longa e detalhada explicando que fumar, na verdade, não causava câncer de pulmão. Citando vários estudos científicos fictícios, eles explicaram porque fumar poderia até beneficiar a saúde das pessoas, ajudando-as a relaxar. É claro que era tudo baboseira, mas os pós-graduandos sustentaram o que pareceu uma argumentação razoável.

Como era de se esperar, os participantes que achavam que ouviram a conversa por um feliz acaso ficaram significativamente mais convencidos dessa argumentação falsa do que aqueles que sabiam que os estudantes estavam atuando para uma plateia. Em outras palavras, ouvir uma conversa — aparentemente por acaso — se mostrou mais persuasivo do que receber uma mensagem de maneira deliberada.

Walster e Festinger sugeriram uma razão para isso: quando uma mensagem é transmitida de forma aberta, os ouvintes podem suspeitar que o locutor está tentando convencê-los e que está agindo por motivos escusos. No entanto, quando ouvimos algo por acidente, esse pensamento nem nos passa pela cabeça.[14] Até onde sabemos, o locutor não tinha ideia de que estávamos ouvindo. Logo, como aquela pessoa poderia estar tentando nos persuadir?

Isso faz sentido. Se um vendedor chega dizendo direto que eu devo comprar um iPhone em vez de um Android, uma das primeiras coisas que eu penso é: "O que ele vai ganhar com isso?" Quando, por acaso, ouço aquela pessoa explicando para um colega atrás do caixa por que a Apple produz aparelhos superiores, sou convencido. Nem me ocorre que ele esteja tentando me influenciar.

Você não vai contratar atores para andar pela cidade casualmente promovendo sua mensagem, na esperança de que alguém escute por acaso. Mas tentar persuadir alguém nos moldes da venda direta é uma péssima maneira de mudar suas crenças — talvez a pior. As pessoas precisam saber que estão decidindo por si mesmas se devem confiar em você, se vale a pena apoiar sua posição ou se devem comprar o que você está vendendo. Permitir que elas o façam envolve investir em longo prazo.

Não É à Toa que São Chamados de "Influenciadores"

O benefício persuasivo de investir em longo prazo pode ser visto na recente adoção do que os publicitários chamam de "marketing de influenciador". Esta é uma abordagem de vendas que depende da influência de celebridades das mídias sociais — ou "influenciadores", como ficaram conhecidos.

É principalmente investindo em longo prazo que essas pessoas acumulam milhares de seguidores em plataformas como YouTube e Instagram. Elas constroem confiança com seus seguidores sendo abertas e honestas sobre seus valores, interesses e personalidade. Os fãs, nesse meio-tempo, conhecem e se apaixonam por esses indivíduos pela exposição diária ao longo de meses ou anos. Como escreveu Brendan Gahan, presidente da divisão de mídias sociais e marketing de influenciador da Mekanism, a Epic Signal: "YouTubers, e vloggers em particular, conseguem criar uma relação com seus fãs que parece, para o espectador, tão próxima e íntima quanto uma amizade longa e intensa."[15]

Dessa forma, quando uma personalidade do YouTube entrega uma mensagem de marca, ela confere um grau de credibilidade e persuasão para aquele produto que só pode ser atingido por meio do compromisso de longo prazo que os influenciadores têm com seus fãs. É por isso que uma menção do influenciador de mídias sociais certo pode acabar com uma varejista online ou fazer milhares de pessoas comparecerem a um evento.

Esses indivíduos não são marcas, e a maioria deles não está no ramo de vendas rápidas. São pessoas que têm uma grande habilidade de construir relações humanas e reais. Ou seja, investir em longo prazo significa cultivar o mesmo tipo de confiança, respeito e influência que tornaram essas estrelas das mídias sociais tão persuasivas.

Como Investir em Longo Prazo

Quando se trata de alcançar esse tipo de personalidade, existem regras que devemos observar para investir em longo prazo e atingir resultados profundos e consistentes.

Regra 1: Nunca Venda Nada que Você Mesmo Não Compraria

O conceito é muito simples: se você não acredita de verdade na ideia, no produto, no destino de férias, no restaurante ou no show que está vendendo, então não deveria vendê-lo — ponto final.

Você pode até sair impune por não ser confiável vez ou outra. Mas se estiver vendendo coisas nas quais não acredita de verdade — ou mesmo sobre as quais tenha dúvidas — com regularidade, as consequências chegarão bem rápido. Com o tempo, ficará óbvio para os outros de várias maneiras que você não é uma pessoa digna de confiança. E esta é uma reputação que você mesmo terá trabalhado para ganhar.

O desafio aqui é que a vida está sempre nos apresentando oportunidades atraentes para violar esse princípio. Sempre haverá momentos em que será conveniente ou potencialmente lucrativo assumir uma posição que você não defende de verdade. Então, é crucial que sempre que tiver a intenção de fazer alguém mudar de ideia, você pergunte a si mesmo: "Eu acredito que será melhor para essa pessoa adotar minha posição ou estou apenas tentando influenciá-la para enriquecer, facilitar minha vida, evitar mais trabalho ou antecipar algum outro objetivo?"

Geralmente, a resposta é bem óbvia, mas nem sempre. Temos a incrível habilidade de nos enganar, em especial quando a verdade atrapalha nossos desejos imediatos. Tirar um momento para ser honesto consigo mesmo antes de partir para persuadir os outros dificulta que nos deixemos levar por esse impulso.

O processo começa com a decisão consciente de se responsabilizar por se recusar a persuadir qualquer um a fazer qualquer coisa que você mesmo não faria.

Definhando no Vine: O Preço Alto da Persuasão Desonesta

Alguns dos meus maiores fracassos, os quais transformei em oportunidades de aprendizado, estavam diretamente conectados à minha inclinação para vender algo em que não acreditava. Um exemplo marcante ocorreu alguns anos atrás, quando um de meus colegas teve a ideia de capitalizar em cima de uma tecnologia de mídias sociais muito badalada chamada Vine. Para quem não lembra, o Vine era uma plataforma de vídeos do Twitter que permitia que os usuários postassem vídeos de seis segundos que tocavam em loop. Era uma versão menor do YouTube e precursor de esforços parecidos do Facebook e do Instagram. E, na época, parecia a próxima grande onda.

Na visão do meu colega Andre Ricciardi, um dos maiores problemas do Vine era que havia limitações reais na visualização desses vídeos. Por exemplo, não era possível organizar ou buscar loops no Vine. Não havia canais dedicados e nenhum local onde fossem reunidos. A ideia dele era usar os recursos da Mekanism para construir o que viria a ser um mecanismo de busca do Vine, que habilmente nomeamos PEEKit. Quando ele e outros colegas me abordaram com essa ideia, eles achavam que esta era uma chance única de ganhar muito dinheiro. Na época, o Twitter estava comprando loucamente outras empresas, como o TweetDeck e o Tweetie, por pequenas fortunas.[16] O que todas essas tecnologias ofereciam era uma maneira melhor de organizar e visualizar tuítes. Se conseguíssemos fazer o mesmo com os loops do Vine, pensamos, o Twitter poderia nos deixar ricos também.

Além de tudo isso, se o Vine decolasse, nós poderíamos trazer clientes para o negócio, oferecendo-lhes as melhores colocações nos canais do Vine no PEEKit. Na época, a Mekanism já tinha feito seu nome como líder em marketing de mídias sociais, logo, aquele parecia ser um caminho óbvio para seguir construindo nossa reputação. O fato de o Twitter ter comprado o Vine antes mesmo de o serviço ser lançado só fortaleceu a ideia. Se os bilionários da tecnologia do Vale do Silício estavam tão animados com o produto, achávamos que devia haver um pote de ouro (e não de prata) no fim do arco-íris. E, assim, meus sócios e eu concordamos em seguir a onda.

Mas nunca acreditei naquilo de verdade. Honestamente, eu não entendia por que alguém usaria o Vine ou por que ele estava recebendo tanta atenção. E eu definitivamente não tinha certeza se as pessoas tinham alguma necessidade de um site que agregasse esses vídeos supercurtos e os tornasse pesquisáveis. Quero dizer, a experiência do Twitter se tratava de fluxos livres condensados de pensamentos e conversas; vídeos mal gravados de seis segundos não faziam parte disso.

Depois de muitos meses de trabalho intenso de nossas equipes de produção, junto de um pesado investimento financeiro, colocamos o site no ar. Eu o promovia para meus clientes e fazia meu melhor para explicar por que aquela era uma oportunidade incrível para suas marcas.

O Twitter encerrou o Vine em janeiro de 2017, muito depois de o burburinho inicial ter diminuído. Como vimos, muitas pessoas tinham o mesmo sentimento que eu em relação ao serviço. E, com o Vine, foi também o PEEKit.

Este não foi o primeiro negócio que ajudei a lançar que não foi para frente. E haverá outras situações parecidas no futuro — é um risco que sempre corremos quando nos jogamos em qualquer nova empreitada. O que mais me incomodou nesse projeto em particular não foram o tempo e o dinheiro gastos na construção e promoção da plataforma. Não, foi o fato de que tentei vender esse produto mesmo não acreditando nele. Eu estava agarrando o que vi como uma oportunidade de ganhar dinheiro rápido; estava pensando de forma transacional. Se estivesse investindo em longo prazo, teria sido honesto comigo mesmo em relação ao fato de que não acreditava naquilo e manteria meu dinheiro no bolso para oportunidades que eu realmente pudesse agarrar.

Regra 2: O Simples Poder do Não

De certa forma, este é o outro lado do princípio anterior. Se só assumirmos posições nas quais acreditamos de forma genuína, teremos que dizer não a milhares de coisas. A sabedoria convencional diz que, se o objetivo é convencer alguém, devemos dizer sim o quanto for humanamente possível. Mas ninguém confia em quem só diz sim. Por que deveria? Se você costumeiramente diz coisas apenas para fazer as pessoas se sentirem bem consigo mesmas, então não é uma fonte confiável de informações. Por outro lado, se for um ser humano autêntico, com paixões, princípios e integridade — isto é, uma pessoa de caráter —, vai se ver dizendo não. Da mesma forma, se estiver interessado no bem-estar da outra pessoa em longo prazo, e não apenas em conseguir o que quer dela, vai precisar avisar quando achar que ela está cometendo um erro, e não apenas deixá-la cometê-lo. Às vezes, é isso que uma relação pede.

Se acho que a estratégia de marketing de um potencial cliente foi mal concebida ou é incoerente e ele solicita minha opinião diretamente, responderei que a marca precisa de um pouco mais de trabalho e por quê. Farei isso de forma profissional e respeitando a opinião dele, especialmente se eu não conhecer a pessoa muito bem. E você também não pode ter medo de dizer a potenciais clientes quando sua empresa ou você não for o melhor para cuidar de determinada tarefa. Já tive clientes que vieram até mim com ofertas muito atrativas que tive que recusar porque o prazo era muito apertado ou porque não tínhamos a equipe certa para aquilo. Eu poderia ter respondido, "Sem problemas", pego o dinheiro deles e lhes entregado um trabalho medíocre. Mas a probabilidade de eles nunca nos ligarem de novo era alta.

É claro, nem sempre é tudo um mar de rosas quando dizemos não a alguém. Esta não é uma palavra que as pessoas querem ouvir, e é tentador sucumbir à pressão quando as trocas ficam tensas. Existem momentos em que é necessário bater o pé. Se alguém — cliente, colega, vizinho, qualquer um — me pede algo que meu próprio senso de integridade me impede de fazer, não tenho problema em ser franco. Contanto que seja por uma razão boa e positiva, manter o posicionamento e não ter medo de um pouco de conflito não é apenas aceitável, mas respeitável. Por outro lado, ir contra nossos princípios e apaziguar alguém apenas para acumular pequenas vitórias nos tornará muito menos influentes em longo prazo.

Estar disposto a dizer não quando importa é algo que deve ser feito automaticamente, sem pensar. Mas, do ponto de vista da persuasão, este hábito também tem benefícios táticos, pelo menos, se você estiver investindo em longo prazo. Deixar passar uma oportunidade de bajulação ou de dinheiro rápido mostra à outra pessoa que você se importa com outras coisas além fazer um acordo lucrativo ou receber a resposta que deseja. Isso o torna mais confiável e, acima de tudo, torna-o mais humano. "Não" é a palavra mais poderosa em qualquer língua. Isso o ajudará a conseguir o trabalho, o emprego ou a oportunidade certa quando chegar a hora.

84 A EXPRESSIVA ARTE *da* PERSUASÃO

Como Martin Puris Usou o Poder do Não para Fazer História na Publicidade

Quem me fez entender o poder do não foi uma das minhas figuras favoritas da história da publicidade, Martin Puris. Ele é o homem por trás de um dos slogans mais célebres da história dos negócios: "The Ultimate Driving Machine" ["A Verdadeira Máquina de Dirigir", em tradução livre], da BMW.

Esse slogan foi usado por mais de quarenta anos — uma realização sem precedentes. E ajudou a transformar a marca de uma fabricante de carros obscura da Baviera na montadora de luxo mais icônica dos Estados Unidos, se assim podemos dizer. O que aprendi em minhas conversas com Martin, no entanto, foi que esse marco da publicidade nunca teria acontecido se não fosse por sua própria habilidade de dizer não quando importava.

A primeira oportunidade de um pitch com a BMW surgiu para Puris em 1974, apenas alguns meses depois de ele e seus sócios, Ralph Ammirati e Julian AvRutick, fundarem a agência de publicidade Ammirati Puris AvRutick (que mais tarde se tornou apenas A&P). Todos eles saíram de agências maiores, na esperança de construir o próprio nome e fazer o tipo de trabalho criativo incrível e subversivo que estava transformando a indústria publicitária naquela época.

No início, era impossível confundir a A&P com qualquer operação refinada da Madison Avenue. A não ser por uma secretária, Ammirati Puris AvRutick não era apenas o nome da empresa, era a empresa inteira. E ela funcionava em uma suíte do hotel Delmonico, em Nova York.

Como Puris conta, aquelas primeiras semanas foram empolgantes. Infelizmente, a agência novata ainda não tinha conseguido nenhuma nova conta desde que abriu as portas, o que era um problema, pois em poucas semanas estaria falida, forçando seus donos a voltar a trabalhar para outras pessoas. A A&P começava a se parecer menos com uma agência criativa emergente e mais com três caras matando tempo em um quarto de hotel alugado.

A escassez de negócios naqueles primeiros meses não foi completamente por acaso. Na verdade, este era um pouco o projeto. A rota-padrão para construir uma carta de clientes não agradava aos fundadores da A&P, em especial a Ammirati. Como ele declarou uma vez: "Comece com farelos e passará o resto da vida tentando chegar no próximo nível." Não era assim que a A&P faria as coisas. Eles entraram no jogo para fazer um trabalho excepcional para clientes de prestígio. Pegar algumas contas corriqueiras aqui e ali manteria as portas abertas, mas dificultaria criar o tipo de negócio que almejavam: "Nenhuma grande conta que se preze quer esse tipo de agência, e nós queríamos as grandes contas." Assim, eles recusaram muitos trabalhos no começo e confiaram no poder do não para catapultá-los para os altos níveis.

Foi por sorte que eles ouviram falar de uma fabricante de carros alemã chamada BMW, que estava considerando seriamente entrar no mercado norte-americano. Puris havia feito contato por meio de um velho amigo na Young & Rubicam, e logo a A&P entrou na disputa pelo negócio. No entanto, a conta dificilmente seria deles. Duas outras agências — da magnitude da Benton & Bowles e da Ted Bates — também estavam no páreo. Ambas tinham décadas de experiência trabalhando com marcas de primeira linha, como Budweiser, M&M's e até os cremes dentais Colgate.

Além disso, Puris logo percebeu que não seria tarefa fácil introduzir a BMW no mercado norte-americano. A montadora estava se posicionando como uma marca de luxo, mas seus carros estavam longe de ser o que os consumidores do país esperavam de um veículo de luxo. No início dos anos 1970, ocorria o apogeu dos *pimpmobiles* — enormes retângulos cafonas de chapas metálicas, cromo e vinil. Eram repletos de acessórios desnecessários, como bancos com ajuste elétrico e painéis de madeira com relógios Cartier. Se você pagasse muito dinheiro, esperava um carro à altura, assim como uma escolha saudável dos esquemas de cores. A BMW 2002, entretanto, era um sedã compacto que lembrava muito o Chevrolet Corvair — um carro que nenhum norte-americano associaria ao luxo. Contudo, seu preço era comparável a um Cadillac.

Foi em uma viagem a Munique, durante uma conversa com um dos engenheiros da BMW, que Puris teve seu primeiro grande insight sobre a identidade da marca e como apresentá-la aos EUA. A BMW falava de essência, em vez de estilo. Era o carro que os engenheiros construiriam se não tivessem que responder a ninguém, se pudessem jogar pela janela as regras escritas pelo indigesto sistema. Era um carro para pessoas que avaliavam carros pelo desempenho, não pela aparência.

Puris também entendeu exatamente que tipo de norte-americano um carro daqueles atrairia — pessoas como ele. Ele esteve entre os primeiros a perceber que havia um grande grupo crescente de pessoas como ele próprio, que combinavam uma paixão clara pela contracultura dos anos 1960 com um ímpeto pelo sucesso profissional — e definitivamente pelo financeiro também. Se havia alguém para abraçar esse conceito de "excelência por si só" que os carros da BMW representavam, com certeza, eram os baby boomers endinheirados.

Além do mais, era óbvio para Puris que os carros de luxo que impressionaram tanto a geração de seus pais não chamavam a atenção de pessoas como ele. Não havia Lincoln Continental para pessoas jovens abastadas. Uma BMW poderia ser esse carro.

Ele teve o insight — agora precisava executá-lo, e isso significava cria o slogan perfeito. Seu primeiro instinto foi ser espirituoso, com frases como: "Nosso símbolo de status está debaixo do capô, não nele." Mas ele sabia que não era o ideal. A frase transmitia a ideia, mas era afetada. Ela se dava um tapinha nas costas por sua própria sagacidade.

Ele continuou lançando ideias para ver qual colava. Uma se destacou: "A verdadeira máquina para dirigir versus a verdadeira máquina para posar." Mais uma vez, jogos de palavras demais. Frases como aquela poderiam funcionar em anúncios únicos, como muitas de suas ideias descartadas fizeram em algum momento. Mas o slogan tinha que anunciar a identidade da BMW de forma irrefutável. No entanto, havia algo nessa última frase que soava certo. Como muitas proezas criativas, tudo se resume a uma edição minuciosa. E, olhando para a frase, Puris viu o que precisava acontecer. Esqueça comparações e viradas engenhosas, pensou. Seja muito simples. Havia apenas uma coisa que os consumidores precisavam saber sobre aquele carro, e ele podia dizer em cinco palavras: "A Verdadeira Máquina para Dirigir." Sim. Aquela era a Verdadeira Máquina para Dirigir. O dinheiro estava debaixo do capô, e não nos adereços na cabine.

Com aquele slogan, Puris sabia que tinha conseguido. Seus sócios, no entanto, não tinham tanta certeza. Eles reclamaram que era simples demais, muito frio e utilitário, nem soava como um slogan. Além disso, ninguém pensava em luxo ao ouvir a palavra "máquina". Todas essas críticas eram aceitáveis, em especial quando a própria existência da A&P dependia daquele único pitch. Não era o momento para experimentações.

Mais uma vez, foi aqui que o poder do não se mostrou absolutamente crucial. Puris discordou dos colegas e se recusou a ceder. Eles começaram aquele negócio para fazer um trabalho grandioso e pioneiro, e, se fosse para ir à bancarrota, que fosse fazendo algo verdadeiramente original. Então, a A&P foi a Munique para o pitch com a BMW, pronta para apostar todo o seu negócio naquelas cinco palavras que apenas Puris acreditava que venderiam.

Ele me contou que no momento em que apresentou "A Verdadeira Máquina para Dirigir" durante o pitch, ficou óbvio que eles haviam conseguido a conta. Os três executivos na sala imediatamente viraram-se uns para os outros e começaram a discutir a ideia baixinho, acenando com a cabeça e sorrindo o tempo todo.

Mas, embora o cliente estivesse completamente convencido, ele não estava animado com a força, a estabilidade e, o mais importante, com o preço pedido pela A&P. O que se seguiu foi um mês de negociações: a BMW queria apenas comprar a frase e trabalhar com outra agência.

Mais uma vez, Puris confiou no poder do não: ele insistiu que era tudo ou nada. O publicitário conta: "Eles continuavam dizendo: 'É caro demais.' Nós continuávamos afirmando: 'Bem, não é uma oferta. Este é o preço.'" Naquele momento, o fim de 1974 se aproximava e a agência tinha recursos suficientes para durar apenas mais três ou quatro semanas. Puris me contou: "Àquela altura, eles já sabiam que não tínhamos outros clientes. Éramos como o Patolino, certo?" Essa era a exata definição de uma posição de negociação ruim.

Mas os três sócios não tinham intenção de diminuir seu preço nem de abrir mão de seu slogan. Para começar, eles sabiam que o homem que tomaria a decisão em última instância, Bob Lutz, diretor de marketing da BMW, tinha adorado a ideia. Puris recorda: "Ele foi o mais efusivo na reunião." Foi preciso coragem, mas a resposta deles era sempre a mesma: "Se não quiserem aceitar, não aceitem." Como Puris ouviu mais tarde, Lutz disse à sua equipe de marketing que: "Ou eles eram os caras mais inteligentes do mundo ou eram burros para caralh*. Só vamos descobrir depois que os contratarmos. Então contratem aqueles f*didos."

A A&P conseguiu a BMW com dinheiro para apenas mais dez dias. Com um faturamento de US$900 mil por ano (que era uma boa quantia naquela época), a conta foi suficiente para pagar suas despesas e investir em contratações.

No final das contas, o sucesso de uma pequena agência de publicidade não muda o mundo. Mas a história de Puris ainda demonstra o poder do não de transformar as convicções em alguém em realidade. Ele disse não para várias vendas rápidas para clientes pequenos que manteriam a agência no azul no início. Ele disse não a seus colegas quando lhe pediram para escrever um slogan mais seguro para a BMW. E disse não quando a montadora pediu que baixassem o preço e, assim, comprometessem sua visão criativa. Em todos esses momentos, Puris demonstrou que tanto ele quanto sua agência novata se importavam com algo além de apenas gerar lucros. E essas decisões tiveram uma enorme influência, tanto naquele pitch com a BMW quanto na carreira de Puris nos anos que se seguiram.

Regra 3: Nunca Deixe Suas Relações de Lado

Pessoas verdadeiramente persuasivas se importam mais com relações do que com transações. Logo, não deve ser surpresa que o hábito de construir, manter e valorizar relações por si próprias é crucial para desenvolver um caráter persuasivo.

Aquela pessoa que só o procura quando precisa de algo de você não está em uma boa posição para ser persuasiva. E a razão disso é que ela claramente não dá a mínima para você. Ela não tem uma relação com você e nem quer ter uma. Mas faça o que puder para alimentar suas relações e os benefícios persuasivos aparecerão.

Em minha experiência, a *causa mortis* mais comum para as relações é a negligência pura e simples. Tomar medidas para garantir que nenhuma de suas relações fiquem de lado — para que você nunca perca contato com ninguém por tempo demais — já é metade do caminho quando se trata de manter relações vivas. A seguir, estão algumas técnicas que uso para tornar esse manter contato um pouco mais automático.

Defina um Lembrete

Defina um lembrete recorrente para falar com a pessoa, em geral, trimestralmente. Tudo depende de quem é a pessoa e de que tipo de relação vocês têm. Se a pessoa for importante o suficiente para estar entre seus contatos, então é importante o suficiente para manter contato.

Conecte-se com Quatro Pessoas

Escolha quatro pessoas por semana para mandar um oi. Não precisa ser um e-mail ou um telefonema longo — pode ser apenas uma rápida mensagem dizendo: "Estava pensando em X e me lembrei de você." Também pode ser uma reunião pessoal ou um telefonema agendado.

Eu me asseguro de falar pessoalmente de maneira regular com todo mundo na minha empresa. Isso consome muito tempo, mas dá a todos a chance de compartilhar seus insights únicos com o CEO e me possibilita saber do que eles precisam para serem bem-sucedidos ou quais ideias têm para melhorar a empresa. Esse hábito me permite construir relações reais com cada funcionário na empresa e, por isso, é um ótimo investimento de tempo.

Mude do Social para o Pessoal

Da próxima vez que for compartilhar um pensamento nas mídias sociais — seja um tuíte elogiando um novo programa de TV ou uma curtida em um artigo no Facebook —, não o faça. Em vez disso, olhe seus contatos e descubra alguém em especial que gostaria daquela recomendação ou daquele insight. Depois, envie alguns e-mails ou mensagens de texto para as pessoas individualmente. Em outras palavras, use aquele seu pensamento para reiniciar uma conversa pessoal.

Reúna as Pessoas

Busque oportunidades de apresentar pessoas. Tem um cliente que adora guitarras clássicas? Apresente-o para aquele seu amigo do ensino médio que restaura Les Pauls antigas. Sua vizinha está pensando em estudar Direito? Coloque-a em contato com seu primo que leciona naquela faculdade de Direito famosa. Não force interações, apenas apresente as pessoas e deixe-as fazer o resto. Seu objetivo é valorizar as relações pelo que elas são — e isso inclui as relações de outras pessoas.

Trate o "Não" como "Não... por Ora"

Outra maneira de priorizar relações a transações é tratar interações persuasivas não como fins ou como "a hora da verdade", mas como começos ou como episódios dentro de uma relação maior.

Por exemplo, se um cliente com quem estou fazendo um pitch recusa meus serviços, penso naquela resposta não como um "não", mas como um "não... por ora". Faço isso até quando não existe nenhuma oportunidade óbvia de fazer o cliente mudar de ideia em um futuro próximo. Por quê? Porque tenho a intenção de manter contato com aquela pessoa e provavelmente a encontrarei de novo. Quando encontrar, aquele não terá sido apenas um evento na trajetória de nossa relação. Essa relação pode levar a coisas novas e melhores no futuro. Ou não. Mas o pitch não é o fim dela.

Uma vantagem dessa mudança de pensamento é que ela tira um pouco da pressão do pitch em si e me deixa mais confiante, mais relaxado e menos desesperado nas minhas interações com aquele cliente em potencial. Isso, por sua vez, ajuda o cliente a não sentir que está sendo forçado a tomar uma decisão por um vendedor pegajoso. Isso tira a ênfase da transação e a coloca na relação, mesmo se a diferença for apenas inconsciente. A tendência habitual de enquadrar situações dessa maneira sem pensar é uma marca do caráter persuasivo.

Ao longo da minha carreira, essa visão geral me ajudou bastante. Na verdade, posso dizer com certeza que, se não tivéssemos aprendido a dar mais valor às relações do que às transações precisamente dessa forma, a Mekanism não teria uma de suas maiores clientes atuais, a empresa de serviços financeiros Charles Schwab.

Trabalhamos com a marca há mais de cinco anos. Mas, quando fomos atrás da empresa inicialmente, eles não nos deixaram nem entrar para um pitch oficial. No entanto, em vez de tratar como um "não" definitivo, entendemos como um "não… por ora". Nos anos seguintes, nossa equipe fez questão de manter relações com nossos contatos lá.

Nós nos asseguramos de que eles recebessem nossos e-mails trimestrais anunciando prêmios e conquistas — não só para nos gabar, mas para torná-los membros não oficiais da comunidade de nossa agência. Acima de tudo, nos asseguramos de não pedir nada em retorno. Estávamos mantendo a relação e dando à empresa uma noção de como fazemos negócios e do trabalho que fazemos para outros clientes, e não nos vendendo. No ano-novo, mandamos presentes com nossa marca. Mantivemos contato e nos lembramos de nunca deixar a relação de lado.

Finalmente conseguimos um pequeno projeto, o qual tratamos como o trabalho mais importante de nossa carreira. Esse projeto se transformou em mais um. E, é claro, quando a Charles Schwab se viu em busca de uma nova agência, éramos candidatos imediatos — e ganhamos. Isso aconteceu em grande parte porque mantivemos contato e mostramos que nos importávamos com a relação. Se tudo o que quiséssemos fosse um contrato assinado, então, manter contato ao longo dos anos não teria sido uma maneira muito eficiente de consegui-lo. Mas estávamos investin-

ORIGINALIDADE 93

do em longo prazo, e esta é a razão pela qual somos a agência da empresa hoje.

Regra 4: Arrisque-se

É claro, construir uma relação em longo prazo nem sempre é o bastante. E haverá muitas situações em que você se verá tendo que persuadir alguém que acabou de conhecer. Nesses momentos, é preciso buscar outras maneiras de se estabelecer como alguém que se importa com os interesses em longo prazo da pessoa, e não apenas com seu próprio ganho imediato. Uma estratégia é se arriscar. Como fazer isso? Aceitando alguns dos riscos envolvidos em qualquer que seja a decisão em jogo.

Parte da publicidade mais eficiente conta exatamente com esse princípio. Um estudo recente de pesquisadores na Northwestern's Kellogg School of Management analisou quais tipos de mensagens de publicidade eram consideradas mais eficientes pelos consumidores. No topo dessa lista, estavam propagandas que incluíam garantias de dinheiro de volta e aquelas que prometiam cobrir o menor preço de um concorrente por um produto em particular.[17] Esse não é exatamente o tipo de publicidade com a qual a Mekanism trabalha. Mas as descobertas acertaram em cheio.

Nesses dois exemplos, o vendedor está demonstrando que os interesses do consumidor são mais importantes do que fechar uma venda ou conseguir mais lucro naquela transação. Ou seja, ele está investindo em uma relação de longo prazo em detrimento de um ganho de curto prazo. Incidentalmente, algumas das mensagens menos confiáveis, de acordo com o estudo da Kellogg School, eram aquelas que forçavam o consumidor a decidir rápido impulsionando uma oferta por tempo limitado — um caso clássico de hard sell que é melhor evitar.

Se estiver tentando persuadir um novo amigo a ir a um restaurante japonês, em vez de a um bar mexicano, pode se oferecer para pagar a conta inteira e levá-lo ao bar mexicano da próxima vez, caso ele fique desapontado com o rolinho primavera que você tanto deseja. Essa abordagem não apenas minimiza os riscos para o outro; ela demonstra que você se importa com a satisfação dele, e não apenas com a sua, e que você está disposto a lidar com as consequências caso o outro não fique satisfeito com a própria decisão.

Se você genuinamente acha que a outra pessoa não gostará do sushi, então nem deveria estar tentando fazê-la mudar de ideia, para começo de conversa. Mas se arriscar é uma ótima maneira de tornar esse aspecto da sua personalidade mais óbvio.

 RECAPITULANDO

É uma ironia estranha que alguns dos conselhos de vendas mais conhecidos na verdade minem a ferramenta persuasiva mais poderosa que temos: nossa humanidade.

Seja a atual obsessão com "marca pessoal", seja o antigo mantra "sempre fechar negócio", essas técnicas parecem reduzir a persuasão ao puramente transacional. Nessa visão, a persuasão não passa de uma maneira elegante de dizer "Me dê o que eu quero". Além de ser bastante inadequada, toda essa perspectiva também é ineficiente. As pessoas não gostam de serem convencidas a comprar coisas e preferem lidar com outras pessoas do que com uma marca.

Relações em detrimento de transações. É sempre melhor investir em longo prazo. As quatro regras:

1. Nunca venda nada que você mesmo não compraria.
2. Não tenha medo de dizer não.
3. Nunca deixe as relações de lado.
4. Arrisque-se.

Quando me vejo caindo no modo "sempre fechar negócio" e partindo para o hard sell, em geral, é porque falhei em obedecer a um ou mais dos princípios anteriores. Idealmente, essas regras centrais se tornarão quase uma segunda natureza. Mas, até isso acontecer, segui-las exigirá esforço e foco.

Quando persuadir investindo em longo prazo, você nunca estará apenas fechando negócio.

CONSIDERAÇÕES FINAIS
PRINCÍPIO I: ORIGINALIDADE

É essencial para a persuasão expressiva ser seu eu real e original em todas as interações. A maioria das pessoas consegue reconhecer a falsidade de maneira instintiva. Se estiver escondendo suas verdadeiras intenções, falhando em se expressar no âmbito humano ou se engajando apenas com o pensamento transacional, isso transparece, não importa o quanto tente esconder.

Existem três hábitos que, quando reunidos, conseguem combater esse tipo de artificialidade e deixam seu público perceber que você mostra um eu real e pessoal — um eu autêntico.

Seja Você Mesmo — Todas as Outras Personalidades Já Têm Dono

De tempos em tempos, todos nos sentimos tentados a ser o tipo de pessoa que os outros querem que sejamos. Isso é especialmente verdadeiro em interações importantes, nas quais impressões pessoais importam. Mas é sempre um erro.

Seu objetivo deve ser abandonar as preocupações de como os outros o percebem e falar a partir de um lugar instintivo. Não tenha medo de mostrar suas idiossincrasias e paixões pessoais. Colecione modelos de comportamento e se inspire em sua singularidade. E seja fiel a seus valores centrais.

Aprenda a Ser um Ótimo Storyteller

Os fatos, os argumentos e a razão podem se comunicar com o intelecto, mas, para realmente engajar, você também precisará do storytelling. Se quiser transmitir seu ponto de vista real para um público — em especial, para um público cético —, você precisa ser capaz de transportá-lo emocionalmente ao longo da narrativa.

Felizmente, o stoytelling é uma habilidade como qualquer outra, o que significa que, com uma prática estruturada o suficiente, pode ser aprendida. Colecione histórias originais que sejam especialmente significativas para você e que transmitam ideias que ache importante. Fique de olho em storytellers que o atraem e analise o que os torna tão bons. E lembre-se de que histórias comuns, muitas vezes, são as mais poderosas.

Nunca Fechar Negócio

Ser real significa resistir à urgência de partir para o fechamento rápido ou se apresentar como uma marca antiquada. As melhores marcas hoje em dia tentam evitar a percepção de que são apenas entidades transacionais; elas querem ser mais humanas.

Demonstre que você se importa com outras coisas além de apenas ganhar dinheiro ou conseguir o que quer o mais rápido possível. Não venda nada que você mesmo não compraria — seja um produto, um serviço ou uma ideia. Não tenha medo de dizer não, mesmo que tenha um preço em curto prazo. Importe-se com suas relações e faça o seu melhor para que nenhuma delas nunca fique de lado. E mostre que você está genuinamente comprometido com o que quer que esteja defendendo, arriscando-se. Livre-se do pensamento transacional de curto prazo e comece a investir em longo prazo.

PRINCÍPIO 2

GENEROSIDADE

Todos
nós co-
nhecemos al-
guém que descrevería-
mos como naturalmente gene-
roso. Este é um traço de personalidade
profundo, e fica evidente de várias maneiras.
Como os outros traços discutidos neste livro, a generosidade é um atributo bom por si só. Pessoas generosas são o tipo
de indivíduo para quem gostamos de fazer favores. Quando são bem-
-sucedidas, ficamos felizes de verdade por elas. E, quando entram em uma
sala, sempre ficamos felizes em vê-las. Queremos ajudá-las a serem
bem-sucedidas sempre. E, o mais importante, quando expressam uma visão ou defendem uma ação, genuinamente queremos concordar com elas. É
por isso que, quando damos, acabamos recebendo também.

Capítulo 4

doe-se

Aqueles que dão têm todas as coisas. Aqueles que se agarram não têm nada.

— Provérbio hindu

Muitas vezes, ouvimos que se queremos algo de alguém, é muito conveniente preparar o terreno oferecendo alguma coisa primeiro — a clássica troca olho por olho. A eficácia dessa estratégia foi reiteradamente confirmada por experimentos engenhosos de pesquisadores acadêmicos. Mas não é preciso consultar revistas de psicologia para ver essa ideia na prática. É a razão pela qual marcas de alimentos e bebidas oferecem degustações nos supermercados, e as empresas farmacêuticas enchem os médicos de amostras grátis e brindes personalizados com sua marca. É a razão pela qual a Netflix e o Spotify oferecem um período grátis antes de pedir dinheiro e, muitas vezes, é a razão pela qual empresários ricos doam para campanhas políticas (e por que políticos fazem favores para potenciais doadores).

Em seu clássico livro sobre a ciência da persuasão, *As Armas da Persuasão*, o psicólogo Robert Cialdini identifica essa regra — que ele apelidou de "regra da reciprocidade" — como "uma das armas mais potentes da persuasão" disponíveis para nós.[1] Por exemplo, Cialdini cita um estudo no qual garçons que ofereceram aos clientes uma bala ao final da refeição viram suas gorjetas crescerem 3%. Aqueles que ofereceram duas balas (e contavam que deveriam dar apenas uma) experimentaram um aumento de 14% na gorjeta.[2] A lição básica desse estudo é clara: se você quer alguma coisa, precisa dar alguma coisa.

No entanto, minha abordagem da persuasão não se trata do acúmulo de "armas de influência". Trata-se do desenvolvimento de traços de personalidade que forcem as pessoas a escolher seu lado, não por causa de alguma manobra tática executada com sucesso, mas por causa de quem você realmente é.

Com isso em mente, nosso objetivo deve ser mudar a lição da regra de reciprocidade de Cialdini: se quiser ser persuasivo, não procure oportunidades de se envolver em trocas olho por olho. Seja o tipo de pessoa que naturalmente pensa em doar. Tente deixar, com cada pessoa que encontra, algo valioso, que ela não tinha antes de interagir com você — alguma informação ou conselho útil, um presente que a faça avançar, qualquer coisa que possa ser valiosa.

Em uma palavra, seja *generoso*.

Diferentemente de alguém que transformou a regra da reciprocidade em arma para conseguir um sim rápido, uma pessoa generosa dá por hábito, sem pensar e sem exigir nada em retorno. Ela enxerga o mundo em termos das necessidades alheias, e naturalmente identifica formas de ajudar. O sociólogo Christian Smith define generosidade como "a virtude de dar coisas boas para os outros de maneira livre e abundante".[3] É o oposto de egoísmo e ganância — embora possa acabar criando benefícios em longo prazo.

De fato, é uma grande ironia que, quando damos sem pensar em nosso próprio interesse, acabamos recebendo muito em retorno. Esta também é uma ideia fundamental em muitas filosofias e religiões antigas.

Um provérbio chinês afirma: "Quem dá com constância terá riqueza e honra constantes."

O Novo Testamento ensina: "É maior felicidade dar que receber!"[4]

E Buda acreditava que: "Dar traz felicidade em todos os estágios de sua expressão."[5]

As pesquisas científicas mais recentes demoraram um tempo para acompanhar essa sabedoria antiga, mas a tendência é concordar. A generosidade foi ligada a níveis mais altos de felicidade pessoal, níveis mais baixos de estresse, mais saúde e maior expectativa de vida.[6]

Mas também traz benefícios significativos para o domínio da persuasão.

Dar Nos Torna Humanos

Seres humanos têm uma capacidade natural de dar de forma abnegada — pelo menos em determinadas situações. Mas, até pouco tempo atrás, a ciência via essa tendência inata como um mistério. Em específico, nossa disposição para sermos generosos com pessoas que talvez nunca mais encontremos de novo tem deixado perplexos pesquisadores de áreas que vão desde economia e teoria dos jogos à psicologia evolutiva. Por que, por exemplo, nos sentimos compelidos a dar gorjetas a garçons quando estamos de férias em uma cidade que nunca mais visitaremos? Se um estranho na rua nos pede ajuda para fazer seu carro pegar no tranco, por que sentimos necessidade de ajudá-lo?

Da perspectiva evolutiva, não existe razão para os seres humanos terem desenvolvido essa disposição de se sacrificar por estranhos, já que existem poucas chances de aquela pessoa estar em uma posição de devolver o favor ou falar mal de nós se não ajudarmos. Se fomos preparados pela evolução para cuidar de nós mesmos e dos nossos, essa característica de nossa psicologia não deveria ser tão universal. Afinal, caras legais supostamente ficam em último lugar. E, de acordo com a lógica cruel da seleção natural, espécies que ficam em último lugar não duram muito tempo. Mesmo assim, estudo atrás de estudo, seres humanos se mostraram surpreendentemente dispostos a agir de forma altruísta com pessoas desconhecidas que provavelmente não encontrarão de novo.

Foi só em 2011 que um grupo de cientistas na Universidade da Califórnia, em Santa Barbara, finalmente solucionou esse mistério. O estudo — que teve autoria, entre outros, de Leda Cosmides e John Tooby, os fundadores da psicologia evolutiva — usou uma série de modelos computacionais para testar como essa característica conseguiu evoluir no *Homo sapiens*. Isso lhes possibilitou fazer algo que não podia ser feito com humanos de carne e osso no laboratório: simular como nossas habilidades de tomada de decisão ganharam forma ao longo de milhares de gerações.

A simulação começava com quinhentas pessoas virtuais, que foram pareadas para uma situação clássica da teoria dos jogos conhecida como *dilema do prisioneiro*. Neste cenário, uma dupla — A e B — foi presa por um crime e mantida em celas diferentes. A dupla encara uma escolha: entregar o companheiro ou ficar calado. Segundo as regras do jogo, se um entrega e o outro fica calado, aquele que acusa é libertado e o outro pega três anos de cadeia. Se os dois ficarem calados, ambos recebem uma sentença de um ano de prisão. E, se ambos se entregam, os dois pegam dois anos atrás das grades. Logo, a sentença varia de um a três anos com base na escolha do participante.

GENEROSIDADE 105

Em razão de como as regras do jogo são feitas, é sempre racional entregar — desde que o jogo não se repita. Caso se repita, existe um preço considerável a ser pago caso haja a entrega e vantagens significativas para o trabalho em conjunto. Se eu entregar meu companheiro de primeira e o jogo for repetido, então ele se vingará me ferrando na próxima rodada. No entanto, se eu acreditar que o jogo tem apenas uma rodada, tenho muito menos razões para cuidar do meu parceiro no crime. Assim, o jogo espelha a situação que encaramos ao decidir dar uma gorjeta a um garçom em uma cidade estrangeira. Se eu nunca mais verei aquela pessoa, é racional não lhe dar uma gorjeta.

Mas os pesquisadores incluíram uma característica crucial na simulação de computador. Especificamente, eles construíram o modelo de tal forma que as pessoas virtuais não sabiam se a situação do dilema do prisioneiro seria uma ocasião única (como no caso do garçom na cidade estrangeira) ou repetida. Elas tinham que descobrir esse detalhe por meio de várias pistas nada confiáveis a partir do ambiente e então decidir ficarem caladas ou entregar. Mais uma vez, tudo isso foi modelado em um programa de computador para que os pesquisadores pudessem ver quais comportamentos de tomada de decisão resistiriam à prova do tempo de dez mil gerações.

O que eles descobriram foi que as mesmíssimas forças e circunstâncias que nos levam a nos envolver em trocas olho por olho também resultam na tendência a sermos generosos com estranhos. Ou seja, em um mundo em que as pessoas tendem a devolver favores, pessoas que fazem favores sem esperar nada em troca — mesmo que não seja de forma totalmente racional — se saem melhor em longo prazo.

A razão para isso é bastante simples: quando interagimos com uma nova pessoa, não podemos ter certeza se a encontraremos de novo ou não. É possível supor com certo nível de confiança. Mas, caso apostemos erroneamente que nunca encontraremos aquela pessoa de novo, esse erro pode nos custar caro. É melhor ser generoso do que irritar alguém que pode ser capaz de se vingar. E, dessa forma, os autores do estudo concluem que: "A generosidade, longe de ser algo superficial do condicionamento cultural no topo da essência maquiavélica, pode se mostrar um fundamento da natureza humana."[7] Assim, a razão pela qual é recompensador ser generoso pode ter pouco a ver com o carma da filosofia ocidental e mais a ver com a pura teoria dos jogos.

E a generosidade não é só uma ferramenta valiosa para inspirar confiança e fazer as pessoas cooperarem com você; ela pode até superar a velha alternativa do olho por olho que os especialistas em persuasão têm defendido há anos.

O estranho é que levou muitos anos para que os especialistas percebessem esse fato.

As Vantagens da Generosidade Habitual

O ditado "Você me ajuda que eu te ajudo" tem limitações reais. Primeiro, ele não inspira muita confiança. Cada pessoa só está fazendo o que é do seu interesse. E, se aparecer uma coisa melhor ou as necessidades do outro mudarem, todo o arranjo pode se desfazer em um segundo. Essa abordagem não está muito distante da *realpolitik* da Guerra Fria — o que, na verdade, não aquece muito o coração.

Nas décadas que seguiram o fim da Segunda Guerra Mundial, a única coisa que evitou uma nova guerra entre os Estados Unidos e a União Soviética era o reconhecimento de que, se um país atacasse o outro, a retaliação seria certa, e o resultado seria a total aniquilação nuclear de ambos os lados — a chamada destruição mútua garantida. Não havia persuasão envolvida, apenas ameaças.

Não é preciso dizer que esta não é uma estratégia sensata para firmar um acordo, como foi comprovado pelo número de vezes que um minúsculo mal-entendido entre os Estados Unidos e a União Soviética quase resultou no apocalipse nuclear. Considere o que aconteceu em novembro de 1979, quando computadores em um centro de alerta nuclear no Colorado detectaram o que parecia um ataque em grande escala dos soviéticos. Os computadores mostravam que mísseis nucleares estavam a caminho das instalações nucleares norte-americanas e de outras localizações estratégicas no país, incluindo o Pentágono e o Centro Nacional de Comando Militar. Logo, as equipes norte-americanas de bombardeios nucleares foram enviadas para seus aviões, jatos interceptores foram postos no ar, operadores de mísseis estavam em alerta máximo e o "avião fim do mundo" do presidente saiu do solo, preparando-se para o pior. O país estava se preparando para uma guerra nuclear que não acabaria bem para nenhum dos dois lados — ou para qualquer um no planeta, verdade seja dita.

Era um alarme falso. Alguém no Comando de Defesa Aeroespacial da América do Norte (NORAD) havia inserido um programa de treinamento altamente crível no computador — seja por acidente ou como a pegadinha mais inconsequente da história da humanidade.[8] Quando acordos são baseados apenas na reciprocidade e em pactos olho por olho, até o menor passo em falso tem potencial para mandar tudo para o ar (às vezes, até o mundo inteiro).

O mesmo se aplica quando a persuasão é construída apenas na expectativa do benefício mútuo. Se alguém só o ajuda porque espera um favor em troca, essa aliança é inerentemente instável. Não há base para confiança nessas situações, pois elas são puramente transacionais.

Mas estamos dispostos a nos arriscar por uma pessoa naturalmente generosa, ficamos felizes quando as coisas vão bem e nos sentimos bem fazendo negócios com ela. E lhe damos o benefício da dúvida caso ela não faça o esperado de vez em quando, pois sabemos que suas intenções são boas — em vez de colocar nossos jatos militares no ar e mirar nossos mísseis nela o mais rápido possível.

Como um estudo da Universidade da Califórnia em Santa Barbara mostra, a generosidade também ajuda a superar o maior problema da abordagem olho por olho — a saber, que nunca teremos certeza de quem estará em posição de nos ajudar no futuro. Se só nos doamos para aqueles que acreditamos que podem nos ajudar, ficaremos muito piores em longo prazo do que alguém que é generoso de forma rotineira.

A evolução nos forjou para sermos generosos por natureza, na remota possibilidade de que o estranho que precisa de ajuda para fazer o carro pegar no tranco hoje seja a pessoa que nos entrevista para um emprego amanhã. Sendo generosos por hábito, nos abrimos para aproveitar esses acidentes felizes sempre que eles acontecerem. Essas pequenas vitórias ocasionais podem se somar com o tempo, como juros compostos.

A tendência à generosidade foi incorporada em todos nós ao longo de milhões de anos de evolução. No entanto, como qualquer traço de personalidade, algumas pessoas têm generosidade para dar e vender, enquanto outras... nem tanto. Independentemente de em qual campo você se encaixe, todos podemos aprender a ser generosos por hábito com a prática.

Para mim, porém, o processo de se tornar mais generoso começa com uma regra simples.

Como Ser Generoso:
Ofereça algo em todas as interações

Como o filósofo norte-americano Christian B. Miller escreveu, para que um ato seja exemplo de generosidade verdadeira, "os motivos de uma pessoa para doar precisam ser fundamentalmente altruístas ou preocupados com o bem-estar daqueles sendo ajudados, independentemente de aquele que doa se beneficiar ou não no processo".[9] Aquela pessoa que só aparece quando precisa de algo de nós é, por natureza, uma persuasora de merda. Pessoas assim sugam nossa energia vital. Quando o nome delas aparece em nossa caixa de entrada, nosso dia automaticamente perde um pouco a graça e nós torcemos o nariz. E quando elas batem na porta de nosso escritório, imediatamente pensamos: "Jesus, o que esse cara quer agora?" Essa pessoa terá dificuldades em nos convencer mesmo na melhor das circunstâncias.

Por outro lado, a pessoa que nos faz sentir um pouco melhor toda vez que a encontramos é exatamente aquela que conseguirá nossa atenção quando nos abordar com uma proposta, precisar de um favor ou quiser que mudemos de ideia sobre alguma coisa. Como nos tornamos esse tipo de pessoa? Simples. Sempre que interagir com alguém — seja em uma reunião de negócios ou de família, um jogo de futebol ou um encontro —, tente se doar. Trate todos os seus encontros como uma chance de ser generoso.

Ao se comprometer a fazer isso, descobrirá que a generosidade tem várias formas. Podemos ser generosos com dinheiro e sempre pagar a conta, mas dinheiro, na verdade, é a coisa menos significativa que podemos dar. Se você chegar a todas as interações pensando: "Como posso contribuir? Como posso dar algo de valor?", a resposta geralmente cai em alguma das seguintes categorias básicas.

Tempo, Atenção e Paciência

Sou um cara ocupado. Dirijo uma empresa com escritórios em quatro cidades que presta serviço para dezenas de clientes a qualquer momento. Também tenho uma ótima família e amigos que me apoiam. E, além de tudo isso, amo me exercitar, viajar, tocar música de vez em quando, sair com meus amigos ocasionalmente, ler livros (e às vezes ridiculamente tentar escrevê-los) e aprender novas habilidades. Sou um ótimo executor. E, devido a todas essas razões, estou quase sempre com o tempo apertado; não há horas suficientes no dia.

Isso torna o tempo um dos ativos mais valiosos que tenho. E não qualquer tempo, mas o tipo de tempo que vem com atenção e paciência genuína. Para mim, ser generoso com meu tempo significa que, sempre que alguém que conheço me pede um pouco dele, minha resposta-padrão será sim.

Por exemplo, se alguém deseja que eu participe de uma reunião ou ligação de trabalho, minha resposta é sim — mesmo se isso exigir mudanças no meu cronograma. Se minha presença e atenção puderem ajudar mesmo minimamente, quero estar lá. Se um membro da família, um amigo ou um colega precisa de um ouvinte compreensivo, tento ser todo ouvidos. E, se um colega de trabalho ou amigo faz algo de errado e quer explicar o que aconteceu, eu o deixo falar e depois formo minha opinião.

Nem sempre acerto em cheio. Às vezes, não tenho tempo para dar naquele dia ou semana específica. Mas, se for remotamente possível para mim oferecer meu tempo para melhorar as circunstâncias de alguém, tento fazê-lo.

Até pouco tempo atrás, meu primeiro instinto quando alguém me pedia um pouco do meu tempo era encontrar uma forma de dizer não e tirar o corpo fora — em geral, explicando o quanto sou ocupado. O que percebi foi que a maioria das pessoas em minha vida já sabe o quanto sou ocupado, o que significa que não pediriam meu tempo se não fosse importante.

E, quando investimos nosso valioso tempo em outras pessoas, elas ficam muito mais propensas a investir em nós.

Conselhos, Recomendações e Informações

Acabou de ouvir um novo disco incrível sobre o qual ninguém está falando? Descobriu um ótimo restaurante fora da rota convencional que o impressionou? Talvez você tenha lido um artigo ou livro transformador. Ou tenha tido um insight incrível sobre trabalho, ou aprendido uma lição sobre criar filhos da maneira mais difícil.

Se for o caso, não guarde essas revelações para você. Em vez disso, escreva-as em um caderno. Depois, pense cuidadosamente em quem na sua vida se beneficiaria daquelas informações. Por fim, contate a pessoa — ou as pessoas — que veio à sua mente. Em vez de acumular descobertas que o ajudaram, lembre-se de que a sabedoria deve ser compartilhada. E as pessoas adoram saber que outros se lembram delas; isso as faz se sentir bem.

Elogios e Reconhecimento

Pode parecer óbvio, mas é fácil se esquecer de elogiar os outros, especialmente se estivermos estressados ou tendo um dia difícil. A verdade é que perceber algo positivo sobre outra pessoa e expressar nosso apreço pode mudar o dia de alguém. Preciso trabalhar nesse aspecto de forma consciente. Quando pensar em algo positivo, não guarde para você; diga.

Da minha perspectiva, tornar seus elogios o mais específicos possível ajuda. Em vez de dizer a uma colega de trabalho

"Obrigado pelo trabalho duro", diga-lhe: "Sei que você se matou no projeto X nas últimas semanas. Queria que soubesse o quanto valorizo isso, pois seu trabalho está tendo um resultado positivo na empresa" — e continue, explicando exatamente qual é esse resultado positivo.

Da mesma forma, se tiver um bom resultado de qualquer tipo, seja profissional ou pessoal, pense em quem mais o ajudou a alcançar aquela vitória. É provável que você não tivesse conseguido sozinho. Então, assegure-se de propagar o crédito. Contate qualquer um que tenha contribuído, compartilhe as boas novas e expresse seu agradecimento.

Talvez seja apenas dizer: "Ei, aquela pesquisa que você fez nos ajudou demais no pitch de ontem." Se seu filho ou sua filha entrou em uma ótima faculdade, diga a seu professor ou professora que aquela ajuda extra com o vestibular realmente fez a diferença. E deixe sua cara-metade ciente de que as horas que ela gastou fazendo aquela coisa extra por vocês dois realmente valeu a pena. Apenas se certifique de ser honesto e específico em relação à razão.

Da mesma forma, quando as coisas derem errado, resista ao desejo de atribuir a culpa a uma única pessoa. É preciso reconhecer o que deu errado, mas tentar fazer isso de maneira honesta, clara e também gentil.

Ser generoso na derrota é tão importante quanto ser generoso na vitória.

Coisas

Há momentos em que expressar sua generosidade pede coisas reais e físicas. Estou falando de presentes. Que dar presentes é uma forma de arte, não há dúvidas. Mas também pode ser uma chatice. Quem de nós nunca foi pego desprevenido na véspera do dia dos namorados, do aniversário de casamento ou do aniversário de um amigo procurando freneticamente online e pesando os prós e contras de uma vela perfumada, um roupão de banho ou algum presente genérico? É muito difícil acompanhar todas as datas e todas as pessoas que gostaríamos de celebrar. Eu nunca acerto as datas. Uma das maneiras que encontrei para burlar essa situação triste foi oferecendo presentes o ano todo — não especificamente em datas oficiais para trocas de presentes.

O que isso implica? Por exemplo, se compro para mim algo sobre o qual estou superanimado ou acho muito útil, me asseguro de comprar mais um — ou às vezes mais dois, se não for caro demais. Pode ser uma capa para celular, um prendedor de gravata ou a caneta espacial perfeita. Com muita frequência, é um livro (quando encontro um livro que adoro, tendo a comprar vários exemplares). Geralmente não faço ideia de para quem vou acabar oferecendo essas coisas, o que faz parte da diversão. Esses presentes podem ficar meses na gaveta até eu pensar em alguém que realmente o apreciaria ou precisaria dele naquele momento. Mas, quando a ocasião certa aparece, tenho um presente atencioso à mão.

Dessa forma, garanto que, quando encontro algo que amo, também estou mimando alguém que amo.

O Agasalho de Um Milhão de Dólares

Minha agência se orgulha de pensar em presentes legais para enviar para nossa rede: amigos, família e clientes. É claro que várias empresas têm estilo, mas tentamos tornar o nosso um pouco diferentão. Por exemplo, em um ano, criamos um agasalho da Mekanism que tinha o nome da empresa estampado em silkscreen com a mesma fonte da logo do Metallica. Em outro ano, escolhemos uma caixa de cereal personalizada com uma surpresa dentro. Em outro, enviamos um livro inspirador recortado por dentro com um saca-rolhas da marca escondido. Queremos que as pessoas vistam nossa marca ou a mantenham em suas mesas ou escritórios.

Na verdade, foi o agasalho que nos ajudou a conquistar um de nossos clientes mais antigos, os sorvetes Ben & Jerry's. Conheci Jay Curley, representante da marca, em uma conferência da qual participei, e começamos a conversar. Adoro a Ben & Jerry's, então fiquei feliz por conhecer alguém da empresa e trocar contatos. Eu o incluí imediatamente na lista de e-mails de nossa agência para receber coisas grátis, como newsletters, convites para conferências, artigos — e, é claro, os agasalhos da Mekanism.

Felizmente, mais ou menos dez meses mais tarde, Jay ligou para avisar que a Ben & Jerry's estava procurando uma agência nova. Ele provavelmente não teria se lembrado de nós se não fosse pelo fato de, como me contou, ter amado e usado o agasalho da Mekanism. Fomos convidados para um pitch com a empresa, que vencemos no final. No momento da escrita deste livro, completamos seis anos como a agência da empresa. Aquele agasalho de vinte e poucos dólares nos recompensou com um ótimo cliente e muitos milhões de dólares em receita.

Eu estava tentando fazer um arremesso de três pontos que transformou um agasalho grátis em um grande sucesso da empresa? Não. Estava apenas tentando oferecer um brinde legal para uma pessoa legal que conheci. E, como ficou comprovado, jogar coisas incríveis para o mundo é um hábito que gera lucros inesperados.

Um Curso Rápido de Generosidade

Detalhei algumas das situações mais comuns em que nos vemos em posição de dar — tempo, conselhos, elogios e presentes. Mas tornar a generosidade um componente natural de sua personalidade exigirá treino. Este processo se divide em três práticas estratégicas que você pode implementar.

Identificar o Estado de Necessidade

Entre em interações importantes já considerando com o que pode contribuir, se houver algo, ou o que pode ser exigido de você. É uma oportunidade de oferecer informações úteis? Ou a situação pede um pouco de feedback honesto? Pode ser que a pessoa com quem acabou de se conectar fique feliz com uma cópia do livro que você acabou de ler. Não sinta necessidade de saber com antecedência qual será a resposta certa em cada ocasião; quando começar a ver as interações como oportunidades de oferecer coisas, a resposta geralmente entra em foco. Siga seu instinto.

Sim Automático

Se começar a entender as interações dessa forma, lentamente, ficará óbvio quais coisas de valor você está mais disposto a oferecer de forma gratuita e de quais está menos propenso a abrir mão. Algumas pessoas não gostam de compartilhar experiências da vida pessoal. Outras são mesquinhas com tempo ou atenção. E outras simplesmente não conseguem fazer elogios. Tome nota de para quais atos de generosidade você instintivamente diz não em sua cabeça e se comprometa a transformar a maior parte desses "nãos" automáticos em "sins" automáticos.

Acompanhe

Sempre que possível, assegure-se de que seu ato de generosidade não seja um incidente isolado. Se envio uma cópia de um dos meus livros favoritos para alguém, também envio um e-mail de acompanhamento para garantir que tenha recebido, compartilho minhas ideias sobre o livro e explico por que achei que essa pessoa fosse gostar dele. Com um pouco de sorte, transformo esse presente em uma conversa substancial. É claro que isso nem sempre é possível. Mas, caso seja, acompanhar é uma ótima maneira de expandir um ato de generosidade em algo mais profundo e recompensador.

 RECAPITULANDO

Há muito tempo se considera que uma das melhores maneiras de exercer influência é se envolver em trocas recíprocas, do tipo dar e receber. Este é um exemplo-padrão do tipo de pensamento transacional que mina o poder persuasivo de alguém em longo prazo.

Foque somente o "dar". Pode parecer simples, mas pessoas habitualmente generosas são mais persuasivas. Então, desenvolva o hábito de oferecer coisas em tantas interações quanto for possível.

Algumas pesquisas científicas recentes corroboram meu ponto. Ocorre que os seres humanos evoluíram para serem generosos porque esta era uma forma confiável de fazer as pessoas cooperarem. E no mundo real, em que as pessoas nem sempre estão em posição de devolver, a generosidade-padrão é uma forma comprovada de ganhar a confiança e o apreço das pessoas.

Quanto mais vemos nossas interações com outras pessoas como oportunidades de dar, mais reconhecemos o que está sendo pedido de nós ou o que temos para contribuir. Podemos dividir o doar em quatro categorias:

1. Tempo e atenção
2. Conselhos e recomendações
3. Elogios e reconhecimento
4. Coisas

O essencial é que não importa o que estamos oferecendo, deve ser algo que achamos valioso. E, igualmente importante, não podemos esperar nada em retorno. Ser generoso o ajudará a ser uma pessoa mais feliz e criará relações e laços mais fortes com aqueles em sua vida. Se você se tornar o tipo de pessoa que demonstra uma personalidade generosa, a persuasão será uma consequência natural.

Os retornos que resultam de jogar coisas boas para o mundo se acumularão como juros compostos.

Capítulo 5

a atração da positividade

A mente é tudo. O que você pensa, você se torna.

— Buda

De maneira geral, exemplos de persuasão caem em duas categorias: positivos ou negativos.

Sempre que uma pessoa tenta conquistar outra evocando medo, ódio, repulsa ou ansiedade, ela está se prestando à persuasão negativa. E, infelizmente, não precisamos buscar muito em nossa cultura para ver esse tipo de tática em ação. O caso de exemplo são as propagandas de ataque político que retratam um candidato como perigoso ou mau. O objetivo dessas propagandas é nos deixar com tanto medo ou ódio em relação à possibilidade de vitória do Candidato X que a única saída é votar no Candidato Y.

Vamos relembrar "Daisy", a famosa propaganda do ex-presidente norte-americano Lyndon B. Johnson durante a campanha de 1964, na qual uma menina de três anos está em um campo ensolarado e com pássaros cantando, arrancando pétalas de uma

120 A EXPRESSIVA ARTE *da* PERSUASÃO

margarida, uma por uma, até que, na contagem regressiva de dez, uma bomba nuclear é detonada. Ouvimos a voz de Johnson dizendo: "Esses são os riscos."[1] Essa propaganda foi ao ar apenas uma vez, e é provável que tenha sido crucial para a vitória decisiva de Johnson sobre Barry Goldwater. Embora o nome do candidato não seja mencionado nenhuma vez, o espectador pensa: "É melhor votar nesse cara ou posso morrer em uma guerra nuclear feia." Esta é a persuasão baseada no medo bem-sucedida.

Mais de cinquenta anos depois, Donald Trump foi muito além das propagandas de ataque imaginativo, valendo-se de táticas de valentões de parquinho e cunhando apelidos condescendentes para cada opositor que estivesse em seu caminho: o "Pilha Fraca" Jeb Bush, o "Fracote" Ben Carson, a "Velhaca" Hillary Clinton, o "Mentiroso" Ted Cruz, o "Pequeno" Marco Rubio, "Pocahontas" para Elizabeth Warren, o "Biruta" Joe Biden e daí por diante.

Mensagens negativas simples e consistentes funcionam. Na verdade, podem ser uma maneira incrivelmente poderosa de fazer as pessoas mudarem de ideia ou levá-las às urnas. Mas a pergunta que precisamos fazer é: o mundo precisa de mais medo, ódio, ansiedade ou raiva? Obviamente não, já temos isso aos baldes.

De fato, estamos tendo uma overdose de ansiedade. Tudo ficou tão negativo que muitas pessoas mal conseguem esperar pela próxima oportunidade de pisar na cabeça dos outros para serem promovidas. Mas a maioria de nós, no fundo, é boa, e se for para inspirar algum tipo de emoção em outra pessoa, que seja positiva, que seja saudável. Com certeza, derrubar os outros ou difamar a concorrência ocasiona ganhos em curto prazo, mas isso nunca funciona em longo prazo.

A persuasão positiva conta com emoções afirmativas para atrair pessoas para nossa posição. Em vez de lembrar o público dos perigos de determinada escolha, isso o preenche com uma sensação de empolgação e oportunidade. Faz as pessoas se sentirem bem em relação a suas escolhas, e não mal por se decidirem pelo lado errado.

A persuasão expressiva trata de cultivar a personalidade — o tipo de personalidade que emana positividade por natureza. Não estou falando daquela pessoa detestavelmente alegre que não para de sorrir, usa a frase "sem problemas" e descreve tudo o que o sol toca como "empolgante". Isso não é positividade, é papo furado. Também não estou falando daquela pessoa que se deixa levar por idealismos e vê o lado positivo de tudo, mesmo quando não existe um. Eu não acho que a positividade utópica seja de alguma ajuda. Obviamente, são necessários mais que pensamentos felizes para atingir nossos objetivos.

O tipo de pessoa com propensão à positividade de que estou falando é alguém que dá prioridade genuína a suas emoções positivas em tudo o que faz e, como consequência, deixa aqueles ao seu redor se sentindo um pouquinho melhores. Essas emoções positivas podem ir de contentamento e satisfação à confiança, otimismo e gratidão.

Nada disso é para sugerir que pessoas habitualmente positivas nunca se sentem mal. Elas podem ficar mal-humoradas ou com raiva, como todo mundo. Apesar disso, treinam a si mesmas para permitir que seus sentimentos positivos guiem suas decisões, ações, comentários e pensamentos na maior parte do tempo. Assim, demonstram um tipo específico de generosidade: *a generosidade de espírito.*

Estar propenso à positividade nos tornará mais felizes, mais saudáveis, mais criativos ou melhores na cama? Provavelmente. Mas o que sabemos com certeza é que indivíduos habitualmente positivos são o tipo de pessoa que as outras gostam de ter por perto. Vamos até eles quando precisamos de conselhos, temos um problema ou precisamos que algo seja feito. E os queremos conosco quando as coisas vão bem. Nós simplesmente gostamos deles. Quando estão por perto, tornam as coisas melhores.

Mas, para nossos propósitos, este também é o tipo de pessoa com que gostamos de concordar.

As Consequências da Positividade

Deveríamos preferir espalhar sentimentos inspiradores e afirmadores, em vez de o contrário. Mas como colocamos essa preferência em ação — especialmente se não for da nossa natureza? Em várias situações, isso se resume a uma regra simples e fácil de seguir: quando estiver em dúvida, enfatize o potencial lado bom em vez de se concentrar no lado ruim de uma determinada decisão.

Não é difícil entender a base dessa regra. Afinal, o que você preferiria ouvir: que um regime de treinos tornará seu corpo menos rechonchudo e fora de forma ou que ele o ajudará a se sentir mais saudável, ter mais energia e ficar mais bonito na praia? A primeira mensagem nos lembra de que estamos acima do peso, enquanto a segunda pinta uma imagem de alguém mais radiante e com maior potencial produtivo.

Da mesma forma, você preferiria ouvir: "Você não liga para sua mãe o suficiente, então pega a porcaria do telefone de vez em quando!" ou "Sua mãe adora quando você liga, significaria muito para ela se você ligasse e alegrasse o dia dela"? A primeira mensagem é um veículo para a culpa; a segunda, um convite para fazer algo bom para alguém que você ama.

Ambas as frases podem ser eficientes em conseguir o resultado desejado. Mas não é muito agradável ficar por perto de pessoas que inspiram culpa, raiva e medo e, conforme envelhecemos, evitamos esse tipo de pessoa (a menos, é claro, se for parente e tenhamos que engolir e lidar com isso). E quando estamos investindo em longo prazo, definitivamente não queremos ser alguém que as pessoas se sentem forçadas a evitar. Por que fazer alguém se sentir mal se pudermos fazer diferente?

A seguir, estão alguns exemplos de como podemos transformar uma mensagem persuasiva negativa em positiva:

NEGATIVA	POSITIVA
Este produto o deixará menos cansado.	Este produto lhe dará mais energia.
Fumar tira anos da sua vida.	Se parar de fumar agora, você viverá muito mais.
Não seja burro.	Sei que você é mais inteligente que isso.
Se você não doar, pessoas morrerão.	Sua doação pode salvar vidas.
Este emprego vai evitar sua falência.	Este emprego o deixará financeiramente seguro.
Não reciclar destrói o planeta.	Reciclar traz enormes benefícios à Mãe Terra.

Do ponto de vista da persuasão, mensagens positivas são mais eficientes para engajar públicos. Esta foi a conclusão final de um estudo de 2008, que analisou várias décadas de pesquisa acadêmica sobre uma única pergunta: Mensagens persuasivas baseadas na perda ("Você terá câncer de pele se não usar protetor solar") são mais atrativas do que mensagens baseadas no ganho ("Protetor solar faz sua pele parecer mais saudável")? Ao longo dos anos, houve muitas análises dos efeitos engajadores de diferentes mensagens persuasivas, mas ninguém se deu ao trabalho de considerar todos esses estudos juntos. Isto é, até Daniel O'Keefe e seu colega assumirem a tarefa em 2008.[2]

Ao iniciar o estudo, os autores supuseram que mensagens persuasivas negativas seriam mais atrativas do que as positivas. Essa suposição pareceu segura na época. É inegável que a possibilidade de perder algo importante para nós desperta emoções poderosas, como medo e ansiedade. Tais emoções conseguem focar a mente e motivar a ação. Logo, era esperado que mensagens negativas vencessem com facilidade a competição pelo engajamento do ouvinte. É por isso que publicitários de campanhas continuam usando propagandas de ataque político. E é basicamente nisso que toda a indústria de seguros se fundamenta.

Mas O'Keefe e seu colega descobriram algo que não esperavam. Depois de analisar minuciosamente os números de 42 análises separadas publicadas ao longo de mais de 30 anos, os pesquisadores descobriram que mensagens persuasivas positivas e baseadas no ganho levam a "um engajamento significativamente maior" do que as negativas.

Na hora de convencer as pessoas, a positividade é sua melhor amiga.

A Positividade É Contagiosa

Uma razão pela qual a positividade tem vantagens persuasivas é que ela é altamente contagiosa. De fato, é bastante espantoso como podemos potencialmente influenciar a visão de outra pessoa apenas mudando a nossa. Isso ficou claro em outro estudo famoso de 1962, dos psicólogos Stanley Schachter e Jerome E. Singer.[3]

No experimento, os participantes receberam uma injeção de adrenalina, substância química que aumenta a pressão arterial e as frequências cardíaca e respiratória. Os participantes não sabiam que substância estavam recebendo — os pesquisadores lhes disseram que era uma droga para um teste de visão. Depois, era solicitado que esperassem em uma sala com outra pessoa, que secretamente fazia parte do experimento. O objetivo do estudo era analisar como o humor das pessoas ao nosso redor afeta a percepção de nossas próprias emoções.

Em alguns casos, a pessoa que estava no experimento fingia experienciar euforia. É claro que isso tornava os participantes — que, sem saber, estavam estimulados pela adrenalina — mais propensos a relatar se sentirem eufóricos. Em outros casos, a pessoa no experimento agia de forma irritadiça. Quando isso acontecia, os participantes que haviam recebido adrenalina tendiam a relatar se sentirem irritados.

O estudo descobriu que nossas próprias percepções sobre como nos sentimos estão muito relacionadas a como percebemos os sentimentos daqueles ao nosso redor. E, se a persuasão é a arte de mudar visões e emoções das pessoas, a habilidade de contagiar os outros com nossa própria positividade é uma ferramenta muito poderosa.

Eis um exemplo prático recente. Eu estava preso no metrô com meus dois filhos a caminho de um jogo dos Yankees. Logo ficou claro que perderíamos boa parte da partida, pois o trem estava parado. Quanto mais o tempo passava, mais o sentimento de decepção dos garotos ficava palpável. Começou com "Sem arremesso de abertura" e progrediu até "Vamos perder dois tempos inteiros, pai. Que droga!".

Parte de mim se sentia da mesma forma. Eu estava empolgado com o jogo e nem um pouco entusiasmado por perder tanta ação. Se tivesse me deixado levar por esse sentimento de decepção, meus filhos teriam sentido, e uma situação nem um pouco ideal teria ficado muito pior se eu tivesse me juntado ao coro de reclamações. Isso é algo a que todos nós temos uma tendência natural.

Mas, nessa ocasião, escolhi olhar as coisas por uma perspectiva mais positiva. Afinal, estava feliz da vida por passar uma noite divertida com meus filhos. Decidi tratar nosso aperto como um

126 A EXPRESSIVA ARTE *da* PERSUASÃO

tipo de aventura. Comecei um jogo em que criávamos histórias sobre as diferentes pessoas que víamos no metrô em que estávamos presos: "O que você acha que aquele cara faz da vida? Qual o nome do gato dele? Onde ele cresceu? Com que idade ela saiu de casa ou será que saiu? Será que ele entraria para um circo?" Nós nos revezávamos na criação de nomes e histórias fictícias para o estranho. Inventamos até um nome para o jogo: Estranho Fictício. E nos divertimos tanto sendo criativos que, quando o trem andou, eles mal notaram que havíamos perdido quase uma hora do jogo. Eu os contagiei com meus próprios sentimentos positivos.

Nem sempre sou o herói da história em casos assim — talvez só em metade do tempo. Depois de um dia longo, uma oportunidade ou um pitch perdido, posso sair do controle e me tornar um c*zão. Mas todos temos a escolha de usar a atração da positividade para manter nossas emoções negativas sob controle e, às vezes, quando nos destacamos, até expandir a experiência.

O Teste da Cerveja

Como regra, quando se trata de escolher lados em uma disputa ou decidir em quem confiar, nos inclinamos a quem gera sentimentos positivos em nós. Muitas vezes, campanhas políticas contemporâneas são baseadas nessa percepção fundamental. Quando votamos ou apoiamos as visões de determinado político, por vezes, o fazemos em razão de como ele nos faz sentir — não porque pesquisamos a fundo e achamos os posicionamentos daquele indivíduo mais convincentes que os de seus oponentes. Pelo mesmo motivo, mesmo quando achamos que nosso político favorito está errado sobre alguma coisa, pode ser doloroso admitir. Preferimos concordar do que discordar dele. Donald Trump conseguiu convencer muitos eleitores do Partido Republicano a mudar de ideia sobre questões importantes, como tarifas alfandegárias e a Rússia — não com fatos, mas porque, por alguma razão, eles foram seduzidos pelo estilo inconsequente e fanfarrão e pelas táticas intimidadoras do então candidato. Também podemos ver essas táticas rapidamente esgotarem sua receptividade; elas não duram muito.

No entanto, não é coincidência que, nas eleições presidenciais *mais* recentes, o candidato considerado mais agradável tenha saído na frente. Essa dinâmica é chamada "teste da cerveja", já que os candidatos muitas vezes competem para ser a pessoa com quem os eleitores mais gostariam de tomar uma cerveja. Em 2000, por exemplo, as pesquisas de opinião mostraram que George W. Bush estava quase empatado com Al Gore em relação aos problemas, mas estava significativamente à frente em medições de agradabilidade. O mesmo ocorreu quando concorreu contra John Kerry em 2004. Os eleitores também gostavam muito mais de Barack Obama do que de Mitt Romney na corrida presidencial de 2012.[4]

Preciso admitir que o teste da cerveja funciona comigo. Em minha empresa, faço questão de entrevistar cada novo contratado, seja um gerente, um produtor júnior ou um diretor de criação. Isso pode consumir muito tempo, mas vale a pena. Nesse momento do processo de contratação, muitos outros já determinaram que a pessoa a quem estou entrevistando é qualificada para o cargo. O que preciso descobrir durante nossa conversa é se ela é alguém que gostaríamos de ter por perto. Ela contribuirá com nossa cultura? Será exclusivamente ela mesma, expressar suas opiniões e emanar positividade? Em outras palavras, nós gostaríamos de tomar uma cerveja com ela no fim de um longo dia?

Para descobrir, faço perguntas que a convidam a baixar a guarda. Pergunto quais adjetivos seus amigos usariam para descrevê-la, qual ela acha que é seu "superpoder publicitário", de qual tipo de música ela gosta, por que quer mudar de emprego, o que a deixa animada para sair da cama e ir trabalhar, o que faria por diversão se não tivesse que trabalhar, três pessoas com quem gostaria de jantar e daí por diante. Meu objetivo é fazê-la se soltar um pouco para que eu possa ter um vislumbre de sua real personalidade. Se for alguém que fala mal do antigo empregador ou emana negatividade por natureza, é quase certo que vou dispensá-la, não importa o quanto ela seja qualificada ou talentosa.

Os tipos de pessoas que queremos ter por perto nos momentos difíceis são sempre aquelas que emanam positividade, que nos lembram do quanto as coisas são boas ou que têm esperança em relação a quão bem as coisas poder ficar de novo. Elas levantam nosso astral.

Como Joe Biden Me Ganhou

Esse conceito ficou bem claro para mim alguns anos atrás, quando minha agência foi chamada para assumir um desafio especialmente intimidador para um dos maiores clientes do universo: a Casa Branca.

Na manhã de 29 de abril de 2014, me vi na Sala Roosevelt, sentado em frente a ninguém menos que o então vice-presidente dos Estados Unidos, Joe Biden. Ao longo de mais de uma hora, ele falou sobre por que minha agência e outros parceiros na sala deveriam unir forças com o governo Obama para reformular fundamentalmente a opinião do público em relação à violência sexual nos campi universitários.

Como Biden informou a mim e aos representantes de várias organizações de mídia e de esportes — incluindo a *GQ*, a Major League Baseball e a Funny or Die —, aproximadamente uma a cada cinco mulheres e um a cada dezesseis homens sofrem violência sexual durante sua permanência na universidade. Ainda fico impressionado sempre que penso nessas estatísticas. A Task Force to Protect Students from Sexual Assault [Força-Tarefa para

Proteger Estudantes da Violência Sexual, em tradução livre] do governo Obama, criada anteriormente naquele ano, havia anunciado algumas de suas recomendações naquela manhã, incluindo a criação de programas federais de treinamento para ensinar as autoridades das instituições de ensino como tratar adequadamente vítimas de trauma sexual. Mas, como Biden explicou, o problema não poderia ser resolvido apenas por meio de boas políticas.

Ele justificou que evitar estupros nos campi exigiria uma mudança em larga escala em como os estudantes — homens jovens, em particular — compreendiam a questão. O que o governo precisava era de uma mudança cultural. E o vice-presidente Biden e sua equipe haviam escolhido minha agência, a Mekanism, para causar essa mudança, por meio de uma campanha nacional que precisaria ser lançada em quatro meses a contar daquela reunião.

Pela proposta em si, você pode pensar que isso seria moleza. É óbvio que a Mekanism deveria topar. Mas havia várias considerações que me fizeram hesitar. Primeiro, precisaríamos trabalhar completamente de graça. Eu também não tinha ideia de como nossa agência faria aquilo — ou de como eu justificaria essa montanha de trabalho gratuito para nosso diretor financeiro. O vice-presidente estava pedindo uma imensa campanha nacional sobre uma questão cultural muito sensível que seria executada sem verba e precisaria estar pronta para rodar em alguns meses.

Até então, a Mekanism esteve no ramo de movimentar produtos, acumular cliques e fazer as pessoas compartilharem nosso conteúdo — e não efetuando mudanças sociais em larga escala. Na verdade, o governo nos contatou depois que Rachel Gerrol e Dave Moss, da PVBLIC Foundation, Greg Schultz, conselheiro de Biden, e Kyle Lierman, do Office of Public Engagement [Escritório de Engajamento Público, em tradução livre] da Casa Branca, viram um trabalho interessante no site de nossa agência. O cliente era o Axe Body Spray, e a campanha, que se chamava

"The Fixers", ajudou a lançar uma nova linha de sabonetes corporais voltada para homens em idade universitária. Para atingir esse público, a Mekanism criou uma série de pegadinhas virtuais e piadas toscas que você poderia fazer com seus amigos. O trabalho era extremamente imaturo e nunca funcionaria no ambiente de hoje, mas foi eficaz e fez os produtos praticamente desaparecerem das prateleiras.

É claro que criar uma peça para vender produtos para homens universitários buscando sair do banho com um cheiro que atraísse o sexo oposto é muito diferente de convencer esses jovens a defender e proteger o sexo oposto de violência sexual. Também nunca tínhamos feito nenhum trabalho sem remuneração antes, e não tínhamos experiência em negociar com uma operação política tão grande e complexa como a Casa Branca e todas suas partes constituintes. Se fracassássemos, não estaríamos frustrando apenas milhões de vítimas passadas e futuras de violência sexual — estaríamos envolvidos em uma derrota política muito pública do presidente e do vice-presidente dos Estados Unidos. Também ficaríamos na história como a agência que estragou uma enorme campanha nacional para um dos governos mais hábeis com a mídia da história moderna.

Havia várias razões para não nos arriscar e simplesmente recusar. Mas esse pensamento nunca passou pela minha cabeça. Claro, havia o apelo da Casa Branca — um prédio projetado para intimidar quem quer que atravessasse suas portas (guardadas pelo Serviço Secreto). No entanto, a razão pela qual aceitei de cara foi o próprio Joe Biden.

Desde o momento em que entrou na sala, ele praticamente cintilava boa energia e positividade. Era gracioso, jovial e curioso. Passou por toda a mesa e apertou a mão de cada um, nos olhou nos olhos e agradeceu por reservarmos tempo em nosso dia para estar ali com ele. Ele falava sem nenhum indício de artificialidade.

GENEROSIDADE 131

E mesmo discutindo um assunto tão grave, Biden formulou todo o pitch em torno da oportunidade extraordinária à nossa frente. Ele tinha uma chance de usar nossas habilidades e recursos para evitar sofrimento e traumas e para tratar de um dos problemas sociais mais sérios que emergiram nos últimos anos. Com que frequência isso acontece? Em comparação ao que ele estava descrevendo, minhas preocupações com dinheiro, prazos e arriscar nossa reputação pareceram mesquinhas e irrelevantes. Tratava-se de mudar a cultura do estupro e criar um movimento nos campi universitários em todo o país.

Biden poderia facilmente ter jogado a carta da culpa, apontando que eu era um publicitário rico que passava a maior parte do tempo preocupado com sorvetes, linhas aéreas e empresas de entretenimento. Poderia ter perguntado: "Por que você não faz algo de valor para variar?" ou "Por que você não tenta usar a publicidade para o bem? Seria bom para sua área". Em vez disso, ele apelou para nossas emoções positivas, deixando-nos empolgados com o projeto e com todo o bem que poderia vir dele. Isso foi persuasão expressiva.

No final, nos saímos bem. O resultado foi a It's On Us, uma organização nacional que segue promovendo intervenções de terceiros, educação do público sobre consentimento sexual e apoio a sobreviventes de estupro até hoje. A It's On Us trata de educar o público; não de pedir às pessoas que não cometam assédio, mas de tornar esta uma questão que todos nós precisamos ajudar a resolver, por meio da mudança política, da intervenção de terceiros e da comunicação aberta. Desde que o ex-presidente Obama lançou a campanha em setembro de 2014, mais de meio milhão de pessoas e organizações adotaram o compromisso da It's On Us para fazer sua parte em evitar a violência sexual nos campi. Centenas de faculdades lançaram conteúdo online original e sediaram eventos para aumentar a conscientização sobre a crise de estupros nos campi em todos os cinquenta estados. Centenas de indivíduos e grupos criaram anúncios de utilidade pública para espalhar a mensagem da campanha. Celebridades, incluindo Jon Hamm, Questlove e Lady Gaga, emprestaram suas vozes ao movimento. E mais de quinhentas escolas formaram comitês estudantis para tratar a questão em quase todos os estados.

A It's On Us também ajudou a inspirar legisladores e oficiais públicos a agir. Em meados de 2017, Tom Wolf, governador da Pensilvânia, anunciou seis reformas com o objetivo específico de expandir os princípios da It's On Us, incluindo uma política exigindo que faculdades adotassem um sistema online anônimo de denúncias de violência sexual.

Essa campanha é a realização profissional de que mais me orgulho. Gostaria que tivesse sido apenas a gravidade da situação que me fez concordar — esta foi uma parte importante. Mas, honestamente, o que me convenceu a dizer sim foram a personalidade naturalmente positiva de Biden, sua habilidade de evocar emoções positivas em mim e em todos os outros, e a maneira como ele nos fez sentir que tínhamos uma oportunidade de realizar algo verdadeiramente compensador e grande. Foi assim que ele nos convenceu, minha agência e eu, a doar anos de trabalho para uma causa nobre, cuja relevância supera quaisquer preocupações empresariais práticas que inicialmente me refrearam.

Acontece que Trump estava com apenas metade da razão. Biden é biruta — birutamente positivo. E sua generosidade de espírito contagiou a todos nós. Ele aproveitou a atração da positividade para nos ajudar a atingir milhões de estudantes universitários, mudar vidas e combater a cultura do estupro.

Como Aproveitar a Atração da Positividade

Como se desenvolve uma personalidade positiva? Há vários hábitos que descobri serem úteis para manter uma atitude mental positiva e emanar emoções positivas, mesmo nas circunstâncias mais difíceis.

Pratique a Gratidão

Em épocas particularmente tensas, pode ser difícil ver o lado bom das coisas. Pensamentos negativos podem parecer reais e imediatos, enquanto aqueles mais felizes perdem força quando a frustração assume o controle. Às vezes, a pressão pode ser esmagadora demais para que o otimismo se sustente. Manter uma atitude positiva nesses momentos exige prática. E muitas pessoas praticam mantendo um diário de gratidão.

Como dizemos a nossos filhos, você precisa ser agradável — mas também precisa ser agradecido. Todas as noites de domingo, escrevemos em nossos diários três coisas pelas quais somos individualmente gratos. Sei que esta não é uma ideia revolucionária, e não sou do tipo que adora berrar meus "propósitos" em uma aula de ioga. Mas esta prática fez muita diferença para mim e para minha família. Isso nos "reinicializa" e nos prepara para a semana que virá. Pergunte a quem faz este exercício e lhe dirão o quanto ele é eficiente. O senso comum dita que isso deve fazer parte de nosso ritual matinal diário. O seu pode ser todas as segundas e sextas no intervalo de almoço. Mas, para mim, uma vez por semana com minha família é perfeito.

As coisas que você escreve podem ser grandiosas, como sua boa saúde, conseguir um emprego ou apenas o fato de estar vivinho da silva. Mas também podem ser coisas pequenas, como algo legal que um colega de trabalho lhe disse no refeitório. A vantagem de colocar essas reflexões no papel é que podemos consultar dias anteriores e refrescar nossa memória em momentos realmente difíceis. Isso nos ajuda a voltar e acessar aqueles sentimentos quando tudo parece perdido e irremediável.

Este é um exercício que leva menos de dez minutos e cujos efeitos, ainda assim, podem ser surpreendentes. Manter pensamentos de gratidão na superfície da mente pode nos ajudar a perceber que, não importa o que esteja dando errado em nosso dia, temos muitos motivos para sermos positivos.

Faça Críticas Construtivas

Um fato inevitável da vida é que, às vezes, precisamos fazer críticas ao outro, em especial em nossas vidas profissionais. Mas existe uma diferença entre a crítica construtiva, que é positiva, e a crítica depreciativa, que é carregada de hostilidade e desdém. Se for uma crítica válida, geralmente há um jeito de fazê-la de forma positiva.

Em vez de "Você colocou uma informação errada no relatório", podemos dizer "Este relatório está quase lá, mas você pode conferir de novo esta informação? Não me parece muito precisa". Em vez de "Sua ideia não faz sentido", podemos perguntar "Não peguei a ideia… Você pode me ajudar a entender melhor?". Esta última é uma frase que uso o tempo todo: ela coloca a ênfase em mim, não na ideia, e também força a pessoa a articular o conceito em sua forma mais simples.

Acima de tudo, assegure-se de que a intenção de qualquer crítica seja fazer com que a outra pessoa se aprimore — e que a ligação entre o seu comentário e os objetivos daquela pessoa fique explícita. Por exemplo, se alguém demora demais para completar tarefas, não lhe diga para acelerar. Explique que ele poderá pegar projetos maiores, mais desafiadores e mais satisfatórios se trabalhar mais rápido. É preciso liderar pelo exemplo, não importa nossa posição. E ninguém precisa de mais toxicidade na vida; não contribua para isso.

GENEROSIDADE 135

Críticas abertamente hostis ou negativas também podem acabar se voltando contra nós, graças a um fenômeno que os psicólogos denominam *transferência espontânea de traços*. Isso ocorre quando uma pessoa que atribui determinados traços a outra é vista como tendo exatamente aqueles traços. Por exemplo, quando você diz que alguém é desleal, é possível que as pessoas vejam *você* como desleal. O mesmo acontece com desonestidade, preguiça, falta de imaginação — qualquer traço. Isso pode ocorrer mesmo se a pessoa com quem estamos falando nos conhecer muito bem. Um estudo publicado no *Journal of Personality and Social Psychology* descobriu que "mesmo comunicadores familiares são associados aos traços sugeridos em seus cometários — e estes são atribuídos a eles".[5] Alguém que se atém a fazer críticas de forma simples, positiva e construtiva, por outro lado, pode acabar se beneficiando da transferência espontânea de traços e se tornar mais positivo como resultado.

O Ruim Pode Ser Ótimo

Reuniões podem ser um porre. Algumas são realmente divertidas e estimulantes, mas outras são tão dolorosas que ficamos admirados que não sejam banidas pelas Convenções de Genebra. Essas reuniões costumavam ser a desgraça da minha existência. Hoje em dia, porém, vejo-as como uma oportunidade de injetar um pouco de positividade no que é extremamente necessário.

Faço isso entrando na reunião de peito aberto e trazendo energia à mesa. Mas, acima de tudo, faço isso sempre lembrando que toda reunião tem potencial para se tornar algo ótimo. Esta é a verdade. Pode ser uma reunião com um contador de nível mais baixo, o profissional de RH responsável pelos planos de saúde ou um estagiário não remunerado em que surja alguma coisa nova ou interessante que possa levar a uma mudança incrível. Geralmente não é o que acontece, mas isso não quer dizer que não possa acontecer. E reconhecer que essa possibilidade existe é uma ótima forma de levar positividade, otimismo e energia para uma situação que, de outro modo, seria entediante.

Conheci Tommy Means, Pete Caban e Ian Kovalik, meus sócios na Mekanism, porque Tommy me ligou por engano. Ele foi transferido para mim por causa de uma produtora que abri chamada Plan C. Tommy estava ligando para uma agência local de São Francisco, tentando arranjar trabalho para si próprio. Quando recebi a ligação por engano, eu poderia facilmente ter dito a ele que aquele era o número errado e tê-lo transferido de volta para a recepcionista. Em vez disso, tratei aquele encontro ao acaso como uma oportunidade em potencial. E foi.

Essa ligação erroneamente transferida levou a uma sociedade para toda a vida. Em vez de me irritar e dispensar Tommy, começamos a conversar, e não paramos desde então. A mente aberta em ambos os lados permitiu que essa eventualidade ocorresse.

Esse tipo de feliz acaso não acontece com frequência. Mas, como sei que qualquer encontro ocasional pode virar algo transformador, me asseguro de levar minha energia positiva até para a interação mais trivial. É como aquela famosa citação de Frank Zappa: "A mente é como um paraquedas, só funciona se abri-lo."

Você Pode Estar Errado

Parte de manter a mente aberta é reconhecer que existe uma chance de estarmos errados sobre alguma questão. Se entro em uma reunião no trabalho ou em uma discussão com minha esposa, geralmente tenho uma opinião no início. Mas pessoas que entram em conversas com uma atitude blindada não transmitem positividade; pelo contrário, saem como adversárias. Acredite em mim, eu fazia muito isso — entrava em reuniões fervendo e pronto para brigar.

Uma maneira de evitar essa atitude é entrar em todas as interações disposto a mudar de ideia se alguém apresentar uma alternativa melhor. Se você for um gestor de alto nível no trabalho e um funcionário nível júnior tiver uma sugestão que entre em conflito com suas visões, dê-lhe oportunidade de mudar sua percepção. Da mesma forma, se seu chefe deseja seguir um caminho que vá contra sua avaliação, presuma que ele sabe de algo que você não sabe e tente avaliar a situação do ponto de vista daquela pessoa.

Nem sempre você será convencido, mas sua disposição em oferecer uma audiência justa ao outro ficará evidente — e será valorizada. E, tão importante quanto, esse tipo de disposição o tornará naturalmente mais persuasivo.

Fique Empolgado

Como o estudo de Schachter e Singer com adrenalina demonstrou, há uma linha tênue entre uma emoção negativa, como a raiva, e uma positiva, como a euforia. O mesmo pode ser dito sobre dois outros sentimentos, a ansiedade e a empolgação.

Grandes eventos, sejam pessoais ou profissionais, podem trazer muita ansiedade. Pense no dia anterior a uma grande reunião de negócios ou entrevista de emprego, à apresentação de algo para sua turma ou em logo antes de subir em um palco para fazer um brinde diante de centenas de pessoas. Em situações assim, é comum que nos digam para "nos acalmar" ou "relaxar", mas esse é um péssimo conselho. Não podemos desligar a ansiedade apenas pela mera força do querer. Uma abordagem melhor é reestruturar esse sentimento como empolgação — uma sensação que, quando considerada, não está tão longe do nervosismo.

Um estudo de 2013 de Alison Wood Brooks, pesquisadora da Harvard Business School, descobriu que essa técnica pode ser

138 A EXPRESSIVA ARTE *da* PERSUASÃO

surpreendentemente eficaz para acalmar aquele nervosismo antes de apresentações.[6] Nesse experimento, Brooks pediu que os participantes cantassem uma música usando o jogo *Karaoke Revolution: Glee*, do Nintendo Wii (talvez seja um favorito entre psicólogos experimentais, vai saber). Os competidores no karaokê tinham que cantar "Don't Stop Believin'", o clássico do Journey, a plenos pulmões, e foram avisados de que seriam avaliados com base na precisão com que cantassem a letra.

No entanto, antes de cantar, era pedido que os participantes dissessem como se sentiam e eles tinham que dar uma resposta aleatoriamente atribuída: "Estou ansioso" ou "Estou empolgado". Também lhes era dito que, independentemente da resposta atribuída, eles deveriam fazer o melhor para acreditar que era verdadeira. Em outras palavras, pessoas que receberam "Estou ansioso" tentaram interpretar seus sentimentos como ansiedade, enquanto as outras tentaram sentir que estavam empolgadas. Depois disso, desataram a cantar "Just a small town girl, living in a lonely world...".

Por mais louco que possa soar, os participantes que disseram a si mesmos "Estou empolgado" foram consistentemente melhores em acertar a letra. Estas pessoas foram capazes de interpretar seu estado emocional elevado como positivo, em vez de negativo, apenas falando consigo mesmas antecipadamente — e, como resultado, seu desempenho foi melhor.

Obviamente, esse tipo de reavaliação emocional nem sempre é possível. Se esperamos com nervosismo os resultados de exames médicos ou estamos correndo para pegar um voo internacional, nosso sentimento é de ansiedade, e não de empolgação, e dizer para nós mesmos qualquer coisa diferente não ajudará muito.

Quando nossa equipe na Mekanism está se preparando para um grande pitch, asseguro-me de emanar empolgação em relação à possibilidade de conseguir uma conta incrível — não ansiedade sobre se o cliente em potencial gostará de nós ou não, o que nossa concorrência tem na manga ou a dificuldade do trabalho. O mesmo acontece quando estamos trabalhando dia e noite para cumprir um prazo de uma grande campanha. É um período exaustivo e de muita pressão, mas também é revigorante. Assim, em vez de focar o quanto estamos cansados e tensos, sempre tento enfatizar como tudo isso é empolgante e que estamos todos juntos.

Eu poderia tentar motivar a equipe lembrando o quanto está em jogo (como a propaganda "Daisy", de Lyndon B. Johnson) ou o quanto seria desastroso se falhássemos. Mas, honestamente, isso não é tão eficaz. Em vez de enfatizar o quanto uma situação é estressante, idealizamos esses cenários como oportunidades empolgantes — da mesma maneira que Biden fez na Sala Roosevelt.

 RECAPITULANDO

Manter um humor habitualmente positivo traz uma ampla gama de benefícios que, quando reunidos, podem nos tornar muito mais persuasivos. Pessoas que são positivas por hábito — que baseiam sentimentos, crenças, comentários e ações seguramente em emoções positivas — são o tipo de gente que gostaríamos de ter por perto. Sua positividade pode ser contagiante, nos contaminando e facilitando focar os aspectos mais estimulantes de nossas próprias vidas. Elas são mais agradáveis e expressivas e, como resultado, nos sentimos compelidos a ficar do lado delas sempre que possível.

Mas é preciso prática e disciplina para que isso se torne natural.

Os princípios básicos são:

1. Seja grato.
2. Faça críticas construtivas.

3. O ruim pode ser ótimo.

4. Você pode estar errado.

5. Fique empolgado.

Internalizá-los nos ajuda a garantir que levemos uma atitude construtiva, otimista e cativante para todas as nossas interações.

Lembre-se: as pessoas se cercam de pessoas que refletem quem querem ser e como querem se sentir. A positividade gera influência.

Capítulo 6

um pouco de respeito

Conhecimento dá poder, mas só o caráter grangeia respeito.

— Bruce Lee

O respeito é uma precondição básica da persuasão. Se seu objetivo é ser influente, mas você falha em respeitar seu público, perde o jogo antes mesmo de ele começar.

Quando nos sentimos desprezados, insultados ou diminuídos, mesmo que minimamente, tendemos a nos fechar. Entramos no modo "nós contra eles" e começamos a enxergar aquele que nos desrespeita como um oponente, ou até como inimigo. Pense em quantas guerras foram iniciadas porque um lado desrespeitou o outro.

Um exemplo extremo e obscuro é a que ficou conhecida como a Guerra dos Pastéis. Na década de 1830, na esteira da independência do México em relação à Espanha, algumas revoltas e brigas irromperam nas ruas da Cidade do México, causando danos previsíveis. Um chef confeiteiro francês chamado Remontel teve sua loja saqueada e todas as suas massas roubadas. O então rei da França, Luís Filipe I, descobriu e exigiu uma compensação de 600 mil pesos (o equivalente a US$30 mil hoje), tudo por uma

142 A EXPRESSIVA ARTE *da* PERSUASÃO

loja e algumas massas que valiam cerca de mil pesos (aproximadamente US$50). O Congresso mexicano respondeu basicamente que: "De jeito nenhum pagaremos isso tudo por algumas massas." A Marinha Francesa começou um bloqueio nos principais portos marítimos no Golfo do México. O México declarou guerra e lutou contra a França durante quatro meses a fio. O confronto resultou na morte de muitos soldados. No fim, a ex-colônia espanhola pagou os 600 mil pesos e Remontel abriu uma confeitaria novinha em folha. Mas, ao exigir, e não persuadir e respeitar, houve muito mais perdas do que ganhos em ambos os lados por causa de algumas massas francesas. Logo, quando alguém quer acertar contas conosco, muito provavelmente não será convencido de nossa maneira de enxergar as coisas a partir de exigências.

Por outro lado, quando alguém nos trata como igual, nos leva a sério e demonstra respeito por nosso tempo, nossa inteligência, nosso ponto de vista e nossa atenção, tendemos a nos abrir — nem que seja apenas para devolver a gentileza. Fazemos o melhor para oferecer uma audiência justa. E, quando nos abrimos, baixamos a guarda. Esta é exatamente a atitude que queremos ver em alguém que esperamos persuadir.

As pessoas anseiam por respeito mais do que qualquer outra coisa — em especial no ambiente de trabalho. Em uma pesquisa da *Harvard Business Review* com 20 mil trabalhadores de todo o mundo, ser tratado com respeito pelos superiores teve um efeito maior sobre os funcionários do que qualquer outro fator analisado pelos pesquisadores. O respeito foi visto como mais importante que feedback, oportunidades de carreira e até dinheiro.[1]

Considere o episódio ocorrido em 2009 na prisão de Orient Road, na Flórida. O delegado Ken Moon, um agente na instituição, estava sentado à sua mesa quando um dos presos o atacou de maneira violenta, segurando-o em uma chave de braço potencialmente mortal. A razão pela qual ele ainda está aqui hoje para contar a história foi que quatro outros presos o socorreram. Um deles, Jerry Dieguez Jr., deu um soco no agressor que o jogou no chão. Outro, David Schofield, pegou o rádio do oficial e pediu ajuda. Dois outros presos, Hoang Vu e Terrel Carswell, se juntaram ao confronto, logo conseguindo libertar o delegado Moon.[2]

É muito incomum que prisioneiros protejam guardas. Quando questionados sobre o motivo de se colocarem em perigo para salvar a vida de Moon, tratava-se de respeito. Como um dos presos explicou: "Moon vai além de seu trabalho... apesar de ser um agente, ele se coloca como uma figura paterna."[3] O delegado tratava os presos com respeito e como iguais. E, como resultado, eles instintivamente ficaram do seu lado, muito embora fosse seu trabalho mantê-los trancafiados. Eles o protegeram quando sua vida foi ameaçada.

Nossa profunda sensibilidade ao respeito, em parte, é o que está por trás do princípio de cooperação humana mais universal — a Regra de Ouro. Se quisermos nos dar bem em qualquer ambiente social, precisamos tratar os outros como gostaríamos de ser tratados: com respeito. Essa ideia é tão essencial que pode ser encontrada em quase todas as civilizações e sistemas religiosos ao longo da história.

Isócrates, antigo orador ateniense, ensinou: "Não faça aos outros o que o irrita quando fazem com você."[4] Ou, como Sextio, o Pitagoreano, colocou: "O que não quer que aconteça com você, não faça você mesmo também."[5] Uma vez, Aristóteles foi questionado sobre como devemos agir em relação aos outros. Ele respondeu: "Eles devem se comportar conosco exatamente como nos comportamos com eles."[6] No judaísmo, a Torá diz para "Amar ao teu próximo como a ti mesmo".[7] Esse pensamento foi ecoado quase literalmente por Jesus no Novo Testamento.

Uma coleção de textos budistas conhecida como Udanavarga inclui a máxima: "Não fira os outros de maneiras pelas quais não deseja ser ferido."[8] Um antigo poema épico hindu, o Mahabharata, ensina: "Não se deve fazer aos outros o que considera ofensa a si mesmo. Essa é, em resumo, a lei do darma."[9] No islã, acredita-se que o Profeta Maomé tenha dito: "Aquilo que desejar a si mesmo, busque para a humanidade."[10]

A Regra de Ouro é o elemento fundamental da civilização.

Sem respeito, a civilização como a conhecemos seria impossível — assim como qualquer tipo de persuasão.

Contudo, lembrar-se de, habitualmente, dar o nosso respeito aos outros não é algo que nos ocorre de forma natural. Mas, se investirmos tempo, isso pode se tornar automático — parte de sua memória muscular emocional.

Na maior parte do tempo, quando desrespeitamos as pessoas, não temos consciência disso. Acontece que o ser humano é muito mais sensível a gestos de desrespeito quando eles são direcionados a nós do que quando nós estamos sendo desrespeitosos. Como a professora de administração da Universidade Georgetown e especialista em civilidade no local de trabalho, Christine Porath, escreveu: "A grande maioria do desrespeito se origina da falta de autoconsciência. Apenas masoquistas, que totalizam 4%, alegam serem mal-educados porque é divertido e eles conseguem se safar. Com mais frequência, as pessoas apenas não percebem como afetam os outros."[11] Já que todos nós queremos respeito, simplesmente consciência e foco podem ajudar muito a consegui-lo.

É fato também que nossas tecnologias digitais seguem criando novas oportunidades de desprezar, desrespeitar, praticar *mansplaining*, ser condescendente ou insultar de forma direta nossos coleguinhas humanos com regularidade e velocidade nunca antes vistas. Um único comentário, postagem em blog, foto ou tuíte considerado maldoso pode ofender milhões de pessoas ao redor do mundo — e destruir reputações construídas com esforço — em questão de dias, horas ou, às vezes, até minutos. Isso dificulta o desenvolvimento e, mais importante ainda, a manutenção de uma personalidade respeitosa.

Respeitando os Outros: Seja Confiável

A chave para ser uma pessoa respeitável é a confiabilidade. Uma pessoa confiável é alguém que faz o que diz que vai fazer e não faz promessas que não vai conseguir cumprir. Podemos contar com elas — que é outra forma de dizer que podemos confiar nelas. E, quando se trata de persuasão expressiva, a confiança é tudo. O argumento, o pitch de venda ou a campanha publicitária mais cativante do mundo não significa nada se não confiarmos que as palavras que estamos ouvindo se traduzirão em ações.

Quebrar promessas, mesmo a mais irrelevante delas, é o que basta para abalar nossa confiança e, no processo, desrespeitar alguém. Considere um exemplo simples: digamos que algo inesperado e urgente surja durante uma conversa telefônica e você diga para a outra pessoa: "Ligo para você mais tarde." Dizemos isso o tempo todo, e a maioria das pessoas que escuta essa frase não se importa. Mas, se não retornamos de fato a ligação, isso pode se voltar contra nós.

Embora não pensemos duas vezes sobre a promessa quebrada, são altas as chances de que a pessoa que deixamos esperando pense — as pessoas são muito sensíveis a qualquer sinal de desrespeito. E, ao fazer uma promessa vazia, estamos dizendo para o outro que só nos importamos com ele quando é conveniente.

Manter até a menor das promessas é uma maneira muito fácil de demonstrar nosso caráter e ganhar confiança. A seguir, estão alguns hábitos que podem revelar nossa confiabilidade sem nem precisarmos pensar nisso.

Não "Prometa"

Se você é alguém que usa palavras como "promessa", "garantia" ou "certeza", pare. Termos absolutos como esses, quando jogados ao vento tão livremente, podem nos pôr em maus lençóis por nos deixar em uma posição na qual não temos escolha a não ser faltar com nossa palavra. As pessoas entenderão se você lhes disser de forma direta que não pode garantir um determinado resultado.

Peça Tempo Antes de Se Comprometer

Se existe hesitação sobre firmar um compromisso importante, não importa o quão grande ou pequeno ele seja, peça um dia — ou uma semana, ou mesmo uma tarde — para reavaliar e se certificar de que consegue cumpri-lo. Isso evitará que você se comprometa demais. E igualmente importante: isso lhe dará espaço para considerar se vale a pena transformar esse pedido em uma alta prioridade — ou se existe a possibilidade de ter se deixado levar pelo momento e estar apenas tentando deixar o outro feliz.

Prometa Menos e Entregue Mais

Se surge uma situação na qual preciso garantir um resultado em particular, sempre vou pelo caminho seguro: prometo menos; assim, se algo inesperado ocorrer e me tirar dos trilhos, ainda consigo manter minha palavra.

Seja Pontual, Mesmo que Isso o Mate

A pontualidade é, talvez, o caminho mais fácil de mostrar respeito por alguém e demonstrar que somos confiáveis. Às vezes, isso vai significar encurtar uma reunião para que seja possível chegar ao próximo compromisso a tempo. Está tudo bem — as pessoas são muito mais complacentes com alguém que precisa sair mais cedo em razão de um compromisso prévio do que com uma pessoa que chega esbaforida com quinze minutos de atraso.

Uma maneira de manter-se pontual é tentar chegar a todos os compromissos alguns minutos antes. Pense assim: "na hora" quer dizer um minuto ou dois antes do horário programado. Se seu objetivo for chegar ligeiramente antes, raramente se atrasará. Para ser sincero, esta é uma das minhas dificuldades diárias, que ainda estou tentando dominar.

Respeitando o Tempo: A Arte Perdida de Estar Presente

Dizem por aí que "80% do sucesso está em comparecer".[12] Estar presente por completo em todas as interações é uma das formas mais puras de respeito, especialmente em uma época em que as demandas por nossa atenção se multiplicam a cada segundo.

Tenho distúrbio de deficit de atenção não diagnosticado. Minha mente está em constante movimento — estou sempre pensando no próximo projeto, objetivo, postagem, pitch, jantar e por aí vai. Sim, é possível superar essa condição com qualidade de vida por meio de boa alimentação e talvez até medicamentos prescritos, mas também é possível treinar a si mesmo para pensar de maneira que force sua mente a estar presente quando necessário.

Essa habilidade envolve lidar com o único maior inimigo moderno do estar presente: o celular (embora também se aplique a qualquer outra distração com a qual nós humanos não estamos preparados para lidar). Eis aqui uma situação com a qual todos estamos familiarizados: você está conversando com um amigo, colega ou conhecido quando, em algum momento do assunto, a outra pessoa procura o celular. Talvez esteja lendo uma mensagem que acabou de chegar ou checando se perdeu uma chamada; talvez tenha acabado de lembrar que precisa responder a um e-mail de trabalho. Não importa a razão. O que importa é que, naquele momento, a pessoa oficialmente se desligou de você e da conversa. Ela não está mais presente. Este é um sinal de desrespeito.

Esse tipo de comportamento é tão comum que existe até um termo para isso: "phubbing", abreviação de "phone snubbing". Um estudo de pesquisadores da Tilburg University, na Holanda, analisou o efeito do phubbing em 104 estudantes.[13] Os voluntários foram colocados em dupla com alguém que não conheciam. Antes do início do experimento, os dois estranhos passaram dez minutos se conhecendo.

Depois, cada dupla era atribuída aleatoriamente a um de três grupos diferentes. No primeiro, era pedido que a dupla conversasse sem nenhum celular presente. Esse era o grupo de controle "sem phubbing". No segundo grupo, a instrução era que um dos participantes conversasse olhando o celular sempre que surgisse uma notificação no aparelho. Os pesquisadores chamaram este grupo de "phubbing reativo". No terceiro, uma das partes da dupla foi instruída a olhar o celular sempre que visse uma luz se acender no fundo da sala. O parceiro não veria essa luz e nem saberia desse aspecto do experimento, nomeado pelos pesquisadores de "phubbing proativo". O objetivo era analisar como esses três cenários diferentes — sem phubbing, phubbing depois de uma mensagem recebida e phubbing espontâneo — afetariam as impressões da outra pessoa em relação ao seu parceiro de conversa.

Aqueles que olhavam o celular foram considerados menos educados e atenciosos do que aqueles que não olhavam. E, como talvez fosse esperado, o phubbing proativo evocou mais emoções negativas que o reativo.

Este não foi um resultado isolado. Um estudo anterior de psicólogos da Universidade de Kent descobriu que as pessoas reagiam negativamente após apenas assistir a uma simulação de computador de uma pessoa realizando phubbing.[14] Sim, é isso mesmo — até um phubbing fictício nos afeta. E uma pesquisa de professores da Universidade do Sul da Califórnia revelou que 75% das pessoas acreditam que conferir mensagens e e-mails durante reuniões com clientes é totalmente inaceitável. No mesmo estudo, 87% das pessoas tiveram uma reação extremamente negativa a atender uma ligação na mesma situação.[15]

Como Dividir Sua Atenção em um Mundo Digital

Existem várias situações em que precisamos estar presentes na interação atual e, ainda assim, disponíveis pelo telefone. Talvez seu filho esteja doente, caso em que entrar em um sumiço digital para uma reunião de duas horas é uma negligência completa. Talvez você seja o responsável por um projeto com prazo restrito e ele esteja em uma fase crítica. Ou talvez seu chefe esteja passando por uma crise e não possa esperar a tarde inteira pela sua resposta.

Assim, a pergunta se torna: como demonstrar o respeito merecido pelas pessoas com quem estamos falando e ainda ficar disponível para aquelas que não estão presentes ali? Eis aqui algumas técnicas que você pode tentar.

Peça Desculpas Antecipadamente

Você está em uma reunião com um cliente, um colega ou mesmo seu chefe e já sabe de antemão que precisa estar de plantão por alguma razão legítima. Nesses casos, presuma que a pessoa com quem está é um ser humano razoável e a deixe a par da situação. Eu geralmente digo algo como: "Sei que pode parecer rude, mas meu filho está doente e estou esperando uma ligação do médico,

150 A EXPRESSIVA ARTE *da* PERSUASÃO

então talvez precise sair um pouco para atender ao telefone ou responder a uma mensagem." Ou: "Minha colega de apartamento está passando por problemas e eu talvez precise sair por um instante para ajudá-la." Qualquer que seja a razão pela qual você precisa estar disponível, diga.

Fazer isso não apenas permite que você deixe o problema em suspenso — sem se sentir culpado ou ansioso —, mas também ajuda a garantir que quem quer que esteja com você não se sinta desrespeitado quando você, de fato, atender ao telefone.

"Peço desculpas, mas preciso ver essa mensagem" é uma forma de preservar uma noção de respeito e mostrar que, apesar dessa interrupção, a pessoa presente ali ainda é nossa prioridade número um. Pode parecer um detalhe insignificante, mas quer dizer muito. Pense em seu celular como um potencial destruidor de relações. Quando pegá-lo, assegure-se de oferecer um aviso claro.

Seja Breve, Gentil e Específico

Se receber uma mensagem importante no meio de uma reunião presencial, não é apenas a pessoa na sala que devemos nos preocupar em não ofender. Vez ou outra recebo um e-mail ansioso de um cliente que exige uma resposta imediata. Se estou tomando café com outro cliente, um colega ou um amigo, posso não ter tempo de escrever uma resposta longa. Aqui, corro o risco de ofender o cliente que enviou o e-mail — uma pessoa que espera que eu esteja disponível 24 horas por dia, 7 dias por semana, principalmente quando a merda bate no ventilador.

Consideremos que o problema em questão não seja algo que exige que eu saia correndo da reunião presencial (raramente é). O que o cliente busca, em geral, é alguma garantia de que eu entendo o que está acontecendo e que está tudo sob controle. Logo, minha estratégia é responder o mais rápido possível — e ser breve, direto e específico em relação a quando entrarei em contato. Por exemplo, escrevo: "Temos tudo sob controle. Estou em uma reunião agora, mas ligarei em algumas horas com um plano."

Responder de imediato — ou o mais rápido possível — vale ouro para maioria das pessoas. Quando alguém nos envia uma mensagem e nossa resposta aparece instantaneamente em sua caixa de entrada, nosso cuidado e, consequentemente, nosso respeito pela outra pessoa se tornam nítidos.

Avise Quando Não Estará Disponível

Quando estou para entrar em reunião em um horário que sei que alguém pode precisar de mim, entro em contato primeiro para informar a situação — um e-mail ou mensagem rápida dizendo: "Olá! Estarei em reunião pela próxima hora, mas estarei disponível depois disso se precisar conversar." A menos que você seja um cirurgião de emergência, é raro que apareça algo que não possa esperar uma hora.

Como Estar Presente — e Demetri Martin — Mantiveram a Mekanism

O compromisso de estar presente teve um enorme papel em um dos primeiros sucessos da Mekanism. Em 2006, a Microsoft estava se preparando para lançar seu novo sistema operacional, o Windows Vista, com uma empolgante campanha publicitária digital. Na época, a agência de publicidade da empresa, a McCann Erickson, não era uma potência digital. Então, seu diretor criativo, Rob Bagot, recorreu à Mekanism em busca de reforços.

152 A EXPRESSIVA ARTE *da* PERSUASÃO

Naquela época, ainda éramos uma pequena operação sediada em São Francisco e especializada principalmente em produção. Logo, trabalhar com a Microsoft era uma coisa muito importante para nós. Também tínhamos muita esperança de continuar no ramo, pois, como quase sempre é o caso no início, estávamos ficando sem verbas. Precisávamos dessa conta para manter as portas abertas.

Nosso conceito original, criado por meus sócios Ian Kovalik, Pete Caban e Tommy Means, era criar uma campanha digital em torno de uma sociedade secreta meio Illuminati chamada *While You Were Sleeping* [Enquanto Você Dormia, em tradução livre], cujos rumores diziam incluir pessoas ilustres, como Richard Branson, Stanley Kubrick, John Cleese e Damien Hirst. Seguindo essa ideia, criaríamos um hub central para uma caça ao tesouro online que atrairia novos membros para o clube. Depois, estabeleceríamos um site baseado em comunidade no qual os candidatos seriam encorajados a postar insights, ideias e pontos de vista criativos, tornando-se uma rede social exclusiva.

Essa ideia foi vetada e fomos mandados de volta ao ponto zero, com poucas palavras de orientação: a campanha precisava ser baseada no conceito de *clareza*, pois o novo sistema operacional prometia organizar a bagunça e permitir ao usuário trabalhar de forma mais livre.

Caímos em uma imagem de uma folha transparente, do tipo usado em retroprojetores, na qual é possível escrever e fazer marionetes de sombras. Então, Tommy se lembrou de que havia um comediante que construía seu ato em torno desse mesmo recurso: Demetri Martin. Ele estava arrebentando nas mídias sociais, o que o tornava o porta-voz ideal para um produto que tentava atrair um público mais jovem e descolado. Tommy concebeu uma websérie escrita e estrelada por Demetri como alguém perplexo com a existência moderna e que não conseguia mais lidar com a imensa quantidade de informações que o bombardeavam.

Não é exagero dizer que, naquele momento, o futuro da Mekanism dependia de convencer Demetri a fazer parte de nossa campanha digital para a Microsoft. Mas ainda não tínhamos falado com ele e recebemos uma péssima notícia: a Apple acabara de lhe oferecer muito dinheiro para que estrelasse um comercial para o Mac junto com John Hodgman, autor e colaborador do Daily Show. Hodgman seria a personificação de um PC — um personagem tedioso e com cara de nerd representando uma máquina com sistema Windows. O papel de Martin seria incorporar o jovem e descolado Mac, um substituto dos computadores da Apple.

Tínhamos que tentar dissuadir Demetri da ideia, dizer-lhe: "Você não vai querer ficar em frente a uma câmera lendo um roteiro que alguma agência de publicidade escreveu para você. Todos vão conhecê-lo como sendo um computador para o resto da sua vida." Mas Demetri estava do outro lado do mundo, na Austrália, se apresentando no Melbourne Comedy Festival.

Poderíamos ter telefonado para ele e feito uma venda direta do outro lado do planeta. Mas imediatamente nos ocorreu que uma ligação não resolveria o problema. Ninguém desistiria de uma campanha fechada com a Apple com base em um telefonema. Para fechar um acordo como esse, precisávamos nos apresentar pessoalmente. Portanto, usamos os últimos fundos disponíveis da Mekanism para comprar passagens de avião de milhares de dólares de São Francisco a Melbourne.

Obviamente Demetri ficou impressionado com nossa viagem. Era uma demonstração inegável de nosso compromisso com ele e com seu trabalho de comediante. Por fim, ele disse sim. A Mekanism não só fechou a campanha — e manteve as portas abertas — como também foi catapultada em direção à série A da publicidade. Atribuo muito de nosso sucesso naquele

154 A EXPRESSIVA ARTE *da* PERSUASÃO

dia na Austrália ao fato de que comparecemos. Não importa o quão bom era nosso time criativo ou o quanto a Microsoft adorou nossas ideias, essa vitória simplesmente não teria acontecido se tivéssemos subestimado o valor de estar presente e demonstrar respeito.

Respeitando Seus Erros: Responsabilize-se

E, por falar em garantias, eis aqui uma verdade absoluta: de tempos em tempos, vamos vacilar. Diremos a coisa errada, ofenderemos alguém sem querer, fracassaremos em demonstrar sensibilidade, cometeremos erros, faremos uma piada maldosa ou pisaremos na bola socialmente de alguma outra forma. Pode ser um fracasso particular visível apenas para seu círculo íntimo, mas também pode ser um erro muito público nas redes sociais que chama a atenção de todos que conhecemos — e de muitos que não conhecemos.

Vivemos em um período em que uma única colocação descuidada pode prejudicar reputações de maneira irreparável. E tudo pode acontecer em um piscar de olhos. Aprender a lidar com essas crises inevitáveis de forma sensata é absolutamente crucial. No exato momento que se segue a uma gafe nas mídias sociais — ou mesmo a um comentário particular que saia pela culatra —, as pessoas farão julgamentos que não podem ser desfeitos.

Aqueles com personalidades genuinamente persuasivas podem sair desses episódios com a influência intacta — e talvez até fortalecida. O segredo para superar essas situações altamente sensíveis envolve demonstrar respeito pelo nosso público ao nos responsabilizar por nossas palavras ou ações, mesmo que seja doloroso fazê-lo.

Uma Pitada de Prevenção

A razão pela qual um único tuíte ou postagem no LinkedIn pode fazer o mundo desmoronar sobre nossas cabeças é que essa mensagem pode ser vista por um número inacreditável de pessoas. Isso aumenta as chances de que essa postagem inocente seja interpretada de forma errônea. Além disso, o conteúdo das mídias sociais muitas vezes dura para sempre. E não sabemos quem vai se deparar com nossa mensagem anos depois, como podem interpretá-la ou onde estaremos na vida quando tudo for por água abaixo.

A Disney demitiu James Gunn, diretor da franquia Guardiões da Galáxia, por causa de alguns tuítes repulsivos publicados entre 2008 e 2011. Aparentemente, os tuítes — que mencionavam de tudo, desde pedofilia a estupro, AIDS e o Holocausto — tinham a intenção deliberada de forçar os limites ao dizer as coisas mais ofensivas que passassem pela cabeça de Gunn.[16] Ele provavelmente fez algumas pessoas rirem com esses comentários na época e não deve ter pensado nem por um segundo que eles poderiam afetar sua carreira. Os tuítes foram deletados, mas não importa. Hoje em dia, todo mundo sabe que, uma vez online, as coisas se tornam eternas. Parece que Gunn voltou ao trabalho, mas foi preciso tempo e desculpas para ele voltar aos trilhos.

Às vezes, gosto de ser provocativo com meus comentários para amigos e familiares — mas hoje tento não sair da linha nunca. Se mesmo assim acabar ofendendo alguém, pelo menos estou lidando com uma pessoa que me conhece por quem sou e que, espero, não me julgará por um erro ou dois.

Como Sobreviver a uma Catástrofe Social

Somos todos humanos, o que significa que todos faremos besteira. É nossa natureza, e todos cometeremos erros.

A prevenção é boa e faz bem, mas até a pessoa mais cuidadosa falará a coisa errada em algum momento e terá que lidar com as consequências. E aí?

Há toda uma indústria criada para lidar com esse tipo de situação, e ela usa termos técnicos como "gerenciamento de crise" e "controle de danos". Mas esse tipo de resposta é apenas tática. E se você trabalhou para desenvolver uma boa personalidade — que abranja todos os traços discutidos até aqui, incluindo autenticidade, pensamento em longo prazo, generosidade e respeito —, não deveria ter que pensar de maneira tão estratégica. Não deveria estar tentando dizer a coisa que o deixe em melhor posição a fim de passar por uma situação turbulenta. Em vez disso, deveria procurar maneiras de demonstrar o tipo de pessoa que realmente é e deixar os outros decidirem sozinhos o que pensar de você.

Como o velho ditado da época do caso Watergate diz: "Não é o crime, é o encobrimento." Quando uma pessoa sai da linha de forma que envolva sérias consequências sociais, o que a derruba geralmente não é o ato em si, mas a maneira como ela reage. O ex-presidente Bill Clinton não sofreu impeachment pelas mãos do Congresso norte-americano pelo que fez com a estagiária da Casa Branca. Ele sofreu impeachment porque mentiu sob juramento e obstruiu a justiça para tirar o seu da reta.[17]

Quando alguém comete uma grande mancada social — como postar um comentário idiota online, fazer uma piada de mau gosto ou apenas descontar a raiva e deliberadamente insultar alguém —, o dano permanente deriva da impressão atualizada da pessoa, da sensação de que, pela primeira vez, fomos expostos a um lado daquele indivíduo que não sabíamos que existia. Isso nos lembra (talvez até de forma subconsciente) de que a imagem que aquela pessoa apresenta é, no melhor dos casos, apenas parte da história e, no pior dos casos, uma frágil fachada que esconde uma personalidade maldosa, detestável, ignorante ou maliciosa. Nós nos sentimos enganados e desrespeitados.

Se essa pessoa entra no modo "controle de danos", negando, abrandando a situação ou tentando alguma outra manobra, ela apenas confirma nossos maiores medos. Depois que o deputado norte-americano Anthony Weiner acidentalmente postou uma foto de sua genitália no Twitter, ele foi para a TV e deu algumas explicações vagas sobre como sua conta foi hackeada. Se seus apoiadores tivessem qualquer intenção de continuar apoiando-o antes dessa artimanha, ele desperdiçou essa boa vontade ao tentar enganá-los. Acabou por mostrar ao público mais de si do que pretendia.[18]

A única forma de lidar com uma situação de forma elegante é mostrando às pessoas sua melhor versão, com todas as falhas e todos os pontos fortes, sem qualquer restrição. Esse tipo de resposta não apenas mostra respeito por nosso público, mostra respeito por nós mesmos. Para isso, há alguns princípios que vale a pena manter em mente.

Seja Honesto Consigo Mesmo

Você já xingou alguém na internet? Já fez algum comentário insensível à custa de um amigo? Já trouxe à tona um assunto que, jurando por Deus, não sabia ser sensível para alguém no ambiente? Não importa o que tenha causado o incêndio que o esteja engolindo, seu primeiro passo deve ser descobrir como você foi parar onde está.

Talvez apenas estivesse de saco cheio e, em um momento de fraqueza, quisesse magoar alguém. Ou só achou que estivesse sendo engraçado no momento, mas agora percebe que nem todo mundo gostou daquela piada. É possível que apenas tenha lhe faltado uma informação fundamental e você não diria o que disse se tivesse a par de todos os fatos.

Para muitos de nós, o primeiro instinto é entrar na defensiva, buscar desculpas convenientes ou apenas entrar em negação, como Anthony Weiner. Esse tipo de resposta demonstra falta de respeito não apenas por nosso público, mas por nós mesmos. Se estiver disposto a mentir para si mesmo apenas para evitar lidar com as consequências reais de suas ações, você está, na verdade, se frustrando. A única maneira de melhorar é reconhecer sua própria fraqueza e decidir lidar com ela. Se lhe falta autorrespeito para assumir seus erros, você com certeza não será capaz de demonstrar respeito pelos outros. A Regra de Ouro — tratar os outros como gostaríamos de ser tratados — só funciona se você se tratar com o mesmo respeito em primeiro lugar.

Às vezes, todos nos agarramos à negação quando as coisas ficam feias. Os melhores — e mais influentes — entre nós combatem esse instinto.

Expresse Essa Compreensão de Forma Clara e Rápida

Uma vez que identificar a razão pela qual errou de maneira tão rude, descubra a forma mais clara, direta e sucinta de comunicá-la. Usar palavras demais ou encher sua explicação de eufemismos só faz parecer que você está escondendo algo. Pode ser tão simples como: "Eu estava com raiva e disse coisas idiotas e ofensivas no calor do momento. Foi errado."

Peça Desculpas — De Verdade

Agora que você se explicou, as próximas palavras a saírem de sua boca (ou de suas contas nas mídias sociais) devem ser um pedido de desculpas.

Qual a melhor maneira de demonstrar arrependimento? Como pedir desculpas de forma a atingir o efeito máximo? Deixarei essa para os estrategistas e manipuladores. Meu único conselho é seguir a Regra de Ouro e dar às pessoas o pedido de desculpas que gostaria de receber caso fosse a parte ofendida. Em outras palavras: demonstre respeito.

 RECAPITULANDO

As pessoas são muito sensíveis aos menores escorregões e ofensas. E uma vez disparado o alarme da falta de respeito, é difícil ganhá-lo de volta. É por isso que a propensão ao respeito é um ingrediente essencial à personalidade persuasiva.

Ser respeitoso se resume a três elementos:

1. **RESPEITE OS OUTROS:** Seja confiável ao fazer o que disse que faria, não importa o tamanho do compromisso.
2. **RESPEITE O TEMPO:** Mantenha-se presente na conversa (e, caso não possa, informe o porquê ao interlocutor).
3. **RESPEITE OS ERROS:** Admita o erro quando estragar tudo ou fizer a coisa errada e use esses momentos para demonstrar total respeito, generosidade e honestidade, lidando com a situação com graça e assumindo a responsabilidade. Se quiser permanecer influente, você precisa usar essas situações para mostrar às pessoas seu verdadeiro eu.

Se não demonstrar uma atitude respeitosa rotineiramente, será difícil ser persuasivo de forma expressiva.

CONSIDERAÇÕES FINAIS
PRINCÍPIO 2: GENEROSIDADE

Pessoas generosas são mais persuasivas — é simples assim. Esses indivíduos buscam melhorar quaisquer circunstâncias que encontram e o fazem sem se preocupar com o que ganharão em retorno. Isso os torna mais confiáveis, magnéticos e agradáveis para se trabalhar junto. São o tipo de pessoa que gostamos de ter por perto. Portanto, se desenvolver este tipo de personalidade, você já terá derrubado muitas das barreiras no caminho para a persuasão.

Existem inúmeros caminhos para uma personalidade generosa, mas os hábitos a seguir me ajudaram bastante.

Ofereça Algo em Todas as Interações

Sempre que cruzar o caminho de alguém, seu objetivo deve ser deixar aquela pessoa um pouco melhor do que ela estava antes. Logo, assegure-se de lhe oferecer algo — uma recomendação, um conselho, um elogio, um presente ou apenas seu tempo e atenção. Não importa o que ofereça, certifique-se de ser genuíno. Este hábito não vem naturalmente no começo, mas, com o tempo, você começará a enxergar as interações em termos das necessidades das outras pessoas, o que facilitará reconhecer a melhor forma de contribuir com algo.

Pratique a Positividade

Sentimentos negativos podem ser uma grande força persuasiva. No entanto, o mundo não precisa de mais ansiedade, medo, ódio e discórdia. Então, se vai exercer influência, é melhor que seja por meio da positividade. E esse processo começa ao aprender a dar às suas emoções genuinamente positivas um papel principal na maneira como você interage com o mundo.

Se conseguir fazê-lo, a influência que atingirá será do tipo que atrai as pessoas em direção à sua maneira de enxergar as coisas, preenchendo-as com uma sensação de possibilidade. Suas habilidades persuasivas emanarão de sua personalidade generosa.

Na prática, isso significa cultivar uma noção de gratidão pelas coisas boas em sua vida, criticando apenas por razões construtivas, reconhecendo que até as interações mais monótonas e tediosas têm potencial para resultar em algo incrível, mantendo a mente aberta e reformulando situações de ansiedade como fontes de empolgação.

Leve os Outros a Sério Demonstrando Respeito

Falhar em respeitar seu público — sua inteligência, suas crenças e sua experiência — é a maneira mais rápida de sabotar qualquer tentativa de persuasão.

Felizmente, não é tão difícil assim evitar as fontes comuns da falta de respeito. Ao aprender a manter suas promessas, a estar o mais presente possível e a admitir seus erros de forma rápida e sincera, você desenvolverá traços de personalidade que implicitamente sinalizam respeito.

Pessoas generosas são pessoas expressivamente persuasivas.

PRINCÍPIO 3

EMPATIA

Se não
consegue entender por
que alguém discorda de você, as chances
de fazê-lo mudar de ideia são bem ruins. O discurso
mais bem escrito ou a publicidade mais habilmente produzida
não fará muita diferença se não se relacionar com valores, preocupações e crenças essenciais para seu público.

No entanto, um nível raso de compreensão intelectual da perspectiva de
alguém não resolverá nada. Você precisa "compreender" seu público em um
nível intuitivo e emocional. Precisa enxergar as coisas através dos olhos do outro
e reconhecer o que, exatamente, o leva às suas opiniões e crenças em particular.
E isso exige empatia.

Pessoas empáticas são habilidosas em superar divisões e reunir as pessoas
em um mesmo time. São capazes de neutralizar o pensamento "nós contra
eles", que atrapalha a persuasão. Elas veem as pessoas como fundamentalmente similares e iguais. São cooperativas por natureza e habilmente constroem conexões com aqueles ao seu redor, além de
encontrar maneiras de trabalhar com os outros em prol
de objetivos em comum. Em outras palavras,
são naturalmente persuasivas.

Capítulo 7

não sou eu, somos nós

Só é possível entender as pessoas se as sentirmos em nós.
— John Steinbeck

A persuasão exige, por natureza, que nos engajemos com pessoas de quem discordamos. Se quisermos chegar a algum lugar, precisamos primeiro entender de onde nosso público parte. Precisamos realmente entender por que ele defende a posição que defende e ter uma noção de quais de suas crenças são imutáveis e quais são negociáveis. Precisamos encontrá-lo onde ele está, e não passar uma lição de longe. É por isso que a empatia é um traço essencial para qualquer um que deseje pôr em prática a persuasão expressiva.

Empatia é a capacidade de reconhecer e perceber os sentimentos de outra pessoa — ou, como muitas vezes falamos hoje, é a habilidade de "compreender" o outro. E é difícil negar que, quando alguém nos compreende, fica muito mais fácil concordar com essa pessoa. É por isso que precisamos tentar nos colocar no lugar do outro para realmente entendê-lo.

Infelizmente, a empatia está em falta no momento. Existem várias teorias de por que isso ocorre — poderiam ser os algoritmos das mídias sociais, os noticiários da TV a cabo ou o monstro da fama. Estamos ficando muito bons em nos rodear de ideias e argumentos que confirmam nossas visões preexistentes e calar as vozes que entram em conflito com a nossa. Muitos de nós passam semanas sem entrar em contato com visões de mundo fundamentalmente diferentes das nossas.

Um resultado dessa nova realidade é que somos cada vez menos capazes de exercitar a empatia. Se alguém discorda de nós sobre algum assunto, vemos essa pessoa não apenas como errada ou mal informada, mas indigna de alguma forma, ou até maldosa. Não estou falando de fascistas ou supremacistas brancos; estou falando de pessoas que apenas pertencem a um partido político diferente ou que têm uma opinião distinta sobre alguma questão.

Nos Estados Unidos, em 1960, apenas 4% dos Democratas admitiam que ficariam "descontentes" se seus filhos se casassem com alguém de fora desse partido político.[1] Naquela época, apenas pertencer a um partido diferente não significava que o outro fosse uma pessoa ruim. Em 2016, 60% das pessoas que se identificavam fortemente como Democratas e 63% dos Republicanos dedicados se opunham ao casamento interpartidário.[2] E isso foi ainda antes do experimento Trump.

Se há uma coisa que essa mudança de atitude revela é a crescente falta de empatia. Não é que não entendemos por que alguém teria uma posição diferente sobre políticas de saúde, imigração ou reforma fiscal — é que, com muita frequência, nem tentamos realmente entender. Presumimos o pior sobre nossos oponentes políticos em vez de enxergá-los como seres humanos, como nós, que apenas chegaram a conclusões diferentes em relação a essas questões complicadas.

No fundo, esse é o mesmo pensamento grosseiro "nós contra eles", que motiva o racismo, o sexismo, a xenofobia e outras formas terríveis de discriminação. A única esperança que temos de

EMPATIA 167

viver em conjunto em uma empresa, comunidade, país e mundo com diversidade é se formos capazes de persuadir uns aos outros e encontrar áreas em comum. E, sem exercitar a empatia, isso não acontecerá.

Influência por Meio da Empatia: George Orwell e Nellie Bly

Um dos meus exemplos favoritos de como a empatia pode mudar a forma como as pessoas pensam e ajudar a reformular até as questões mais divisivas, envolve a resposta do ex-presidente norte-americano Barack Obama ao assassinato de Trayvor Martin, um adolescente afro-americano. O jovem foi morto a tiros na noite de 26 de fevereiro de 2012 em Sanford, Flórida, por George Zimmerman, um membro da vigilância comunitária do bairro.[3] O evento elevou as discussões sobre raça nos Estados Unidos a um patamar intenso. Protestos explodiram pelo país e noticiários televisivos estavam cheios de opiniões inflamadas sobre as circunstâncias do assassinato, o simbolismo do evento e sobre de quem, exatamente, era a culpa.

Como o primeiro presidente afro-americano, Obama estava em uma situação muito delicada ao comentar a morte de Martin nas semanas seguintes ao ocorrido. Na época, o crime estava sendo investigado pelo Departamento de Justiça, e, como o oficial mais alto do governo federal — sem mencionar a figura política mais poderosa do planeta —, o presidente tinha que tomar cuidado para não influenciar essa investigação imprimindo juízo de valor ao incidente antes que todos os fatos fossem reunidos. Ao mesmo tempo, ele sabia que precisava abordar o assunto — sabia que tinha que usar sua plataforma sobre o bullying para ajudar a moldar o debate e derrubar a controvérsia que estava dividindo a nação.

168 A EXPRESSIVA ARTE *da* PERSUASÃO

Ele esperou 26 dias antes de se pronunciar sobre o assassinato. Porém, por fim, não conseguiu mais se segurar. Em uma coletiva de imprensa sobre uma questão não relacionada (o anúncio de Jim Yong Kim como seu indicado à presidência do Banco Mundial), um repórter perguntou a Obama: "O senhor pode comentar o caso Trayvon Martin?" A resposta foi um estudo sobre influência por meio da empatia:

> *Posso apenas imaginar o que aqueles pais estão passando. E, quando penso nesse garoto, penso nas minhas próprias filhas. E acho que todos os pais na América devem conseguir entender por que é absolutamente necessário que cada aspecto disso seja investigado e que todos — nas esferas federal, estadual e local — se unam para descobrir exatamente como essa tragédia aconteceu.[4]*

Depois, proferiu as palavras que se tornaram algumas das mais famosas de sua presidência:

"Se eu tivesse um filho, ele se pareceria com Trayvon."[5]

Ele pegou um evento que, àquela altura, havia se tornado um assunto polêmico usado para dividir o país e o transformou em algo universal com o qual todos conseguiam se identificar. O filho de alguém fora morto. E ao convidar o país a sentir empatia pelos pais de Trayvon, Obama colocou todos os seus habitantes do mesmo lado por um breve momento. Ele reformulou essa história — que havia se tornado uma abstração, uma alegoria, uma munição política — como uma tragédia que poderia acontecer a qualquer um de nós.

É claro que Obama não conseguiu reparar as rupturas sociais criadas pelo racismo, pela brutalidade policial, pela violência armada e por todas as outras questões polarizadoras que rodeavam o incidente, e que desde então só pioraram. Mas ele com certeza mudou a maneira como a maioria da população compreendia o problema. E o fez pedindo a todos que se colocassem no lugar dos pais de Martin e enxergassem todas as partes envolvidas também como seres humanos.

Obama estava seguindo uma longa tradição de influenciadores políticos que utilizaram a empatia como uma ferramenta para ampliar a perspectiva das pessoas e ajudá-las a enxergar as coisas de forma diferente. George Orwell usou essa técnica em seu primeiro livro, *Na Pior em Paris e Londres*. Neste livro de memórias de 1933, o escritor fala sobre o período em que viveu e trabalhou em meio aos mais pobres nessas duas cidades. O resultado foi uma obra que impossibilitou ignorar o real sofrimento humano — e a profunda dignidade — das pessoas menos favorecidas desses lugares. Ela ainda é um feito emblemático na compreensão da questão da falta de moradia. Permanece tão relevante que, em meados de 2018, atores e escritores organizaram eventos teatrais celebrando o livro tanto em Paris quanto em Londres.

Décadas antes de Orwell dar vida à deplorável parcela pobre da Europa urbana, a jornalista investigativa Nellie Bly se internou em um manicômio em 1887 para oferecer um relato em primeira mão do tratamento cruel dado aos doentes mentais nos Estados Unidos. Os artigos que ela escreveu no fim do século XIX depois se transformaram no *Ten Days in a Mad-House*, livro que ajudou a dar início às — muito necessárias — reformas na instituição.[6]

Hoje em dia, os jornalistas mais comprometidos continuam sustentando a tradição de expor os leitores às verdades nuas e cruas que muitos preferem evitar apelando para o senso de empatia inato do público. Ouvi Michael Lewis, autor dos best-sellers *Liar's Poker, Moneyball — O Homem que Mudou o Jogo* e *O Quinto Risco*, dizer as seguintes palavras em um evento da indústria chamado Marketing 50:

Se eu dissesse que meio milhão de pessoas está morrendo na guerra civil da Síria, vocês talvez dessem de ombros. Mas, se eu contar

170 A EXPRESSIVA ARTE *da* PERSUASÃO

a história específica de um garoto de dez anos — a mesma idade que seu filho — que morreu na volta da escola para casa e lhes apresentasse a história dele, vocês seriam forçados a fazer algo para dar fim à guerra.

Em todos esses casos, a empatia e a especificidade foram muito mais eficientes em influenciar as opiniões das pessoas e reestruturar a discussão do que qualquer outro argumento seria.

Cegos pela Direita (e pela Esquerda)

Para exemplificar como a falta de empatia pode atrapalhar a persuasão, vamos dar uma olhada em um estudo recente de Matthew Feinberg, professor da Rotman School of Management da Universidade de Toronto, e Robb Willer, sociólogo da Universidade Stanford. Em vários experimentos, os pesquisadores pediram aos participantes que elaborassem argumentos com a intenção de convencer seus oponentes políticos. Por exemplo, participantes liberais tinham que defender o casamento entre pessoas do mesmo sexo de maneira que dialogasse com valores conservadores. Já os conservadores tinham que fazer o mesmo em relação à questão de tornar o inglês a língua nacional. Os resultados foram pouco encorajadores.

No caso do casamento entre pessoas do mesmo sexo, apenas 9% dos liberais conseguiram produzir argumentos estruturados nos termos dos valores conservadores. Não era uma tarefa impossível. Como o estudo observa, os liberais poderiam ter construído a argumentação em torno de um valor conservador fundamental, como lealdade, defendendo que, como norte-americanos, homens e mulheres gays "merecem estar ao nosso lado".[7]

Enquanto isso, apenas 8% dos conservadores conseguiram conceber uma argumentação que se apoiasse em valores liberais para defender o inglês como língua nacional. Mais uma vez, não era pedir demais. Era possível argumentar que adotar uma única língua oficial poderia ajudar a combater a discriminação.[8] Mas isso exigiria entender a fundo de onde seu oponente ideológico partia — enxergar o mundo pelos olhos do outro.

Em alguns casos, participantes do estudo elaboravam argumentos que atacavam abertamente a moralidade do lado oposto. Isso ocorreu mesmo com a instrução específica de conceber argumentos que os oponentes políticos achassem convincentes. Não é preciso ser o mestre da persuasão para saber que colocar seu público no papel de vilão não ajudará a converter ninguém.[9] O que faltava a esses partidários políticos era a habilidade de enxergar tópicos polêmicos pelos dos olhos daqueles de quem discordavam. Faltava-lhes empatia. E, como resultado, eles foram péssimos em persuadir.

Essa falta de empatia generalizada pode ser desanimadora, mas também é passível de ser corrigida. Embora seja verdade que canais de notícia a cabo, marqueteiros políticos e mídias sociais estejam minando nossa habilidade de enxergar a perspectiva alheia, isso é algo sobre o qual não temos muito controle.

O que podemos controlar é nossa própria personalidade.

Ao cultivar a habilidade de ser empático, podemos manter viva a possibilidade de persuadir os outros — e até de sermos persuadidos por eles. O primeiro passo nesse processo é desenvolver o hábito de ser curioso em relação às pessoas.

Seja Naturalmente Curioso em Relação aos Outros

Existe um saber milenar que diz: se quiser conhecer o lado bom de alguém, pergunte-lhe sobre si mesmo. Pergunte sobre seus filhos, o que fez no fim de semana, se a pessoa tem férias à vis-

172 A EXPRESSIVA ARTE *da* PERSUASÃO

ta — esse tipo de coisa. Caso trabalhe em um escritório, você provavelmente se envolve nesse tipo de conversa o tempo inteiro, seja para quebrar o gelo no início de uma reunião ou no caminho até o elevador. É raro acreditarmos que a pessoa que faz essas perguntas realmente se importe com as respostas; a compreensão geral é de que toda essa rotina é apenas o cumprimento de um dever.

Via de regra, as pessoas gostam de falar sobre si mesmas e se fazerem conhecidas de uma forma ou de outra. Mas, para que uma conversa sirva a esse propósito, elas precisam compartilhar coisas que sejam realmente significativas para si — e precisam ter a sensação de alguém que está realmente interessado. É por isso que vale a pena ser genuinamente curioso em relação às outras pessoas e deixar essa curiosidade guiar as interações. Se conseguir desenvolver esse hábito, você conseguirá ter um vislumbre das outras pessoas que não teria de outra forma. Quando isso ocorre, você tem material para entender a perspectiva do outro.

A curiosidade pode ser aprendida — é uma habilidade como qualquer outra. E temos tanta dificuldade para perceber esse fato porque trabalhamos a partir de uma visão equivocada do que significa ser curioso. A curiosidade não se resume a se importar com alguma coisa. Na verdade, trata-se de suprimir nossa noção de que sabemos tudo o que vale a pena saber.

É por isso que gostamos de novas histórias que corroboram nossas opiniões existentes ou que nos cercamos de pessoas que são como nós e nossos amigos. Acreditamos, muitas vezes de forma inconsciente, que sabemos como o mundo funciona. Logo, não há necessidade de buscar novas informações ou de confrontar fatos ou pessoas que atrapalhem nossa imagem consolidada. Esse sentimento de onisciência é uma escolha, obviamente. Assim como nossos batimentos cardíacos, nossa ignorância está sempre lá, queira a reconheçamos ou não.

A curiosidade ganha asas quando reconhecemos que não sabemos tudo sobre uma pessoa, um evento ou uma questão política. E uma vez que internalizamos essa lacuna em nosso conhecimento, é como ter uma pulga atrás da orelha: ela traz perguntas para as quais precisamos de respostas, e nos tornamos naturalmente curiosos.

No caso de pessoas, em específico, a falta de curiosidade geralmente vem da suposição de que já conhecemos todo tipo de ser humano que existe no mundo, e, quando encaixamos uma nova pessoa em uma dessas categorias, não há muito mais para saber sobre elas. Tornar-se curioso em relação às pessoas envolve mudar a ênfase, e existem várias técnicas para isso.

Trate as Idiossincrasias do Outro com Interesse

Nosso impulso natural é tratar os estranhos interesses e peculiaridades das pessoas como formas de colocá-las em uma categoria específica — principalmente quando não compartilhamos dessas paixões ou comportamentos. Se a colega ao seu lado no trabalho tem a mesa cheia de fotos no Burning Man, seu primeiro instinto pode ser rotulá-la como uma hippie moderna de espírito livre que usa drogas. Ou, se o namorado da sua irmã usa um protetor de tela de Jornada nas Estrelas, talvez você ache que ele é um nerd esquisitão que gosta de ficção científica.

Atalhos economizam tempo. Mas ninguém gosta de ser estereotipado.

Em vez de tratar esses pequenos vislumbres da personalidade de alguém como respostas à pergunta "Que tipo de pessoa é essa?", veja-os simplesmente como novas perguntas. Talvez você nunca tenha tido vontade de participar do Burning Man e não entenda o encanto. Pode ser que esteja preso em uma percepção errônea. Esta é uma oportunidade de aprender algo novo — não apenas sobre aquela pessoa, mas sobre toda uma subcultura.

Ou talvez o outro siga uma dieta vegana e você mate e morra por um bife mal passado. Os hábitos alimentares alheios podem derivar de coisas que nunca passaram pela sua cabeça. Pode ser que também adore carne, mas um problema de saúde o tenha forçado a mudar a dieta. Ou talvez tenha sido criado dessa forma. Se você expressar interesse genuíno, pode ser que a pessoa responda abertamente e acabe por compartilhar algo sobre si que aprofunde a sua compreensão.

Esta foi uma técnica que aprendi ouvindo o jornalista e mestre das entrevistas Cal Fussman. Como ele explica, quando fazemos perguntas sobre assuntos que realmente fazem a outra pessoa feliz: "A maioria ficará grata por sua pergunta trazer à tona uma área pela qual é apaixonada — e pode querer se aprofundar no assunto. A sensação de conforto que você cria leva a uma sensação de confiança."[10] O foco de Cal é em perguntas que levem a respostas reais. Ele construiu toda uma carreira em torno de fazer as perguntas certas.

Com o tempo, você terá cada vez mais consciência do quanto as pessoas ao nosso redor podem ser imprevisíveis se olharmos com interesse. E, quando essa percepção for internalizada, a curiosidade em relação aos outros virá naturalmente.

Menos Conversa Fiada

Esta técnica é a continuação natural da primeira. O papo furado pode realmente acabar com um encontro ou conversa, principalmente se só estamos falando por educação. Você sabe de qual tipo de conversa fiada estou falando: "E esse clima?"; "Olha só esse trânsito!". Esse tipo de comentário raramente leva a trocas significativas, e quase sempre são muito chatas de responder. Quantas coisas interessantes dá para falar sobre o clima?

Em vez disso, tenha como objetivo uma conversa genuinamente cativante. Nem sempre surgirá uma pergunta óbvia. Nessas situações, recorro a comentários ou perguntas que possam dar início a uma conversa mais profunda. Por exemplo, compartilho algo sobre mim e faço uma pergunta que convida o interlocutor a fazer o mesmo. Digo: "Passei esta noite lendo um livro sobre italianos lutadores de boxe da década de 1930 — me ajudou muito a desanuviar a mente depois de um dia longo. Você tem válvulas de escape como essa?"

Isso serve para estabelecer uma conversa sobre coisas que realmente importam para as pessoas envolvidas. Você está pulando amenidades e conversas fiadas e pegando o caminho mais rápido para um diálogo significativo. Se fizer do jeito certo, acabará desenvolvendo não apenas sua curiosidade, mas também sua empatia.

Pense Fora do Grupo

Outra maneira segura de cultivar seu interesse nos outros é sair do seu grupo e passar mais tempo com pessoas com quem você normalmente não conviveria. Sua comunidade imediata, sem dúvida, é cheia de gente interessante e cativante. Mas, se quiser mesmo ter a sensação de curiosidade em relação a outros seres humanos, encontrar situações em que você não tem muito em comum com as pessoas ao redor ajuda.

Pode ser tão simples quanto ir a uma festa à qual você normalmente não iria porque seus amigos furaram. Pode significar também aceitar o convite de um amigo para a celebração de domingo na igreja dele, mesmo que você seja muçulmano ou não siga nenhuma religião. Ou, talvez, em vez de passar as férias torrando no sol e bebendo cerveja na praia, você siga os passos de George Orwell e Nellie Bly e visite uma parte desconhecida do país com uma cultura diferente de tudo o que tenha visto antes.

Com sorte, o que ficará gritantemente evidente é que essas culturas são muito mais complexas e admiráveis que qualquer coisa que tenha imaginado. Você começará a reconhecer o quão pouco sabe sobre a igreja de seu amigo, o Oriente Médio ou o sul da Espanha. Todos nós usamos essas experiências como oportunidades para aprofundar nossa compreensão dos outros seres humanos, para tentar entender o que os motiva, quais podem ser suas paixões, seus medos, suas filosofias e suas fontes de significado.

Em suma, faça perguntas para as quais realmente deseja respostas.

Ouça Mais, Julgue Menos

A maior barreira para ouvir bem é o julgamento. Todos temos tendência a enfatizar demais informações que confirmem nossas visões existentes, algo que os psicólogos chamam de *viés de confirmação*. E esta é uma força poderosa à qual até as pessoas mais justas sucumbem o tempo inteiro.

Porém, para ser um bom ouvinte, é preciso deixar nossas preocupações e teorias favoritas de lado, em especial quando estamos falando com alguém com um ponto de vista diferente. Tente convencer um torcedor do Corinthians de que o Palmeiras tem um atacante melhor nesta temporada, mesmo que seja uma realidade inegável. A pessoa provavelmente jogará fatos escolhidos a dedo para lhe mostrar que está certa e ignorará completamente qualquer conjuntura que contrarie o próprio argumento.

Uma maneira de ir contra essa tendência em nós mesmos é tratar as conversas como oportunidades de perceber que podemos estar errados. Existem várias técnicas para se manter em mente enquanto aprendemos a internalizar essa ideia.

Presuma a Genialidade

Isso meio que se tornou um lema na Mekanism. Estamos constantemente lembrando nossa equipe de que ela deve funcionar sob a suposição de que nossos clientes são mais inteligentes que nós. Sempre dizemos que nossos clientes são gênios. Usamos isso como escudo contra o pensamento preguiçoso. Se soubermos desde o início que as pessoas às quais estamos servindo sabem do que estão falando, teremos muito mais consciência dos pontos fracos de nossas próprias ideias. Isso ocorre porque sempre nos perguntaremos: "O que uma pessoa inteligente e superinformada acharia disso?" Quando se adota essa mentalidade, fica mais fácil ser honesto consigo mesmo em relação a quais ideias são sólidas como pedra e quais desmoronarão sob pressão.

Esta forma de pensamento também é crucial para ser um bom ouvinte. Se entraremos em uma conversa com alguém que discorda de nós, devemos começar com a pergunta: "Por que uma pessoa inteligente e informada defenderia esta opinião? O que não estou enxergando nesta ideia que a torna tão atraente para alguém tão inteligente quanto eu (ou talvez até mais)?"

Dê aos Outros Todo o Tempo Necessário

Bons ouvintes permitem que o outro fale bastante — mas disso você já sabe. Porém, esta regra não trata apenas de ser educado. Em uma interação com alguém que vê as coisas de modo diferente, devemos ter como objetivo obter a melhor versão da posição do outro. Lembre-se: estamos tentando responder à pergunta: "Por que uma pessoa inteligente pensaria assim?" Descobrir essa razão exige dar ao interlocutor o tempo e o espaço para expor seu pensamento da forma mais nítida e completa possível.

Admita Quando Não Entender Algo

Pode ser que você precise que um determinado comentário seja elucidado ou talvez não tenha seguido o raciocínio do outro da premissa A à conclusão B. Pode ser que a pessoa tenha citado um livro, evento ou alguém sobre o qual você nunca ouviu falar. Use esses momentos para encorajar o outro a reformular o argumento, oferecer informações contextuais importantes ou preencher de outra forma o panorama demonstrado. Isso fará com que seu interlocutor saiba que está sendo ouvido.

Pergunte como o Outro Passou a Defender as Próprias Crenças

As crenças que adotamos raramente se baseiam apenas em fatos, lógica ou argumentos. Quase sempre há mais coisas por trás. E para chegar a essas coisas, antes de tudo, é útil sondar como seu interlocutor desenvolveu as próprias crenças. Talvez seja uma ideia em torno da qual ele foi criado. Talvez seja por causa de uma profunda impressão deixada por um professor carismático na faculdade, ou pode ser que o outro tenha chegado a essa conclusão após passar por uma experiência reveladora. Busque sinais para perguntar sobre essas influências mais profundas.

Por exemplo, pode ser que você e seu amor discordem sobre o que fazer no fim de semana. Ele está morrendo de vontade de ir a um show, enquanto você prefere ir ao cinema ver um filme que acabou de estrear. Praticando a empatia e fazendo perguntas que revelem a verdadeira razão pela qual o outro quer ir ao show, você conseguirá se situar muito melhor entre ir junto com ele ou

EMPATIA 179

fazê-lo mudar de ideia. Talvez descubra que a banda que vai tocar era sua favorita no ensino médio e carregue um enorme valor sentimental para ele. Com essa informação em mãos, você pode decidir que o show é uma escolha melhor. Ou pode apontar que, indo assistir àquele incrível filme independente juntos, você dois criem novas memórias.

Reformule as Visões do Outro da Melhor Forma Possível

Quando a outra pessoa explicar sua posição, reformule sua visão em termos que soem mais intuitivos para você. Essa reformulação deve ser um diálogo, e não um confronto. Muitas vezes começa com "Então você está dizendo que..." ou "Deixa eu ver se entendi...".

Você precisa tentar da melhor forma possível não interpretar mal o posicionamento do outro e garantir que o tenha ouvido. Isso é o que filósofos chamam de *princípio da caridade*.[11] A ideia é que, se você for contestar o ponto de vista de outra pessoa, precisa começar pela melhor versão dele.

Busque Áreas em Comum

Quando ouvimos o ponto de vista de outra pessoa, é essencial buscar aspectos desse posicionamento com os quais possamos concordar. Para mim, essas áreas em comum geralmente são os principais valores por trás daquela opinião. Tente descobrir quais são esses valores. Talvez a visão do outro em relação à imigração se resuma à equidade; talvez tenha a ver com lealdade, generosidade ou simpatia. Todos nós consideramos esses valores em diferentes níveis. Logo, se puder transformar esses conceitos universais no assunto da conversa, é muito mais provável que entenda de onde o outro parte.

A razão pela qual os participantes daquele estudo da Universidade de Toronto falharam em formular argumentos persuasivos foi não terem se conectado aos valores centrais por trás dos posicionamentos de seus oponentes. Os liberais falharam em enxergar quais ideais compartilhados eram mais importantes para os conservadores e vice-versa. Este é um erro que qualquer um pode facilmente evitar com um pouco de esforço.

Na Mekanism, a ordem geralmente é fazer o futuro cliente falar sobre o que é importante para si — seus valores, seus objetivos, sua forma de enxergar o mundo e o lugar de sua empresa nisso tudo. O que buscamos são conceitos que ecoem e que possamos usar para inspirar nossos próprios conceitos. O ideal é que encontremos uma citação direta do cliente que realmente capture de onde ele parte.

Mais tarde no processo, quando chega o momento de apresentar nossas ideias, dizemos: "Houve algo que você mencionou em nossa reunião anterior que soou muito real e nos fez pensar, o que levou a esta outra ideia…" Muitas vezes, esta é a coisa mais poderosa a dizer para um cliente em potencial durante um pitch. E isso ocorre porque, ao resgatar uma crença que compartilhamos com ele, fica claro que o entendemos e que ele nos inspirou. E, de certa forma, isso lhe dá permissão para aceitar nosso trabalho — ou pelo menos avaliá-lo com a mente aberta.

O que você quer como objetivo é ter uma melhor compreensão do que realmente move o outro, de quais princípios básicos ele está menos propenso a abrir mão e quais pode considerar rever. Isso lhe dará uma habilidade muito melhor de expor suas próprias visões de forma que não afaste o interlocutor, mas, sim, o atraia.

O outro sentirá que você o entende. E terá razão.

RECAPITULANDO

Empatia e persuasão andam de mãos dadas. Se está tentando fazer alguém mudar de ideia, é melhor entender de onde essa pessoa parte. Compreender a perspectiva de alguém é uma habilidade difícil mesmo quando essa pessoa já está do nosso lado, e é mais difícil ainda quando ela enxerga o mundo de forma fundamentalmente diferente da nossa.

Tem sido tão fácil ficar dentro de nossas próprias bolhas — sejam ideológicas, filosóficas, culturais ou socioeconômicas — que, tragicamente, perdemos a prática de enxergar as coisas de novas perspectivas. E, como resultado, nossa habilidade de persuadir as pessoas sofreu um duro golpe.

Não precisa ser assim. Podemos decidir ter mais empatia ao adotar dois objetivos:

1. Tornando-nos naturalmente curiosos.
2. Ouvindo mais e julgando menos.

O motivo para desenvolver empatia não deve ser apenas ganhar discussões, eleições ou acertar as contas em relação a visões de mundo. O real motivo é que esta é a única forma de fazer com que pessoas com diferentes bagagens e sistemas de crenças consigam se unir em longo prazo.

Se você se esforçar para ser mais curioso em relação aos outros, fazer perguntas interessantes, ouvir sem preconceito e adotar o ponto de vista do outro, se tornará exatamente o tipo de pessoa com o qual todos queremos concordar.

Capítulo 8

o imperativo da colaboração

Quando você quiser convencer alguém, fale de interesse em vez de apelar à razão.

— Benjamin Franklin

Se a pessoa que você está tentando persuadir já compartilha de sua posição — mesmo que minimamente —, suas chances de convencê-la disparam. É por isso que aqueles naturalmente colaborativos também tendem a ser persuasores eficientes.

Quando unimos forças com outra pessoa em algum projeto, seja pessoal, profissional ou por lazer, já estamos, de início, do mesmo lado. Quando alguém já está em nosso time, ficamos mais propensos a ouvi-lo, confiar em seu julgamento, nos interessar por seu bem-estar e aceitar seus pontos de vista como nossos.

Em diversos experimentos de referência do início da década de 1970, o psicólogo Henri Tajfel e seus colegas separaram pessoas em dois grupos com base em fatores arbitrários, inclusive tirando no cara e coroa. Embora as equipes tenham sido determinadas de forma aleatória, a mentalidade "nós contra eles" ainda dominou. Pessoas em todos os grupos mostraram um favoritismo claro em relação aos seus colegas de equipe quando foi solicitado que distribuíssem pontos que valiam dinheiro durante o experimento. Esse viés em relação aos próprios companheiros de equipe transpareceu, apesar de os participantes não terem conhecido seus colegas antes e não terem razão para acreditar que os veriam de novo.[1]

De forma subconsciente, reconhecemos nossos colaboradores como fundamentalmente parecidos conosco. Seus projetos se tornam nossos. E quando concordamos ou fazemos favores às pessoas em nossa equipe, estamos afirmando nossa decisão prévia de cooperar com elas em primeiro lugar.

O valor da colaboração e do envolvimento faz parte do moral nacional norte-americano. Os fundadores dos EUA empreenderam a Revolução Americana, em grande parte, porque não queriam ser governados por instituições e leis de cuja criação não participaram. "No taxation without representation" [Nenhuma tributação sem representação, em tradução livre] foi o slogan da época e se transformou na exigência de que os cidadãos estivessem envolvidos nas decisões de seu governo.

O resultado foi a democracia que ainda define o país atualmente — uma forma de governo cuja legitimidade deriva do fato de que é, basicamente, uma colaboração. A população pode não concordar com todas as leis aprovadas ou consentir com o resultado de todas as eleições (isso, com certeza). Mas, até quando não concorda, aceita a legitimidade, pois foi envolvida no processo, houve colaboração. O povo tem voz por meio de seu voto. A democracia não é perfeita, mas foi a melhor maneira encontrada para fazer com que uma mistura de gente, um grupo diverso de cidadãos, concordasse com um conjunto de leis. É o mais próximo possível de uma união perfeita.

A tendência a buscar colaboração e trabalhar de forma construtiva com os outros é um elemento essencial da persuasão.

A Colaboração Leva à Autopersuasão

A colaboração não é uma técnica para convencer o outro de nossa posição, mas para inspirá-lo a se convencer. É uma forma de induzir o outro a se envolver no que os pesquisadores chamam de *autopersuasão*.

De acordo com o psicólogo Elliot Aronson, com a autopersuasão: "Não há nenhuma tentativa direta de convencer ninguém de nada. Em vez disso, os indivíduos se veem em uma circunstância em que se torna eficaz se convencer de que o caso é uma coisa em particular."[2] Como ele ressalta, o que torna a autopersuasão particularmente eficiente é que "as pessoas se convencem de que a motivação para mudar vem de dentro".[3] Não é tão louco quanto parece. Em várias situações, com frequência, agimos primeiro e depois mudamos nossas crenças e atitudes para estarem em conformidade com nossos atos.

Foi isso que o psicólogo social Morton Deutsch descobriu em seu trabalho na década de 1950. A intenção de Deutsch e sua parceira de pesquisa, Mary Collins, era entender as dinâmicas sociais em ação entre pessoas de diferentes raças em projetos públicos de moradia. Eles analisaram dois tipos diferentes de projeto, ambos consistindo igualmente em residentes brancos e negros. Em um projeto, as raças eram segregadas, com pessoas brancas e negras morando em prédios diferentes. No outro, os prédios eram integrados, com membros de ambos os grupos vivendo lado a lado nos mesmos prédios.

Esses diferentes arranjos de moradia proporcionavam a oportunidade perfeita para Deutsch e Collins analisarem como a integração racial pode afetar os preconceitos e estereótipos que eram dominantes naquela época. Encorajar esses dois grupos a se misturarem e socializarem poderia acabar inflamando as tensões raciais e motivando os residentes brancos a intensificarem seu ódio arraigado. Mas também poderia resolver as rupturas que dividiam os Estados Unidos naquele período. Logo, qual das opções seria?

O que os dois descobriram foi impressionante. Apenas reunir pessoas de diferentes raças definitivamente as fazia mudar como se sentiam em relação umas às outras. No entanto, essas mudanças de atitude só vieram depois de mudanças na forma como esses dois grupos agiam. Como Deutsch comentou mais tarde: "As descobertas sugeriram que a mudança de comportamento precedeu a mudança de atitude: as mulheres brancas em projetos integrados raramente agiam de forma discriminatória."[4] Morar ao lado de pessoas não brancas, tratá-las como vizinhas e cooperar com elas como membros da comunidade levou as pessoas brancas nesses projetos a se convencerem de que suas antigas crenças preconceituosas estavam completamente erradas.

Pode-se contar uma história parecida sobre uma das maiores mudanças de opinião pública de que se tem memória: a atitude dos Estados Unidos em relação ao casamento gay. Em 2004, apenas 31% dos norte-americanos acreditavam que deveria ser permitido que pessoas do mesmo sexo se casassem.[5] Hoje, quase sete em dez cidadãos são a favor.[6] Graças a uma decisão de 2015 da Suprema Corte, o casamento gay é permitido em todo o país.[7] O debate passou de completamente perdido a essencialmente definido em pouco mais de uma década.

Ainda há muito trabalho a ser feito para proteger os direitos LGBTQIA+. Mas não há como negar que a virada do país sobre a questão do casamento entre pessoas do mesmo sexo não tem precedentes na história. O que fez a opinião pública sobre o casamento gay mudar tanto em um período de tempo tão curto? Afinal, foram décadas para que os norte-americanos mudassem de ideia em relação ao casamento inter-racial.[8]

Algumas pessoas atribuem a reviravolta à mudança geracional. De acordo com essa teoria, conforme pessoas mais jovens e tolerantes se tornaram uma grande força política, o eleitorado se

EMPATIA 187

tornou mais aberto ao casamento entre pessoas do mesmo sexo. Isso explica uma parte, mas não o todo. Afinal, todos os magistrados da Suprema Corte têm uma idade avançada. O fato é que muitas pessoas mudaram completamente de opinião em um espaço de tempo curtíssimo. De acordo com uma pesquisa recente, 20% dos norte-americanos afirmam que sua visão sobre a homossexualidade mudou nos últimos anos.[9]

Ou seja, os norte-americanos foram persuadidos. E meu palpite é que não foram os artigos de opinião nem os convincentes painéis de discussão na TV a cabo que os levaram a reavaliar suas visões. Esse tipo de coisa raramente empolga ou leva a uma mudança de pensamento. Tampouco foram as paradas do orgulho gay ou as campanhas publicitárias, que geralmente servem apenas para pregar para os já convertidos.

O que levou tantos norte-americanos a abraçarem o casamento entre pessoas do mesmo sexo foi a autopersuasão. Eles perceberam que homens e mulheres homossexuais não são essencialmente diferentes do resto da população. Em parte, isso foi resultado de mudanças na maneira como a homossexualidade foi retratada no cinema e na televisão. Porém, em minha avaliação, o mais importante foi que cada vez mais pessoas conheceram membros da comunidade LGBTQIA+ em um nível profundo e pessoal. Enquanto na década de 1990 apenas um pouco mais de 20% dos norte-americanos diziam ter um amigo próximo ou membro da família homossexual, hoje o número passa de 70%.[10]

E o que essa mudança ajudou a demonstrar foi que homens e mulheres homossexuais já são nossos amigos, vizinhos, colegas, professores, filhos. Eles estão do lado "nós" da divisão "nós/eles". Como as mulheres brancas no projeto de integração racial estudado por Deutsch, os norte-americanos de hoje perceberam que a comunidade LGBTQIA+ já faz parte de nossas comunidades. Quando isso ficou óbvio, um número espantoso de pessoas se autoconvenceu de que suas crenças antigas sobre o casamento gay estavam completamente erradas. Esse é o poder da colaboração.

A colaboração não apenas pode quebrar barreiras e nos ajudar a enxergar uns aos outros como iguais, mas também pode nos levar a mudar nosso pensamento em relação a questões fundamentais de forma mais eficiente do que apenas uma discussão, um slogan ou uma campanha de marketing.

Como a Pepsi Convidou o Público a Subir ao Maior Palco do Mundo

Desde a origem da Mekanism, aproveitar os benefícios persuasivos da colaboração é algo que sempre foi central para nossa abordagem da publicidade. E o exemplo mais explícito disso vem de uma de nossas campanhas mais audaciosas. Nosso cliente era a Pepsi, uma marca tão grande quanto sua chegada à terra da publicidade. E a campanha foi criada especificamente para o mais valioso horário nobre da propaganda na cultura norte-americana: o show do intervalo do Super Bowl.

A oportunidade surgiu depois de uma reunião que tive com Simon Lowden, ex-diretor de marketing da PepsiCo. Eu tinha acabado de me mudar da sede da Mekanism em São Francisco para nosso escritório em Nova York, e uma das primeiras coisas que fiz foi procurar Lowden. Na época, a agência já tinha uma relação de trabalho com a Pepsi, graças a uma campanha que fizemos para a Brisk, marca de chá gelado da empresa, com Eminem. Estávamos subindo, mas ainda estávamos tão longe do topo da pirâmide das agências de publicidade que eu nunca tinha me encontrado com Lowden. Logo, decidi fazer nossa reunião valer a pena.

Logo no início, eu lhe pedi para indicar o maior projeto e o maior problema que tinha em mãos. Quando Lowden me contou que a Pepsi estava patrocinando o show de intervalo do Super Bowl, mas que ainda não tinha fechado a ideia, minha resposta foi direta: "Queremos resolver isso."

Um espaço no Super Bowl ainda é algo com o qual toda jovem agência sonha. É uma das poucas chances que uma marca tem para atingir mais de 100 milhões de espectadores ao mesmo tempo.[11] Por essa razão, comprar apenas trinta segundos de tempo de anúncio custa, em média, mais de US$5 milhões, ou mais de US$168 mil por segundo.[12] Isso é quase três vezes o que um norte-americano médio ganha por ano.[13] E este é apenas o preço pelo espaço de trinta segundos de propaganda; não inclui a pequena fortuna necessária para produzir um comercial realmente incrível para ocupar esse espaço.

Além disso, o Super Bowl é um dos poucos eventos restantes em que o público realmente se interessa por assistir aos comerciais, principalmente na televisão à moda antiga. Para muitas pessoas, na verdade, as propagandas são a principal razão para sintonizar o evento. Mas isso pode ser tanto uma bênção quanto uma maldição para as agências. A corrida pela publicidade no Super Bowl tem se acirrado há tantos anos que fica cada vez mais difícil fazer algo de fato original. Mas foi justamente por isso que pedi uma chance no projeto — eu sabia que as equipes de criação da Mekanism pensariam em algo original.

Lowden demonstrou algum interesse em ver o que tínhamos a oferecer. E, algumas semanas depois, fizemos nosso pitch. Naquele ano, Beyoncé Knowles, que estava no auge de sua popularidade, seria a estrela do show do intervalo. Nossa ideia era tornar o público parte de seu elaborado show.

Como vimos, o Super Bowl raramente envolve os espectadores de alguma forma significativa. É um local para os jogadores no campo, o show do intervalo e os publicitários que vendem produtos. O público é tratado como uma testemunha passiva da ação, sem nenhum papel real em nada. Mas criaríamos uma campanha pedindo aos fãs para se fotografarem em poses específicas e postarem as imagens online. As fotos seriam digitalmente costuradas para compor um personagem animado que seria usado como parte de uma montagem em um vídeo introdutório antes de Beyoncé aparecer no palco.

Os rostos das pessoas que enviaram as fotos seriam incluídos ao lado de celebridades como Jeff Gordon e Drew Brees. Isto é, o público produziria e estrelaria o show do intervalo como abertura para Beyoncé — uma colaboração criativa em uma escala sem precedentes. E, ao transformar os espectadores em colaboradores em um evento histórico de mídia, os levaríamos para o time da Pepsi.

(Quando olho para trás hoje, percebo que a ideia tem mais do uma pequena semelhança com uma técnica usada pelo Kiss Army. O fato de eu ter tido um papel essencial na publicidade da banda apenas aprofundou meu comprometimento como fã. Eu me tornei mais do que apenas um entusiasta do Kiss: tornei-me membro de uma nação de pessoas que tinha uma conexão pessoal única com a banda.)

A Pepsi adorou a ideia do vídeo introdutório para o intervalo; no entanto, havia um problema. Uma concorrente muito maior (e uma de minhas antigas empregadoras), a TBWA Chiat/Day era a agência oficial da Pepsi, e a empresa só seguiria com a ideia se sua agência pudesse assumir e produzi-la. Dizer que a Chiat, uma agência incrível, era a empresa mais estabelecida é eufemismo. Ela foi a agência por trás do comercial de 1984 da Apple — facilmente a propaganda mais célebre do Super Bowl já produzida, e possivelmente a melhor publicidade para televisão já criada.

Eu disse não. Expliquei a Lowden que, se a Pepsi quisesse nossa ideia, a Mekanism teria que produzi-la do início ao fim. Foi arriscado, mas funcionou. A empresa pediu ideias alternativas de campanhas para a Chiat, mas, neste caso, nenhuma foi melhor que nosso conceito. E, no fim, depois do impasse, conseguimos a conta.

Tivemos oito semanas para produzir um evento único no maior palco do mundo. Em janeiro, tínhamos recebido mais de 120 mil submissões para a campanha. Graças à inclusão de alguns influenciadores e celebridades com grande presença em mídias sociais que ajudaram a movimentar as coisas, a Pepsi recebeu 5,5 bilhões de impressões gerais na mídia a partir da campanha viral integrada.

Mas a campanha era mais do que visualizações de página, curtidas e tuítes. Era uma maneira de usar o poder da colaboração para trazer as pessoas para a comunidade da Pepsi — e, dessa forma, persuadi-las. E, da próxima vez que uma dos milhares de pessoas que enviaram fotos tiver que decidir entre uma Coca-Cola e uma Pepsi, há uma enorme chance de que a escolha seja a marca que lhe ofereceu a chance de ter sua imagem em rede nacional ao lado de uma das maiores estrelas do pop da história.

Apelidei isso de *marketing de envolvimento*. O objetivo é fazer com que seu público seja parte da campanha e criar um loop viral no qual você está fazendo propaganda para o seu público e ele também faz propaganda em seu nome. Esse é o tipo de lealdade que só pode ser atingido ao tratar as pessoas não como um público, mas como colaboradores reais.

Como Ser Colaborativo

Se a colaboração é capaz de construir as bases para a persuasão bem-sucedida, é interessante para qualquer um que deseje desenvolver uma personalidade persuasiva adotar os hábitos de um dos maiores colaboradores do mundo.

Peça Pequenos Favores: O Efeito Benjamin Franklin

Pedir a alguém para nos fazer um favor é uma forma surpreendentemente eficaz de trazê-lo para o nosso lado. Eu sei, parece contraintuitivo. Afinal, quando alguém nos faz algo de verdade — nos leva ao aeroporto ou guarda nosso lugar em uma reunião —, a maioria de nós se sente em dívida com essa pessoa. Nós lhe devemos uma, e não o contrário. Isso com certeza é verdade, porém, nessas situações, há mais coisas acontecendo do que geralmente nos damos conta.

Quando nos faz um favor, essa pessoa colabora conosco. Por um momento, ela tem um papel no avanço de algum projeto nosso. E, em muitas situações, essa breve ocasião de envolvimento na verdade a leva a gostar de nós mais do que aconteceria em outra situação.

Quando começar a prestar atenção, você notará este princípio se mostrando em todos as situações. Talvez você esteja trabalhando em seu notebook em um café e peça a um estranho ao seu lado para dar uma olhada nele enquanto você dá uma corrida até o banheiro. Ao voltar, aposto que essa pessoa estará muito mais disposta a papear com você do que antes de lhe fazer o favor. O mesmo ocorre com um vizinho que o ajuda a subir as escadas com seu carrinho de bebê depois de um longo dia.

Essa dinâmica surpreendente foi ilustrada por Benjamin Franklin. Em sua autobiografia, ele conta a história de quando foi escolhido como escriturário da Assembleia Geral da Pensilvânia, quando tinha 30 e poucos anos. Ele conseguiu o cargo sem nenhum problema. No ano seguinte, quando era candidato ao cargo novamente, um legislador opositor fez um discurso fervoroso no qual defendeu substituir Franklin. No fim, Franklin manteve sua função, mas não estava feliz em ter esse legislador anônimo como inimigo.

Ele era de uma família da classe trabalhadora e não tinha nem terminado o ensino médio. Esse novo rival, por outro lado, tinha educação formal e vinha de uma família abastada. E como era seguro apostar que esse homem teria muita influência no governo do estado em algum futuro próximo, Franklin estava determinado a ficar em bons termos com ele. Ele decidiu não "ganhar sua estima sendo-lhe servil". Em vez disso, virou a situação e pediu um favor ao outro.

Como Franklin conta: "Sabendo que ele tinha em sua biblioteca certo livro muito raro e curioso, eu lhe escrevi um bilhete expressando meu desejo de ler essa obra em particular e perguntando-lhe se ele faria o favor de me emprestá-la por alguns dias." O legislador concordou, impressionado com o pedido específico. E, depois de uma semana, Franklin devolveu o livro e lhe enviou outro bilhete expressando sua profunda gratidão.

Da próxima vez que se viram, surpreendentemente, o legislador falou com Franklin — algo que nunca fizera antes. Dali em diante, o ex-inimigo estava disposto a fazer qualquer favor que Franklin pedisse. Por fim, os dois viraram amigos próximos e assim permaneceram até a morte do homem.

Franklin atribui essa estratégia a uma "velha máxima" que ouvira uma vez (embora eu aposte que foi ele próprio quem disse isso): "Aquele que uma vez lhe fez uma gentileza estará sempre mais preparado para fazer outra do que aquele que recebeu um favor seu."[14] Hoje em dia, esse princípio é chamado de *efeito Benjamin Franklin*. Ao simplesmente pedir para pegar um livro emprestado daquele cara, Franklin o transformou em um colaborador. O legislador, que antes era abertamente hostil com ele, se viu investido em seu bem-estar. Eles estavam no mesmo time.

Nos quase três séculos desde que esse episódio ocorreu, vários estudos mostram que Franklin realmente constatou algo. Um estudo de 2015 publicado na revista *Journal of Social Psychology* descobriu que, quando um estranho pedia um favor a um participante do experimento, este acabava gostando mais do estranho depois — e também se sentia mais próximo a ele. O interessante é que o mesmo não ocorria quando o participante ajudava o estranho sem que ele pedisse.[15]

Você não deve ter medo de pedir pequenos favores. Se seu celular morreu no meio do expediente, em vez de pedir o carregador emprestado para aquela colega próxima, peça ao cara novo que você ainda não conhece. Ou melhor, faça como Franklin e peça para alguém com que tenha se estranhado recentemente em relação a uma decisão delicada no trabalho.

Sei que parece estranho tratar, digamos, até o empréstimo de um bloco de notas para alguém durante uma reunião como uma colaboração, mas é isso mesmo. E, em vez de tratar esses pequenos momentos como inconveniências, você pode enxergá-los como oportunidades de criar uma conexão com uma nova pessoa e trazê-la para o seu time.

Peça Conselhos

Pedir conselhos — algo que, se pararmos para pensar, é apenas uma instância especial de pedir um favor — pode gerar os mesmos benefícios. Mais uma vez, isso vai contra nossa intuição. Tendemos a sentir que pedir conselhos demonstra fraqueza ou insegurança. No entanto, esta é uma forma equivocada de olhar a situação. Quando pedimos o conselho de alguém, estamos lhe pedindo para contribuir com algo que é importante para nós; estamos envolvendo o outro em nosso projeto e o convidando a considerar nossos interesses por um breve momento. Ao compartilhar suas opiniões, o outro se torna nosso colaborador.

Para corroborar essa tendência, um estudo foi conduzido por pesquisadores na Universidade da Califórnia em San Diego. Os participantes liam a descrição de um restaurante fictício e precisavam comentar sobre o lugar de diferentes formas. Para alguns, foi pedido que dessem uma opinião; para outros, que revelassem suas expectativas; e, para outros ainda, que oferecessem um conselho. No fim, aqueles que ofereceram conselhos eram os mais dispostos a comer no restaurante.[16]

Como os autores explicam: "Pedir conselhos tende a ter um efeito de intimidade, por meio do qual o indivíduo se sente mais próximo da empresa, resultando no aumento da propensão subsequente de fazer transações ou se envolver com a organização."[17] Por outro lado, perguntar sobre as expectativas de alguém teve exatamente o efeito oposto.

Estar disposto a pedir conselhos quando a situação demanda é uma maneira efetiva de trazer as pessoas para o nosso lado. Isso acontece quando falamos com nosso cônjuge, um professor, um estagiário no escritório ou nosso superior. Quando se vir sofrendo com uma decisão que seria favorecida por uma visão de fora, buscar conselho pode tanto facilitar sua escolha quanto fazê-lo cair nas graças de seu conselheiro. Isso demonstra vulnerabilidade e cria uma ligação.

Ofereça Encorajamento Sincero

Um ótimo colaborador é o tipo de pessoa para quem todos querem jogar uma nova ideia ou mostrar um trabalho em andamento. Quando alguém bate à minha porta com uma nova abordagem ou apenas um conceito em estágio inicial, quero garantir que essa pessoa termine a interação se sentindo encorajada, mesmo que eu não tenha morrido de amores pela ideia em questão. Mais importante: quero fazê-lo sem ser desonesto em relação à qualidade da ideia.

Esse processo começa quando ficamos genuinamente gratos por essa pessoa ter vindo até nós, em primeiro lugar. Ser o mentor de alguém é um privilégio, especialmente no ramo criativo. A publicidade é uma indústria de ideias. E, quando alguém está disposto a se mostrar vulnerável exteriorizando uma ideia sobre a qual ainda está em dúvida, quero garantir que essa pessoa saiba que me sinto honrado por ela ter vindo até mim.

É claro que o tipo de feedback que oferecemos também é crucial. Encorajar uma pessoa é fácil quando o conceito que ela nos traz é algo que realmente adoramos — este é o melhor cenário. Nessas situações, podemos expressar nosso sincero entusiasmo. Porém, sermos específicos quanto ao que gostamos na ideia, apontar as áreas de possível melhora e talvez até oferecer nossa opinião sobre como seguir é igualmente importante. A mensagem geral que queremos passar para a pessoa é: "Você está no caminho certo."

As coisas ficam mais complicadas quando a ideia lançada é totalmente inviável ou ainda não está bem formada. Em geral, nesses casos, começo perguntando por que, exatamente, a pessoa acha que essa ideia funciona. Se você achar que a ideia é um desastre completo, fingir que gostou pode parecer apenas condescendência. Se a ideia não for boa, diga de cara. Às vezes, as ideias são apenas ruins. Mas geralmente há algo a elogiar mesmo nas piores ideias.

Quando alguém nos expõe uma ideia, está nos convidando para colaborar — e esta é uma oportunidade que nunca devemos desperdiçar, se o objetivo é ser persuasivo.

Pense Fora do Departamento

Outra ideia que enfatizamos na Mekanism é que grandes contribuições podem vir de qualquer um, não importa a descrição da função, nível de senioridade ou bagagem. Grandes colaboradores estão mais interessados em fazer um bom trabalho e criar coisas de valor do que nessas distinções.

Até a década de 1960, as agências de publicidade faziam um enorme esforço para separar talentos em diferentes departamentos. Redatores redigiam, artistas eram responsáveis pelas imagens e daí por diante. Cada departamento tinha um papel estritamente definido, como em uma fábrica. A colaboração criativa não era apenas desencorajada, era propositalmente segregada. Em muitas agências, os mestres das palavras e os criadores de imagens, na verdade, trabalhavam em andares diferentes e raramente se encontravam. A ideia de que algo mágico poderia surgir ao permitir que pessoas inspiradas com diferentes habilidades se misturassem não havia se propagado.

Então, no final dos anos 1950 e início de 1960, a agência Doyle Dane Bernbach começou a colocar redatores e artistas juntos em equipes de duas pessoas. Essa mudança aparentemente mínima gerou algo especial: trabalhos subversivos e inteligentes, que reescreveram as regras da área. O exemplo mais famoso disso foi a série de comerciais que a DDB fez para Volkswagen, incluindo a propaganda de página inteira apresentando uma imagem minúscula de um Fusca seguida de duas palavras: "Think Small"[18] [Pense Pequeno].

A Mekanism leva essa ideia ainda mais longe, ao usar um processo desenvolvido por nossos líderes de criação que foi deliberadamente projetado para derrubar as barreiras dentro da empresa. Em geral, muito de nosso trabalho começa com uma discussão. Nesse aspecto, nossa abordagem é mais próxima daquela da sala de roteiristas de um programa de comédia do que de uma agência de publicidade — uma dúzia de pessoas ou mais fazendo brainstorming em uma sala por horas a fio. Na opinião dos líderes de criação da Mekanism, os melhores trabalhos são gerados assim.

198 A EXPRESSIVA ARTE *da* PERSUASÃO

A razão para fazermos isso é simples: uma das coisas em que nos especializamos é criar conteúdo digital e entretenimento de marca, o tipo de coisa que concede experiências sociais compartilhadas. Dessa forma, o ambiente agitado e colaborativo da sala de redatores — por si só, uma experiência social — é perfeito para inspirar esse tipo de ideia. Há pouquíssimo ego envolvido no processo. Na verdade, depois de um brainstorming particularmente produtivo, não importa quem foi responsável por qual ideia; todos na sala são os autores.

Todos na empresa são livres para dar ideias. Sério: todo mundo. Se algum estagiário, assistente, contador ou programador tem alguma ideia supercriativa, sua contribuição não é apenas bem-vinda — é esperada. Um dos meus exemplos favoritos desse espírito colaborativo em ação envolve a logo da Mekanism. Você pode achar que por sermos uma empresa de publicidade criativa, nossa marca registrada — aquela impressa em todos os cartões de visita, páginas da web, e-mails e moletons — deve ter sido resultado de algum processo científico envolvendo grupos de foco e especialistas em fontes. Na verdade, a ideia veio de um cara que, na época, era um estagiário não remunerado. O nome dele é Richard Krolewicz.

Em seus dias de estagiário, uns bons treze anos atrás, sua mesa ficava logo ao lado da entrada. Como na época o escritório da Mekanism não era sinalizado, Richard passava muito tempo atendendo pessoas que batiam à nossa porta por engano ou correndo atrás de entregadores que não conseguiam encontrar nosso escritório. Em determinado momento, ele ficou cansado dessa chateação e decidiu fazer alguma coisa. Richard desenhou uma placa simples escrito "Mekanism" em letras blocadas, parecidas com o título na capa de um quadrinho de super-herói.

Quando chegou a hora de definir uma logo para a empresa, nós de fato contratamos uma firma especializada, que jogou dezenas de opções diferentes. No entanto, a equipe havia se apaixonado tanto pela criação de Richard que ela também foi jogada na mesa. De todas as logos possíveis que a empresa nos mostrou, nenhuma bateu a placa improvisada do então estagiário. Não importava que a ideia tivesse vindo de um estagiário — ou, aliás, que tenha surgido toscamente por pura necessidade. Era a melhor, era simples, era honesta, então nós a usamos. No processo, a agência mostrou a um estagiário que ele era uma parte indispensável da equipe. Não é coincidência que, em uma indústria em que criativos estão constantemente indo de uma agência para outra, Richard ainda esteja na Mekanism até hoje.

Tornar-se um colaborador natural muitas vezes exige enxergar além das distinções formais, que podem impedir as pessoas de unirem forças e fazerem um ótimo trabalho.

 RECAPITULANDO

Os seres humanos têm a tendência natural de ver o mundo em termos de "nós contra eles". Esta pode ser uma das maiores barreiras para a persuasão, mas também pode ser uma importante vantagem para grandes persuasores. Isso ocorre porque, em vários tipos de situações, muitas vezes estamos predispostos a gostar e concordar com pessoas que enxergamos como parte de nosso grupo de alguma forma — como um de nós.

Ao desenvolver as habilidades do bom colaborador e, por hábito, buscar oportunidades de envolver os outros em seus projetos, você terá um melhor posicionamento para exercer influência quando chegar a hora.

Há quatro habilidades colaborativas particularmente importantes a serem consideradas:

1. Peça pequenos favores.
2. Peça conselhos.

200 A EXPRESSIVA ARTE *da* PERSUASÃO

3. Ofereça encorajamento sincero.

4. Pense fora do departamento.

Obviamente, tornar-se um colaborador mais hábil é algo que vale a pena por si só. Isso pode levar a relações mais significativas e liberar um potencial criativo que, de outra forma, seria inacessível. Mas este também é um componente poderoso do tipo de personalidade que impulsiona as pessoas e as ajuda a enxergá-lo como alguém fundamentalmente igual.

Não importa se está buscando persuadir seu amor, seu chefe ou seu vizinho — se o outro realmente passar a enxergá-lo como um colaborador, você já será muito mais influente de cara; isso é incontestável.

Capítulo 9

área comum

*O hip hop deu a uma geração uma área comum que não
exigiu que nenhuma raça perdesse nada; todos ganharam.*

— Jay-Z

Nos Estados Unidos, gastamos muito tempo focando nossas diferenças. A conversa nacional parece se basear na suposição de que todos pertencemos a grupos radicalmente diferentes, sejam cidadãos urbanos com ensino superior, uma primeira geração de imigrantes ou, o assunto favorito de todos, os millennials.

Gasto muito tempo analisando dados de mercado que dividem as pessoas exatamente nesses tipos de categorias. Às vezes, essa classificação pode ser útil; no entanto, com igual frequência, pensar nesses termos nos distrai de uma verdade óbvia: a de que os seres humanos são incrivelmente parecidos, e que nossas diferenças são muito menores do que achamos.

Pense da seguinte maneira: todos nós compartilhamos 99,9% de nosso DNA com todos os outros seres humanos no planeta.[1] Somos, do ponto de vista genético, quase completamente idênticos, mas gastamos muito tempo e energia concentrados no 0,1% que nos torna diferentes.

Ao longo da história da humanidade, é extremamente raro que um grupo tão grande de pessoas concorde em tantos aspectos por tanto tempo. Sem mencionar o fato de que todos querem um país que seja seguro para viver, trabalhar, estudar, abrir uma empresa e formar uma família.

É fácil esquecer nossa humanidade em comum, em grande parte porque somos muito bons em dividir o mundo. Mas, quando se trata de desenvolver uma personalidade persuasiva, é crucial que tornemos um hábito nos concentrar nas coisas que nos unem, em vez de nas coisas que nos dividem.

Essa propensão é essencial para ser alguém acessível, empático e capaz de conversar com qualquer pessoa em pé de igualdade — independentemente da bagagem, do status social, do patrimônio, da idade, do gênero ou de qualquer outro fato sobre ela. Quando vemos naturalmente as pessoas como membros do nosso time, elas sentem e se dispõem a fazer o mesmo.

Os Benefícios de Derrubar Barreiras

Fico muito confortável falando com quase todo mundo. Diferentemente da pontualidade, esta é uma habilidade que sempre foi natural para mim, desde pequeno.

Uma noite, quando eu tinha 8 anos, como meu pai gosta de contar, meus pais estavam servindo o jantar na casa em que passei a infância. Do pé da escada, ele chamou minha irmã e eu para jantar, como fazia todas as noites. Stacey, minha irmã, desceu na hora, como sempre fazia, mas eu não respondi. Meus pais ficaram irritados. Depois de me chamar mais algumas vezes, meu pai subiu as escadas para me mandar ir jantar. Foi então que ele percebeu que eu não estava no meu quarto. Eu não estava nem em casa.

Quando correu para conferir o quintal, ele ouviu minha voz vindo do quintal da casa ao lado. Ele espiou por cima da cerca e me viu na soleira da porta dos fundos falando com nosso vizinho, Gil (que tinha 30 e poucos anos) sobre futebol americano. Estávamos conversando há um tempo. Quando vi meu pai, disse despreocupadamente: "Oi, pai. Estava me procurando? Desculpe, eu estava conversando com Gil sobre o quanto os Jets estão péssimos este ano."

Não me lembro dos detalhes, mas lembro que meu pai ficou um pouco impressionado com um garoto de 8 anos tendo uma conversa profunda com um adulto. Não me pareceu estranho na época, nem percebi direito a diferença de idade. Eu não o via como alguém mais velho e ele não falava comigo como uma criança; tratávamos um ao outro como iguais. Estávamos focando as coisas que tínhamos em comum, não aquelas que nos separavam — como as três décadas que ele tinha a mais que eu. Não é uma história extraordinária, mas ilustra que, quando colocamos nossas diferenças de lado e nos concentramos em nossas paixões compartilhadas, coisas incríveis podem acontecer.

Vamos pensar no desenvolvimento do hip hop ao longo dos últimos quarenta anos. Essa forma de arte começou no South Bronx na década de 1970, quando o DJ Kool Herc tocava discos em festas na sala de gravação de seu apartamento na Sedgwick Avenue.[2] O estilo foi adotado por outros DJs locais, como Jazzy Jay e Grandmaster Flash. E, em poucos anos, uma combinação de percussão, rap e outros elementos, como break dance, transformaram o hip hop em uma forma distinta de cultura afro-americana nos Estados Unidos.

Não demorou muito para que artistas de outras raças abraçassem e se apropriassem do hip hop. Em meados dos anos 1980, um grupo de garotos judeus de Nova York, os Beastie Boys, combinaram o hip hop com elementos do punk rock, com a ajuda dos produtores Russell Simmons, um empresário negro do Queens, e

Rick Rubin, um cara branco de Long Island.[3] Todos os adolescentes de todos os subúrbios recitavam todas as letras: "Your mom busted in and said: 'What's that noise?' / Aw, Mom, you're just jealous it's the Beastie Boys." Nessa mesma década, vimos um dos grupos de hip hop mais famosos da história do gênero, o Run-DMC, fazer uma colaboração com o Aerosmith, banda clássica de hard rock e blues.[4]

O hip hop não apenas transcendeu as raças nos Estados Unidos — ele logo dominou o mundo. Hoje, essa forma de arte é praticada em todos os lugares, da França à Rússia, passando pela Coreia do Sul e pelo Sri Lanka.[5] Ele é, como Jay-Z definiu: "Uma área comum que não exigiu que nenhuma raça perdesse nada; todos ganharam."[6] E isso não teria sido possível se pessoas de diferentes raças, nacionalidades e bagagens não tivessem superado suas diferenças e encontrado aspectos na cultura alheia que fossem compartilhados e admirados por todos. O que começou em um apartamento em South Bronx hoje se tornou o gênero musical mais popular.

Nem todo mundo se relaciona com facilidade com pessoas que identificam como diferentes demais de si. Muita gente tem dificuldade de falar com superiores no trabalho ou com pessoas de nacionalidades ou culturas diferentes. Alguns sofrem para conversar profundamente com qualquer um que não seja um amigo próximo. Se a pessoa com quem está falando sente logo de cara que você tem dificuldade em vê-la como igual, sua influência sobre ela será limitada.

É claro, algumas práticas virão mais naturalmente; já em outras, você terá que trabalhar. Sempre tive a manha de conseguir falar com todo mundo. Mas tive que me esforçar muito com o storytelling, e continuo me esforçando para estar presente. Essas coisas não me são nem um pouco naturais.

O caminho para se tornar mais aberto e melhor em conversar com uma variedade ainda maior de pessoas começa com a adoção de uma atitude que enfatize as convergências humanas e com a aplicação consistente dessa atitude. Isso significa reconhecer que estamos praticamente em pé de igualdade quando se trata das coisas que mais importam.

Identidade Social

Ser persuasivo tem muito a ver com o fato de a pessoa com a qual falamos nos reconhecer como um membro do mesmo grupo de alguma forma. Em outras palavras: depende se você e seu público compartilham o que psicólogos chamam "identidade social" — a parte da autoimagem de alguém que é definida pelos grupos aos quais essa pessoa pertence.

Existem várias razões para que isso ocorra. Como os pesquisadores em comunicação Nick Joyce e Jake Harwood apontam: "As pessoas com quem compartilhamos identidades sociais significativas são mais propensas a compartilhar nossos pontos de vista e a saber de coisas que são mais úteis para nós." Além disso, eles observam que, "se você e eu formamos um 'nós', isso implica um interesse compartilhado, o que diminui a probabilidade de você me oferecer informações falsas ou não confiáveis. Por essas razões... identidades sociais compartilhadas estão diretamente associadas à persuasão".[7]

Por sorte, se repararmos, existe um número quase infinito de formas pelas quais podemos compartilhar uma identidade social. Dependendo do contexto, uma identidade social compartilhada pode se basear em qualquer coisa, desde a mesma língua ou o mesmo hobby até a mesma idade ou uma cidade ou estado de origem em comum. Uma atitude que enfatiza o que temos em comum tem uma maior probabilidade de trazer essas dimensões pessoais compartilhadas à tona em nossas interações com os outros.

206 A EXPRESSIVA ARTE *da* PERSUASÃO

Foi exatamente o que aconteceu em minha conversa com o vizinho na precoce idade de 8 anos. Eu o cativei como um fã de esportes, não como uma criança catarrenta, e — pelo menos durante aquela interação — foi assim que ele me enxergou. Ele não deixou de me ver como uma criança, mas essa parte da minha identidade ficou em segundo plano (até eu levar bronca do meu pai por perder o jantar).

Uma história famosa que demonstra essa dinâmica vem da Primeira Guerra Mundial, em um episódio conhecido como Noite Silenciosa ou Trégua de Natal. Este é um daqueles eventos que, se estivesse em um filme ou em um livro, seria visto como uma completa fantasia. Mas aconteceu. E o fato de ser real revela algo poderoso sobre nossa humanidade compartilhada.

No inverno de 1914, depois de quatro meses de combate nas trincheiras, tropas francesas, belgas e inglesas e seus inimigos alemães na Frente Ocidental pararam de tentar se matar apenas por um dia e celebraram o Natal juntas. De acordo com algumas histórias, esse evento extraordinário começou, na verdade, na véspera de Natal, quando um lado ouviu o outro entoando canções natalinas. Como um soldado britânico recordou mais tarde:

Os alemães cantavam uma de suas canções e nós cantávamos uma das nossas, até que começamos "O Come, All Ye Faithful", e os alemães imediatamente se juntaram a nós, cantando o mesmo hino com a letra em latim, Adeste Fideles. E eu pensei: nossa, esta é realmente uma coisa extraordinária — duas nações cantando juntas a mesma canção no meio de uma guerra.[8]

Em algum momento da manhã seguinte, o dia de Natal, soldados de ambos os lados criaram coragem para fazer o inimaginável: rastejar para fora das trincheiras, cumprimentar membros do exército inimigo e lhes desejar Feliz Natal. Logo os homens estavam conversando, e até trocando presentes, enterrando os mortos dos adversários e, de acordo com alguns relatos, até jogando futebol com uma bola que eles mesmos fizeram.[9]

Lembre-se: essa foi uma das guerras mais brutais da história da humanidade. E, pouco depois dessa breve trégua de Natal, esses homens voltaram a dar o seu melhor para matar uns aos outros em um conflito que ceifou 20 milhões de vidas e feriu outros 21 milhões de pessoas, entre militares e civis.[10] No entanto, mesmo nessa situação extrema, algo tão simples quanto uma canção de Natal foi suficiente para fazer aqueles soldados mudarem de perspectiva por um momento e enxergarem uns aos outros não como inimigos mortais, mas como seres humanos iguais a si, que prefeririam estar em casa celebrando as festas do que nas trincheiras lutando por suas vidas. Se isso pode acontecer no calor de uma guerra mundial, com certeza também pode acontecer em nossas próprias interações diárias.

É claro que abraçar uma visão de mundo que priorize nossas similaridades não é fácil. Uma razão para isso, segundo Peter Kaufman, sociólogo da Universidade Estadual de Nova York em New Paltz, é que "somos socializados para focar muito mais nossas diferenças do que o que temos em comum". Mas, ele aponta, nossas diferenças são, em grande parte, socialmente construídas.[11]

Kaufman trabalha para mudar esse fato convidando estudantes para participar do *Similarities Project* [Projeto Similaridades, em tradução livre]. Há alguns anos, ele levou um grupo de universitários para se encontrar com uma turma de alunos do terceiro ano. Dois grupos que não esperamos que tenham muito em comum. Pense no quanto você mudou entre os 8 e 20 anos. Para muitos de nós, essa é a década em que mais mudamos, pois é quando ocorre a transição entre a infância e a idade adulta.

Contudo, ao reunir esses dois grupos e lhes pedir para listar as coisas que tinham em comum, eles conseguiram identificar mais de quarenta semelhanças em menos de uma hora.[12] Essas semelhanças variavam de "Todos temos cérebros" e "Todos gostamos de jogos" a "Todos ficamos tristes" e "Todos precisamos de amor".

É tentador enxergar essas coisas em comum como superficiais. Mas, de fato, elas são muito mais fundamentais do que as diferenças nas quais geralmente nos focamos — como onde nascemos, de que tipo de música gostamos ou por qual equipe esportiva torcemos. Como Kaufman explica: "Não há nada de inerente, natural ou essencial acerca dessas diferenças. Nós, humanos, as definimos, as criamos, as enfatizamos e, em alguns momentos, lutamos ou oprimimos uns aos outros por causa delas." Nossas similaridades, por outro lado, são muito mais primordiais para quem somos.[13]

E, assim como aprendemos a nos definir por nossas diferenças, podemos aprender a ver uns aos outros pelas coisas que temos em comum — mas apenas se fizermos essa escolha.

Como o Dollar Shave Club Usou Pontos Comuns para Derrubar uma Gigante Corporativa

Para conferir como o foco nas semelhanças pode ser uma ferramenta poderosa de persuasão, vamos analisar um dos meus sucessos de marketing favoritos dos últimos anos, a ascensão do colosso do e-commerce Dollar Shave Club. A empresa foi aberta em 2012 por Michael Dubin como um serviço de assinatura online de entrega mensal de cartuchos de lâminas para barbear de baixo custo. Desde então, o negócio cresceu e se tornou uma marca incrivelmente bem-sucedida que foi comprada pela Unilever por US$1 bilhão.[14]

Dubin não tinha nenhuma experiência no ramo das lâminas de barbear antes de lançar a empresa. O que o levou para esse caminho foi uma intuição que ele teve no início dos anos 2000.

Recém-formado e trabalhando como trainee na NBC, Dubin se sentia completamente ofendido toda vez que ia à farmácia Duane Reade do Rockfeller Center para comprar uma carga nova para seu Gillette Mach 3. "Mesmo quando eu estava sem cargas", recorda, "eu não queria ir comprá-las, porque era uma experiência muito frustrante e esquisita". É fácil entender essa sensação; basta ir até uma farmácia local. As cargas são escandalosamente caras pelo que são. Um cartucho com quatro pode custar mais de US$20.

Existe uma única razão pela qual esses cartuchos custam tanto. Até pouco tempo atrás, a Gillette — que é uma marca da Proctor & Gamble — detinha quase o monopólio do mercado de lâminas de barbear dos EUA. E, como todo bom cartel, a empresa mantinha os preços altos só porque podia. Se você não gostasse, era bem-vindo para deixar sua barba crescer (coisa que muitos caras no Brooklyn fizeram).

Obviamente, a P&G tentava justificar seus preços exorbitantes apontando a P&D e a tecnologia patenteada. Suas propagandas pareciam sugerir que a lâmina mais recente da marca — com seu cabo vibrador e múltiplas lâminas — era o suprassumo da engenharia moderna. A maior parte dos comerciais para TV traz animações em CGI que parecem revelar a ciência por trás da mais nova e caríssima lâmina descartável (cada uma prometendo um barbear mais rente que a última). Geralmente um narrador com voz máscula lê um texto sobre o quão revolucionária é a sexta lâmina.

Os comerciais estrelando Roger Federer eram especialmente intrigantes. Um deles mostra o astro do tênis se barbeando sem camisa antes de entrar em quadra. O narrador explica que "em dia de jogo, você não deixa nada para o acaso", antes de propagandear a "edição limitada" do Gillette Fusion ProGlide. Sabe, para colecionadores de aparelhos de barbear.

Foi apenas em 2010 que Dubin começou a perceber o alto custo desses produtos como algo além de um fato imutável da vida. Durante uma festa de fim de ano, ele se viu em um bate-papo com Mark Levine, o pai da noiva de seu amigo. De algum modo, surgiu o assunto de se barbear e os dois se condoeram do quanto era caro comprar um cartucho de lâminas. Por sorte, Levine havia adquirido um armazém cheio de lâminas duplas sobressalentes alguns anos antes. Seu plano original era vendê-las para farmácias, mas não deu certo. Dubin imediatamente enxergou uma oportunidade de resolver um problema cotidiano que a maioria dos homens subestima.

Ele começou a criar uma marca que teria como foco uma experiência comum compartilhada por todos os homens. Em vez de deixar os consumidores em segundo plano, eles seriam a principal preocupação da missão da empresa. Em vez de apresentar lâminas de barbear como maravilhas da alta tecnologia criadas em laboratórios ultrassecretos, ele as retrataria pelo que todos sabiam que eram: uma necessidade básica que não deveria custar uma fortuna. Ele não as trancaria em caixas nas prateleiras iluminadas das farmácias, mas as enviaria para os clientes mensalmente por meio de um plano de assinatura, sem que eles precisassem pensar no caso. E em vez de agir como uma corporação gigante e sem rosto, sua empresa aproveitaria todas as oportunidades para construir uma relação pessoal com seus clientes.

Para apresentar sua marca ao mundo, ele postou um vídeo no YouTube que é, até hoje, uma das melhores peças de marketing viral já feitas. O vídeo começa com Dubin olhando diretamente para a câmera e se apresentando. "Sou Mike, fundador do DollarShaveClub.com", começa. "O que é o DollarShaveClub.com? Bom, por um dólar mensal, nós enviamos lâminas de barbear de alta qualidade diretamente para sua casa. Sim! Um dólar! Se as lâminas são boas? Não, nossas lâminas são ótimas para c——o."

EMPATIA 211

Dentre outras coisas, a propaganda é superengraçada. E como boa parte das boas comédias, o vídeo é concebido em cima de uma verdade cotidiana simples — neste caso, o fato de que os cartuchos de lâminas de barbear custam muito mais do que deveriam. Como Dubin me explicou: "O que fizemos foi oferecer para as pessoas um ativo social para compartilhar com os amigos em relação a esse fato da vida extremamente frustrante do qual todos falam."

Mas o mais importante: a peça derruba a barreira entre vendedor e comprador ao tratar os consumidores como iguais a Dubin. Como ele diz no vídeo: "Você gosta de gastar vinte dólares por mês em lâminas de marca? Dezenove vão para Roger Federer." As implicações eram nítidas e poderosas: o tenista é um atleta semideus inacessível, que provavelmente nunca pôs os pés em uma farmácia na vida. Michael Dubin não é nada diferente de mim ou de você. E ele está disposto a colocar o dedo em verdades rotineiras vividas por todos os homens há anos.

Essa habilidade excepcional de falar diretamente aos consumidores em um nível pessoal foi o que transformou o Dollar Shave Club em uma ameaça séria para seus concorrentes corporativos. Não é coincidência que a Proctor & Gamble tenha lançado seu próprio serviço de assinatura, o Gillette Shave Club — copiando o nome do DSC —, em uma tentativa de pegar carona no sucesso de Dubin.

Com o Dollar Shave Club, Dubin conseguiu dar um olé em uma das maiores e mais poderosas corporações do planeta em um mercado que, poucos anos antes, era quase totalmente monopolizado pela P&G. E ele o fez olhando seu consumidor nos olhos e mostrando que era exatamente como ele.

Controle o Cubo de Necker

Mudar de uma perspectiva que enfatiza as diferenças entre nós para uma que enfatiza o que temos em comum é um pouco como o velho cubo de Necker bidimensional que todo mundo rabiscava no caderno da escola.

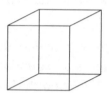

Se olharmos de um jeito, o quadrado no canto inferior esquerdo é a frente do cubo. Se olharmos por outro ângulo, fica na parte de trás do desenho. Ambas são formas válidas de ver a imagem, mas é impossível olhá-la dos dois ângulos ao mesmo tempo. Mais importante: quando percebemos que existem duas maneiras de olhar o cubo, conseguimos alternar entre as duas perspectivas conforme a nossa vontade. Não muda nada na imagem — ela foi impressa na página muito antes de você comprar este livro. O que muda é como interpretamos o que está à nossa frente.

O mesmo ocorre com o modo como enxergamos as outras pessoas. Podemos vê-las como um conjunto de atributos e identidades que são diferentes das nossas — elas têm um gênero diferente, falam uma língua diferente, têm um emprego diferente e por aí vai. Ou podemos vê-las como um conjunto de características que temos em comum — e, em alguns casos, um conjunto de características humanas universais ("Todos precisamos de amor"). Como o cubo, quando percebemos esse fato, fica muito mais fácil alternar entre as duas perspectivas.

Torna-se uma habilidade da qual temos o completo controle.

No caso do cubo, da primeira vez que o vemos, é provável que favoreçamos naturalmente uma das duas opções (esteja o quadrado da esquerda na frente ou atrás). Só conseguimos alternar para a outra perspectiva depois de refletir. E o mesmo ocorre com nossa visão dos outros. Para alguns, a primeira visão dos outros é em relação à "diferença" — embora seja possível mudar para a perspectiva da "semelhança" com um pouco de esforço. Idealmente, nosso objetivo deve ser mudar essa tendência para que nossa primeira impressão espontânea das outras pessoas seja focada no que temos em comum, e que as diferenças só fiquem aparentes se realmente as procurarmos.

Para começar, essa é uma ótima maneira de superar quaisquer ansiedades que tenhamos a respeito de iniciar uma conversa com alguém que percebemos como um superior. Todos ficamos nervosos ao falar com alguém bonito de quem estejamos a fim ou ao fazer uma entrevista para um emprego que realmente queremos. Isso nos deixa autoconscientes e, talvez, um pouco calados. Nem preciso dizer que, quando nos enrolamos em nossas próprias palavras, é difícil ser persuasivo. Para alguém capaz de ver os outros como iguais a si, a probabilidade de suar frio nessas situações é bem menor.

Da mesma forma, ter como hábito a ênfase nos pontos comuns pode ajudar a acalmar a ansiedade causada em seu interlocutor durante uma conversa. Em meu caso, quando alguém fica nervoso com a ideia de entrar no meu escritório, a ansiedade vai embora quando a pessoa sente, logo de cara, que eu a vejo como uma igual e que falar comigo não é muito diferente de falar com o colega de trabalho da mesa ao lado.

Adotar uma postura que deixe as pessoas à vontade e que facilite que elas se abram sempre aumenta nossas chances de encontrar a área em comum. Essa postura baseada em similaridades também ajuda a guiar a conversa em direção a tópicos, valores, experiências e outros detalhes pessoais que temos em comum com o outro, muitas vezes sem tanto esforço. Quando

A EXPRESSIVA ARTE *da* PERSUASÃO

isso acontece, fica óbvio para quem quer que seja seu interlocutor que vocês dois estão do mesmo lado.

Como Encontrar a Área Comum

Faça a Escolha

O primeiro passo em direção a adotar uma atitude baseada em similaridades é fazer a escolha de ver as pessoas como majoritariamente iguais a nós. Lembre-se: é possível alternar entre as diferentes versões do cubo de Necker sempre que quiser, mas apenas se você decidir fazê-lo. E o mesmo acontece com a maneira como enxergamos o outro. Se estiver inclinado a ver as diferenças, tome a decisão de refrear essa tendência.

Talvez você tenha tido um desentendimento com outro pai na escola do seu filho e pense: "Aquele cara não faz ideia do que está falando." Ou pode ser que uma colega de trabalho tenha uma opinião diferente em relação a um projeto no qual você está trabalhando e sua resposta seja: "Essa mulher entendeu tudo errado." Nós instintivamente vemos a pessoa do outro lado da disputa como diferente de nós. Nós a interpretamos como "aquele" homem ou "aquelas" pessoas, e o fazemos de forma inconsciente.

Libertar nosso pensamento desse tipo de armadilha é um pouco como desaprender um erro gramatical que cometemos com frequência. Mantenha o olhar atento para quando adotar essa atitude baseada na diferença — e vire o cubo de Necker.

Exercite a Percepção dos Traços em Comum

Se quiser melhorar sua percepção de similaridades em vez de diferenças, é preciso praticar. Uma forma simples de fazer isso é roubar a ideia do *Similarities Project* e fazer o que Peter Kaufman fez com aqueles universitários e alunos do terceiro ano.

Comece pensando em uma pessoa na sua vida que você enxerga como completamente diferente de si. Pode ser um primo, alguém da escola, sua cunhada, seu dentista, qualquer um; só precisa ser uma pessoa que você acha que é obviamente diferente de você. Depois, faça uma lista mental de todas as coisas que têm em comum. Se olhar de perto, muitas vezes ficará surpreso com quantas coisas você tem em comum com o outro, mas que nunca percebeu antes. Pode ser que vocês dois tenham empregos que amem e sua cidade favorita seja Berlim. E aposto que, da próxima vez que o vir, esses traços em comum serão bem mais óbvios para você.

Passei boa parte da minha vida achando que meu pai e eu éramos radicalmente diferentes a respeito de nossos interesses. Como resultado, perdemos um valioso tempo juntos. No entanto, eu poderia facilmente apenas focar nossas semelhanças. Por exemplo, ele também é um grande fã de música. Na verdade, como um de seus projetos de aposentadoria, ele escreveu recentemente um romance sobre músicos de jazz na década de 1920 (o que significa que nós dois também somos escritores; uma outra coisa em comum).

Quando começar a observar ativamente pessoas que considera diferentes de você, perceberá todo um conjunto de traços em comum que estavam na sua cara o tempo todo. Se fizer isso com frequência e com pessoas o suficiente, esses esquemas mentais ficarão cada vez mais consolidados, até que enxergar similaridades se tornará algo natural.

Identifique Pontos de Concordância

A área em comum é algo precioso em interações persuasivas. Na realidade, crenças compartilhadas devem estar em destaque. Se notar que uma discussão está tomando um rumo conflituoso, enfatizar a área em comum é uma ótima forma de controlar suas próprias tendências, ao mesmo tempo que abre espaço para a persuasão.

Ao sinalizar e dar destaque a esses pontos de concordância, você não está apenas mudando sua própria atitude; está deixando explícito para o outro que, em grande parte, vocês dois estão na mesma página acerca do que precisa acontecer — estão apenas barganhando os detalhes. Nesse ponto, o diálogo deixa de ser uma competição ressentida do tipo "o vencedor leva tudo" e passa a ser uma conversa sobre como atingir um objetivo que vocês dois enxergam como valioso. Isso lhe deixa muito bem posicionado para influenciar as opiniões da outra pessoa em relação ao assunto.

 RECAPITULANDO

Os seres humanos têm muito mais semelhanças do que diferenças — só não somos muito bons em nos lembrar disso.

Uma atitude que enfatize as semelhanças pode permitir encontrar uma área comum com qualquer pessoa com quem falemos e dar ao nosso público a sensação de que todos já estamos do mesmo lado. Pessoas hábeis em enxergar coisas em comum em vez de diferenças também acham muito mais fácil se relacionar com pessoas com diferentes bagagens, experiências, idades e níveis de hierarquia.

Adotar um ponto de vista fundamentado nas semelhanças é fácil, contanto que você esteja disposto a se esforçar. Esse processo começa com as seguintes técnicas:

1. Escolha enfatizar as semelhanças.
2. Exercite a percepção de traços em comum.
3. Apele para pontos de concordância.

Ter como ponto de partida a consciência de que as pessoas são mais ou menos iguais a você ajudará a trazê-las para o seu lado.

Afinal, somos apenas 0,1% diferentes.

CONSIDERAÇÕES FINAIS
PRINCÍPIO 3: EMPATIA

Em geral, a persuasão expressiva envolve se relacionar com pessoas que discordam de você. Para fazer isso de forma eficiente, é preciso ser capaz de avaliar situações a partir de perspectivas alternativas e entender por que as pessoas têm pontos de vista diferentes do seu. É preciso ter empatia.

Há três hábitos essenciais que ajudam a construir a personalidade empática que beneficiará seu poder de persuasão.

Faça com que Se Trate do Outro

Pessoas realmente empáticas desenvolveram uma curiosidade natural a respeito daqueles ao seu redor. Elas iniciam conversas incisivas sobre tópicos que são relevantes e significativos para seus interlocutores. Buscam e obtêm conhecimentos sobre culturas e modos de vida diferentes, a fim de entenderem os outros mais profundamente. E elas ouvem e aprendem muito mais do que julgam. Como resultado, quando se trata de exercer influência, elas se valem de uma imagem muito mais precisa e detalhada de como os outros enxergam o mundo.

Busque Colaboração

Pessoas empáticas também são mais ávidas a se juntar a outras para atingir metas em comum, seja no trabalho, em sua comunidade, família ou entre amigos. Elas enxergam valor em unir forças com pessoas com bagagens e áreas de especialidade diversas. Por essa razão, os outros ficam muito mais propensos a vê-las como membros do mesmo time — uma percepção que talvez seja mais importante do que qualquer outra, quando se trata de mudar mentalidades.

Enxergue Semelhanças, Não Diferenças

Por fim, o tipo de empatia que descrevi exige uma atitude que enfatize nossa humanidade em comum. As pessoas têm muito mais semelhanças do que diferenças. E, quando enfatizamos demais as diferenças de raça, gênero, níveis de riqueza e educação formal ou grupos de afinidade, contribuímos para a perda de terreno comum e para a construção de barreiras entre as pessoas, o que torna a persuasão um desafio.

Considerar todos os indivíduos como iguais o tornará mais acessível, além de possibilitar que você converse com quase qualquer um. Isso também encorajará as pessoas a devolver o favor, deixando-o em uma boa posição de persuasão.

Entenda o outro, e o outro o entenderá.

PRINCÍPIO 4

EXPRESSIVIDADE

A
ex-
pressivi-
dade é uma
conexão profun-
da e emocional com
coisas mais substanciais
do que nossas preocupações
cotidianas a respeito de dinheiro, prazer, status e identidade.

A expressividade é um compromisso
com valores e princípios pessoais.

Tentar tornar meus esforços mais expressivos
— mais alinhados a algo eterno e universal — é um
aspecto importante da minha carreira. A Mekanism se orgulha de desenvolver "o espírito e a ciência do storytelling".
Contamos histórias que demonstram não apenas um alto nível
de habilidade técnica, mas também uma sensibilidade emocional em
relação ao que é mais importante para nós.

Se você puder levar uma vida motivada por algo além do prático e do imediato, a influência fluirá.

Capítulo 10

a importância da busca de habilidades

É possível voar sem motores, mas não sem conhecimento e habilidade.

— Wilbur Wright

O tipo mais poderoso de persuasão é aquele que flui de uma personalidade bem construída. Quando trabalhamos para desenvolver determinados traços e habilidades pessoais, as pessoas percebem.

Alguns dos hábitos e propensões que abordei — incluindo respeito, positividade e generosidade —, em geral, se referem a nossas interações com outras pessoas. Mas nossa personalidade não se revela apenas nas maneiras como damos conta do mundo social; ela também fica evidente em nossa abordagem do trabalho e de nossos interesses.

E por trabalho não quero dizer apenas as coisas que somos pagos para fazer, embora isso com certeza faça parte. Refiro-me a algo muito mais amplo: qualquer tarefa ou projeto ao qual nos dedicamos, independentemente do contexto. Isso inclui tudo, desde fazer o jantar até planejar uma viagem, aprender um instrumento musical ou arrasar no escritório.

O que suas técnicas na cozinha ou suas habilidades no violino têm a ver com persuasão? Bom, se persuasão se trata de personalidade, e sua relação com o trabalho é uma janela para sua personalidade, muito. Não é difícil de enxergar. A pessoa que habitualmente pega atalhos e se conforma com "bom o suficiente" na maioria das coisas nunca vai ser muito influente. Na verdade, "Quem se importa com o que ele acha?" seria uma resposta comum para uma pessoa dessas.

Pense no atleta profissional, no chef celebridade, no músico ou em algum outro indivíduo altamente qualificado. Essas pessoas não apenas exercem influência; elas a exercem em domínios muito além de sua própria área de especialidade. Quando exprimem uma opinião política, pode virar notícia nacional. Quando recomendam um livro, promovem um tênis ou boicotam uma marca, conseguem mover mercados. Elas conquistaram essa influência demonstrando o foco e a intensidade necessárias para se sobressair em algo difícil. É por isso que Bono sai por aí com Dalai Lama e Robert Downey Jr. se encontra com a Rainha da Inglaterra.

Curiosamente, o poder persuasivo dessas pessoas incrivelmente talentosas pouco tem a ver com o que sabemos sobre elas no campo pessoal. Muitas vezes, não temos como julgar o quanto são instruídas, o quanto seu julgamento é sólido ou o quanto são honestas. Em vez disso, sua influência deriva de sua relação com sua habilidade.

Felizmente, esse tipo de persuasão não exige o domínio de determinada habilidade, apenas necessita de uma abordagem séria, rigorosa e habilidosa de qualquer tarefa ou projeto ao qual escolhermos nos dedicar. Ou seja, exige uma preocupação com a realização bem feita e de forma adequada das coisas — não apenas fazê-las o mais rápido, barato e eficientemente possível. É uma abordagem que chamo de "busca de habilidades". E, ao adotar uma ética de trabalho de busca de habilidades — evitando alternativas baratas e baseando-se unicamente em truques de produtividade, também conhecidos como *life hacks* —, você acabará exteriorizando o tipo de personalidade que carrega influência.

Pessoas Habilidosas São Mais Persuasivas

Quando alguém leva um nível de competência ou uma aspiração à competência a suas buscas, isso tende a se manifestar de inúmeras pequenas formas. E, muitas vezes, não é necessário um especialista para reconhecer quando alguém é habilidoso. Por exemplo, conseguimos identificar uma boa esquiadora apenas pela forma como ela fica de pé no topo da montanha, antes mesmo de empurrar os bastões. Eu não entendo muito de dança, mas consigo dizer quando alguém é um ótimo dançarino. É isso que queremos dizer quando falamos que alguém parece "saber o que está fazendo". E, pela mesma lógica, a maioria de nós consegue identificar de maneira instintiva quando uma pessoa está fingindo ou mentindo que sabe mais do que realmente sabe.

Essas avaliações da competência e da seriedade de alguém também formam nossa noção de quem essa pessoa é como indivíduo. É por isso que, quando pressionamos alguém a mostrar completamente suas habilidades, muitas vezes usamos a frase: "Mostre-nos do que é capaz." Quando nos lançamos no mundo ao nosso redor com nossos talentos, desnudamos nossas almas.

Além do mais, a percepção de uma pessoa como alguém competente e bem treinada em alguma área lhe atribui um ar de autoridade. É mais fácil confiar em indivíduos que, por hábito, dedicam tempo para fazer as coisas de forma hábil e atenciosa, e suas opiniões são mais importantes para nós. Essa é uma das razões pelas quais o apoio de celebridades é uma técnica testada e comprovada na minha área. O apoio de LeBron James, Justin Timberlake ou Taylor Swift a um produto lhe confere peso e pode ter um efeito significativo no comportamento do público. É por isso que a campanha It's On Us, lançada com a ajuda de rostos famosos, tem a possibilidade de mudar a mentalidade a respeito da cultura do estupro nos campi das faculdades. É por isso que a Pepsi criou uma campanha em torno de Beyoncé. É por isso que Michael Jordan ainda ajuda a vender tênis, dezesseis anos depois de parar de jogar basquete. Habilidade nunca sai de moda.

O poder do apoio de celebridades é bem documentado. Por exemplo, um estudo recente feito por Anita Elberse, da Harvard Business School, e Jeroen Verleun, do Barclays Capital, descobriu que o apoio de atletas aumenta, em média, 4% as vendas de marcas. E, quando um esportista conquista um grande feito, a tendência é que as vendas dos produtos que eles promovem sejam turbinadas.[1]

Por que isso funciona? Em parte, é claro, porque celebridades são rostos familiares. Mas isso também ocorre porque essas pessoas são as melhores no que fazem. Elas trazem ao seu trabalho um nível de excelência e de habilidade incomparáveis. E o fato de manterem padrões tão altos traz relevância a suas opiniões — e oferece ao resto de nós uma boa razão para seguir suas indicações.

A maioria das celebridades que estão no topo de suas profissões também devotou-se a algo maior do que apenas o sucesso financeiro. Ninguém dedicaria tempo para se tornar um atleta, ator ou chef de elite se não valorizasse fazer um ótimo trabalho por si só, afinal, existem formas mais fáceis e seguras de enriquecer. E essa conexão com algo profundo e eterno — o que chamo de *expressividade* — tem uma qualidade magnética que contribui muito com o poder de persuasão de alguém.

Consideremos uma pesquisa recente que pediu aos norte-americanos para citar as pessoas mais confiáveis do país. No primeiro lugar da lista estava Tom Hanks. Se pararmos para pensar, essa é uma descoberta bem estranha. A maioria de nós nunca conheceu Hanks em pessoa e nem vai. Além disso, não há evidências reais de que ele seja, digamos, um pensador brilhante, uma fonte confiável de fatos ou mesmo uma pessoa bem-intencionada. Até onde sabemos, ele poderia ser um mentiroso compulsivo.

As pessoas que confiam nele não estão baseando essa confiança em nada racional. Sua noção de confiança é resultado de uma única coisa: Tom Hanks é um ator incrivelmente habilidoso.[2] Ele pode ter feito alguns filmes ruins ao longo da carreira, e provavelmente fará mais alguns no futuro. Mas raramente, se é que já aconteceu, entregou uma performance ruim, apenas fingiu ou mentiu saber o que estava fazendo em um papel. Ele é alguém que executa seu trabalho com competência e seriedade extraordinárias.

O mesmo pode ser dito de outras celebridades que figuram no Top 10 da lista — incluindo Meryl Streep e Maya Angelou. Elas também trabalharam para serem as profissionais mais habilidosas de suas áreas. E essa habilidade se traduz em influência.

Ou pense na recente virada de carreira do ex-campeão mundial de xadrez, Garry Kasparov. Aos 40 e poucos anos, depois de deter o título por duas décadas, Kasparov se aposentou do esporte e se tornou um dos defensores dos direitos humanos, da liberdade de expressão e da democracia mais veementes do mundo — assim como um dos adversários mais francos de Vladimir Putin. Ele até concorreu à presidência da Rússia em 2007. Isso de um homem que passou a maior parte da vida estudando um jogo de tabuleiro.

O que o tornou ótimo no xadrez foi algo que apenas seus companheiros Grande Mestres conseguem entender. No entanto, para todas as outras pessoas, o fato de que ele dominou algo difícil e complicado ao longo de anos de trabalho duro diz algo sobre sua personalidade. As pessoas o escutam; prestam atenção.

Da mesma forma, em 2016, quando Colin Kaepernick insistiu em se ajoelhar durante a execução do hino nacional norte-americano para conscientizar as pessoas da desigualdade racial nos Estados Unidos, desencadeou uma conversa nacional sobre brutalidade policial e reforma da justiça criminal, entre outras coisas. Se ele não estivesse entre os melhores do mundo no que faz, poucos teriam se importado com seu envolvimento nesse pequeno ato de protesto não violento. O fato de ele ser tão habilidoso e estar jogando em um nível tão alto deu a suas ações e crenças um peso imenso. Como resultado, seu protesto se tornou uma notícia nacional, conhecida por quase toda a população do país.

De forma diferente, a razão pela qual eu estou mais disposto a acreditar em uma reportagem do *New York Times* ou do *Wall Street Journal* do que em algo que vi em algum blog ou em algum especialista do Twitter é que sei que os jornalistas desses veículos dão muito valor a exercer bem a sua função. Eles trabalharam durante anos para desenvolver suas habilidades de encontrar fontes respeitáveis, relatar fatos de forma clara e precisa, aprimorar seu julgamento e escrever com técnica e exatidão. Se alguma dessas publicações traz algum tópico ou incidente que valha a pena conhecer, eu presto mais atenção.

A maior parte de nós nunca será LeBron James, Tom Hanks ou Adele. Contudo, a enorme influência de figuras como essas é a prova da conexão entre ética de trabalho e persuasão. E, só porque a maioria de nós nunca jogará na NBA ou ganhará um Oscar, não significa que não podemos trazer um nível de competência e seriedade ao que fazemos.

Os outros percebem quando dedicamos tempo a realizar atividades com habilidade e nos empenhamos para melhorar constantemente. E, na maior parte das situações, essa competência incontestável deixa as pessoas muito mais dispostas a confiar em nós e a realmente considerar nossas opiniões.

É isso que quero dizer com busca de habilidades: *uma abordagem do trabalho que tem por objetivo a competência e o aperfeiçoamento.*

Infelizmente, toda a ideia de busca de habilidades é vista com reprovação pelas atuais abordagens de trabalho mais populares. Pense nos truques de produtividade. Essa filosofia envolve adotar os atalhos certos para alavancar a produtividade com o mínimo de esforço. Em todos os lugares para onde olhamos, as pessoas estão distribuindo conselhos sobre como maximizar sua eficiência eliminando trabalho desnecessário. Isso pode envolver usar modelos de e-mails para disparar de nossa caixa de entrada, ouvir audiolivros enquanto tomamos café da manhã ou adotar um método mais rápido de dobrar a roupa limpa. Sem dúvida, alguns desses truques podem até ser úteis. E, às vezes, minimizar a quantidade de tempo que gastamos com essas tarefas tediosas abre o espaço necessário para atividades mais significativas e fundamentadas em habilidades.

Por exemplo, meu grande amigo Tim Ferris é um mestre em aprimorar sua eficiência de maneiras que tornam a vida mais recompensadora. Na verdade, ele é o melhor exemplo do tipo de mentalidade de busca de habilidades que defendo. Mais do que qualquer pessoa que eu conheço, Tim é excelente em decompor habilidades complexas de maneiras que lhe permitem dominá-las rápida e profundamente — seja cozinhar, falar uma língua estrangeira, dançar ou lutar boxe chinês.[3] Ele está em uma constante busca de habilidades, e seus insights e suas conquistas continuam sendo uma enorme inspiração.

Truques de produtividade, ou *life hacks*, são diferentes. A palavra "hack" vem do mundo da tecnologia, no qual, de acordo com uma definição, significa: "Uma solução grosseira para um problema. Nesse sentido, o truque dá conta do serviço, mas de maneira ineficiente, insatisfatória ou malfeita."[4] Um truque pode ser bom para determinado momento, e talvez até ajude quando estamos atolados. Mas eu não acho que devem ser um estilo de vida.

Em último caso, toda a ideia por trás dessa filosofia é que cada segundo de nossa vida desperta deve ser usado da forma mais eficiente possível. Somos mais do que abelhas operárias — somos pessoas com paixões, valores, propósitos e almas. E substituir essas fontes de significado por algo frio e mecânico como eficiência ou produtividade é cruel. Em quem você prefere confiar: na pessoa que está sempre procurando um atalho eficiente ou naquela que não se importa em se esforçar um pouco mais quando a situação exige?

Do outro lado do espectro, há vários gurus de negócios que dirão que, se quisermos fazer nossa startup decolar, o único segredo de verdade é investir tanto tempo e trabalho quanto possível — viver a dor. Essa ideia pode ser associada ao que Malcolm Gladwell chama de regra das 10 mil horas: são necessárias 10 mil horas de execução de uma atividade para dominá-la (aproximadamente 90 minutos por dia durante 20 anos). Tim Ferris argumentaria que, mesmo que os dados apontem 10 mil horas para maioria das pessoas, grande parte delas aprende as coisas da forma errada — ou, como ele sugeriria, da maneira *demorada*. Ferris argumenta que a qualidade da prática supera de longe a quantidade.

Mais uma vez, nenhuma das concepções está totalmente errada. Sem horas de prática, nunca seremos bons em nada. E, sim, lançar um negócio exige um grande comprometimento de tempo. Mas se concentrar unicamente nisso é um erro. Apenas trabalhar por muitas horas não significa que estamos mais perto de nossos objetivos. Na verdade, chegar no trabalho cedo e sair de madrugada é um total desperdício de tempo se não for bem gasto.

Entretanto, para novos empreendedores, é comum sentir que está fazendo algo de errado se não estiver ocupado o tempo todo.

EXPRESSIVIDADE 231

Isso pode levar a uma compulsão por trabalhar o máximo possível — não para atingir o sucesso, mas simplesmente para se manter ocupado. Nat Eliason, empreendedor e escritor, chama esse tipo de atitude de "vício em sofrimento", um fenômeno que ele descreve como: "Uma obsessão masoquista por se esforçar mais, ouvir as pessoas lhe dizendo para trabalhar mais duro e propagandear o quanto você trabalha duro." Ele aponta que isso pode ter algumas consequências terríveis, como levar donos de negócios a gastar fortunas para manter sua empreitada depois que ela já mostrou ser um fracasso. Eles confundem trabalho duro com sucesso e avanço, mesmo quando sua empresa não está indo a lugar nenhum.[5] Acham que, se apenas trabalharem mais, tudo entrará nos eixos. Mas não. Cultuar o trabalho pelo trabalho em si é um erro.

Aquela pessoa que gasta cada hora disponível se concentrando unicamente em fazer a própria empresa crescer ou apenas em maximizar a própria riqueza, provavelmente, não é alguém que consideraremos muito confiável. É fácil sentir que pessoas assim só se interessam por si, e que elas alegremente nos jogariam morro abaixo se isso as deixasse um pouco mais próximas de outra conquista.

E há ainda aquela pessoa que trabalha horas a fio como forma de mostrar seu valor e status para aqueles ao seu redor. Ela nunca perde uma oportunidade de assumir um novo projeto e parece demonstrar um contentamento perverso em expressar o quanto está estressada, sofrendo de privação de sono e sobrecarregada. Para esse tipo de pessoa, apenas estar ocupada parece ser a própria recompensa — contanto que todo mundo em volta saiba o quanto ela está ocupada.

Se você trabalha em um escritório, provavelmente já encontrou esse tipo muitas vezes. Pessoas assim não são exatamente persuasivas, não importa sua opinião sobre elas. Na verdade, elas tendem a contagiar os outros com estresse e insegurança, afastando-os em vez de atraí-los.

A busca de habilidades fica entre esses dois extremos; é um meio-termo saudável. Seu objetivo deve ser evitar todas essas armadilhas desenvolvendo uma abordagem equilibrada do trabalho, que tenha como meta fazer as coisas bem e com competência. Não exagere ao ponto da obsessão maníaca ou do "vício em sofrimento" masoquista, mas também não apele sempre para atalhos. E o primeiro passo para isso é adotar uma mentalidade baseada em habilidades.

Mude para a Busca de Habilidades

Enquanto a mentalidade baseada em tarefas se concentra apenas em riscar coisas da lista, não importando o processo, a mentalidade de busca de habilidades valoriza tanto o processo quanto o resultado produzido.

A diferença entre as duas abordagens é a diferença entre, por um lado, aprender uma única ótima receita e, por outro lado, estudar os fundamentos da cozinha; entre estudar loucamente para uma prova e dominar uma área de conhecimento; entre contar calorias e adotar uma dieta saudável e equilibrada.

De fato, o conceito de busca de habilidades está no cerne da persuasão expressiva. Esta abordagem evita truques e atalhos (estratégias baseadas em tarefas) em favor da persuasão, que resulta de hábitos e traços de personalidade (habilidades) profundamente arraigados. Quando abraçar a atitude de busca de habilidades, a forma como você se dedica ao projeto mudará. Você não focará mais somente os resultados e começará a enxergar as atividades em termos das habilidades necessárias para executá-las bem.

Imagine que você gostaria de perder alguns quilos antes de uma viagem à praia que está chegando. Dessa perspectiva, seu objetivo é ter determinada aparência, e o caminho para chegar a ela é irrelevante. Se você mudar para uma mentalidade baseada em habilidades, toda a natureza do projeto se transforma. A questão deixa de ser "Qual o caminho mais fácil para perder peso?" e passa a "Do que preciso para entrar em forma?". Entrar em forma é algo que exige habilidade — por exemplo, a habilidade de entender como seu corpo reage a alimentação e exercícios, de incorporar atividades físicas ao seu dia a dia, de preparar e comer alimentos nutritivos e de se exercitar corretamente. A boa forma em si é a habilidade do corpo de funcionar de forma adequada.

Se abordar o projeto dessa forma, você não apenas terá uma aparência melhor em Maui — estará mais saudável, em melhor forma e mais forte. Terá adquirido habilidades que pode aplicar depois a várias outras situações. Pode haver maneiras mais rápidas de perder peso, mas você nunca se arrependerá de investir tempo extra para atingir melhorias duradouras e que têm benefícios mais substanciais do que apenas ter um corpo bonito na praia.

Digamos que seu chefe lhe atribuiu um projeto que exige usar um novo software com o qual você ainda não tem muita familiaridade. Você pode passar essa parte do projeto para um colega que é especialista no programa (o que eu quase certamente faria). Mas também pode ver a situação como uma oportunidade de desenvolver uma nova habilidade. Isso pode significar chegar mais cedo para assistir a tutoriais sobre o software no YouTube ou levar trabalho para casa no fim de semana, para aprender na base da tentativa e erro. Mais uma vez, este não é o caminho mais direto para executar a tarefa, mas, no final, você terá desenvolvido uma nova habilidade — que poderá ser útil de formas que não imaginou.

Quanto mais puder contar com habilidades para os projetos certos, e não com truques, alternativas ou se matar de trabalhar, mais essas habilidades se tornarão uma parte natural de você. Conforme isso acontece, não será mais necessário contar com procedimentos conscientes; você será capaz de agir instintivamente, usando seu julgamento inconsciente para guiar seu comportamento.

Pense só: uma pianista que investe anos de prática para aprender a tocar o instrumento de forma habilidosa consegue deixar a música fluir sem pensar. Os aspectos técnicos de sua performance se tornam automáticos. Este é o ponto alto da eficiência. Mas é o tipo de eficiência que não surge à custa da alta qualidade.

Tão importante quanto, alguém que encara projetos a partir de uma mentalidade baseada em habilidades mostra uma determinada personalidade. Essa pessoa demonstra ser do tipo que valoriza fazer as coisas de forma adequada, mesmo que isso signifique investir mais tempo e esforço. Esse tipo de personalidade nos torna inerentemente confiáveis e influentes.

Como, Não Apenas o Quê

Genericamente falando, uma mentalidade baseada em habilidades é aquela que valoriza a forma como alguma coisa é feita tanto quanto o resultado final. O *como* importa tanto quanto *o quê*. E os benefícios persuasivos deste tipo de pensamento não se aplicam apenas a pessoas. Na verdade, nos últimos anos, as marcas reconheceram que sua influência sobre os consumidores depende muito de como elas negociam — não apenas da qualidade do produto ou serviço que entregam.

Isso explica a recente explosão de produtos feitos de forma ética e sustentável e obtidos a partir de políticas justas de mercado. Por exemplo, a Patagonia, empresa australiana de roupas, resume sua missão da seguinte forma: "Criar o melhor produto, não causar danos desnecessários, usar o negócio para inspirar e implementar soluções para a crise ambiental."[6] Enquanto isso, a Apple fez um grande alarde em relação a fabricar seus computadores mais recentes com alumínio 100% reciclado e a usar apenas fontes de energia renováveis em suas instalações.[7]

Até o Walmart, empresa que, para muitos, é a personificação da eficiência até o último centavo, está colocando mais ênfase na forma como faz as coisas. A marca definiu metas agressivas para reduzir as emissões de gases de efeito estufa, diminuir o desperdício em suas operações e obter produtos de maneira responsável.[8]

O que essas marcas perceberam é que a forma como negociam tem tanto peso nas decisões de compra do consumidor quanto o que vendem. É claro que deve haver uma maneira mais barata, rápida e eficiente de produzir determinado produto. Porém, ao demonstrar disposição para fazer as coisas adequadamente, um número crescente de marcas revela algo sobre sua personalidade ao qual sabe que o consumidor responderá.

A Arte de Viver com Habilidades

Logo, como aplicar essa abordagem de busca de habilidades ao trabalho? Afinal, o número de horas no dia é limitado. E, a menos que você seja Leonardo da Vinci, tornar-se perito em tudo o que faz não é uma meta realista. Felizmente, o tipo de vida baseada em habilidades que defendo não exige que você se torne um virtuoso em tudo — apenas que encare projetos com o objetivo de adquirir e aperfeiçoar suas habilidades. Pode ser que você nunca passe de um violinista mediano ou um cozinheiro razoável. Mas, enquanto buscar ser mais competente nessas habilidades sempre que executá-las, você terá abraçado com sucesso a atitude baseada em habilidades.

Se vale a pena fazer algo, vale a pena fazê-lo bem. E o que conta como "bem" só pode ser aprendido ao dividir e encarar a atividade com foco e intenção — em vez de tentar apenas terminá-la logo.

Existem várias estratégias poderosas para colocar essa ideia em prática.

Prática Deliberada

Talvez a parte mais essencial de adquirir qualquer habilidade seja aprender a adotar o que o psicólogo Anders Ericsson chama de "prática deliberada". Este é um tipo de prática focada e sistemática, criado para nos tirar de nossa zona de conforto. É o oposto da decoreba ou de apenas "brincar".

Pegar um violão e começar a tocar distraidamente não é prática deliberada. Focar toda a sua atenção em um solo específico difícil de executar, perceber onde você está errando e corrigir conscientemente — isso, sim, é prática deliberada.[9]

Uma parte importante da prática deliberada é saber quando parar. Considerando que esse tipo de prática exige um nível alto de energia e foco, é melhor executá-la em suaves prestações. Se você se esforçar demais, o cansaço pode se instalar e você começa a ficar descuidado. Logo, tentar fazer o máximo possível na menor quantidade de tempo é um erro. Em vez disso, seu objetivo deve ser praticar da forma mais atenta que conseguir pelo maior tempo possível. Quando sentir o foco decaindo, pare.

Os Dois Anos de Busca de Habilidades

Esta é bem direta. Se quiser ter uma vida definida pela competência, você não pode parar de aprender. E uma forma de fazê-lo é escolhendo uma grande nova habilidade a cada dois anos. Pode ser fotografia, surfe ou tricô. O importante é que você esteja genuinamente motivado a aprendê-la — não a dominá-la, mas a aprendê-la.

Mais uma vez, Tim Ferris é um ótimo exemplo. Ele transformou a aquisição regular de novas habilidades em um estilo de vida. E essa é a principal razão pela qual ele tem um público tão devotado. Mesmo pessoas que nem sempre concordam com ele o levam muito a sério. E isso ocorre porque ele demonstra um alto grau de seriedade em tudo o que faz.

Se fizer isso por tempo o suficiente e com atividades o suficiente, você se acostumará com os padrões de aquisição de uma nova habilidade, o que, por sua vez, o tornará melhor aluno e o ajudará a se tornar uma pessoa mais competente em diferentes áreas da vida.

A maior dificuldade é superar o período inicial, quando somos péssimos na habilidade. Ao adquirir o hábito de aprender novas habilidades regularmente, vemos que o começo aparentemente impossível é apenas uma parte inevitável do processo, e não algo com o que ficar frustrado.

Minha Experiência "Pugilística"

Minhas próprias aventuras recentes no ringue de boxe oferecem um exemplo útil dos benefícios que podem surgir de adquirir novas habilidades com regularidade. Interessei-me pelo esporte há quase dois anos e esperava pegar o jeito rapidamente. Não poderia ser muito difícil! Afinal, existem apenas seis golpes para dominar: jab, cruzado, gancho direito e esquerdo, e uppercut direito e esquerdo.

Peguei o jeito da técnica depois de apenas alguns meses de trabalho com um treinador e fui para minha primeira luta, cheio de confiança e com o que achei que parecia ser uma estratégia

238 A EXPRESSIVA ARTE *da* PERSUASÃO

sólida. Mas, como Mike Tyson disse uma vez: "Todo mundo tem um plano até levar um soco na boca."[10]

No meu caso, o medo de levar um soco não era bem um problema. Na realidade, o problema era o oposto: eu não ligava de apanhar como a maioria das pessoas. Mas eu tinha a tendência de ir em direção ao meu oponente rápido demais. Eu era um lutador swarmer, ou seja, de curta distância, mas sem a habilidade. Isso fez com que meus golpes fossem suprimidos — eu me aproximava demais e não conseguia atingir meu oponente com eficiência. Como resultado, fiquei vulnerável. E, mais ou menos lá pelo terceiro round, eu havia apanhado mais do que batido.

Meu erro foi confiar demais em minha força inata (minha disposição para apanhar) em vez que dedicar tempo para trabalhar as técnicas-chave, que não eram naturais para mim (como a posição dos pés e esquivas). Achei que havia encontrado o caminho de menor resistência. Este foi um jeito bem doloroso de aprender o valor de fazer as coisas da maneira certa.

Hoje em dia, treino com meu técnico para aperfeiçoar meus golpes, meu bloqueio, a posição dos pés — em outras palavras, foco o básico e as habilidades. Melhorei muito na parte técnica. Acho mais fácil manter a boa forma e controlar a mente, mesmo quando fico agitado nas lutas. Conforme as habilidades principais que aprendo se tornam cada vez mais naturais, melhoro no improviso e na reação a situações inesperadas. Consigo avaliar cada aula em termos de se aprimorei ou não minhas habilidades. E isso ainda levará muitos anos de trabalho.

O que descobri é que o que aprendi ao me envolver nesse tipo de prática deliberada de boxe é aplicável ao aprendizado de habilidades em qualquer outra área. Por exemplo, o boxe me ensinou a me manter disciplinado mesmo quando estou sentindo dor ou desconforto; a não me sentir desencorajado quando algo não é natural; e como conselhos que podem parecer idiotas ou ultrapassados quando ouvimos pela primeira vez podem se tornar indispensáveis quando adquirimos um pouco de experiência. Essas lições não se aplicam apenas ao boxe; aplicam-se a tudo.

Não existe crescimento no conforto.

Paixões, Não Passatempos

Se você tem um passatempo no qual já gasta muito tempo, pare de pensar nele como diversão e comece a considerá-lo uma paixão — o domínio de uma habilidade ou de um conhecimento que você valoriza por si só e no qual se esforça para melhorar. Em vez de usar essa atividade como forma de matar o tempo de maneira prazerosa, trate-a como uma busca que exige prática deliberada.

Talvez você goste de jogar basquete amador no parque todo fim de semana, mas raramente invista tempo em trabalhar seu lance livre e melhorar seus arremessos de três pontos. Basta meia hora extra de prática deliberada antes ou depois de seu próximo jogo para transformar esse passatempo simples em uma habilidade genuína. Se joga pôquer uma vez por mês com seus amigos e adora, pare de pensar nisso como uma atividade social ocasional e invista algum tempo em estudar estratégia, busque dicas de jogadores melhores e aprimore sua performance a cada vez que jogar. Talvez você até consiga aprender a contar cartas.

Da mesma forma, se você for fã de uma banda ou filme específico, faça o necessário para se tornar um especialista. Leia quaisquer críticas que encontrar e busque trabalhos obscuros que nunca encontrou antes. Assim, você transformará sua diversão casual em um compromisso habilidoso — o que sempre é mais satisfatório.

Qualidade, Não Quantidade

É um clichê, eu sei, mas é verdade: é melhor fazer poucas coisas com competência do que ser terrível em uma longa lista de atividades. Na prática, isso significa evitar tarefas que não temos tempo de executar com habilidade e foco, ou que não contribuam com nosso aprimoramento em nenhum aspecto real. Nem sempre isso é possível.

Por exemplo, muitas pessoas se sentem compelidas a se voluntariar em projetos ou se envolver em pequenas tarefas no trabalho, mesmo que essas atividades não sejam essenciais para sua função atual. Como resultado, sua atenção fica dividida em segmentos cada vez menores, o que dilui a qualidade geral do trabalho que executam e as impede de melhorar habilidades que realmente são importantes para elas.

Em vez disso, sinta-se confortável para recusar coisas que não sejam essenciais para seus objetivos maiores, sejam eles profissionais ou pessoais. Isso pode significar escolher não ser a décima quarta pessoa em uma reunião que não é, realmente, relevante para seus projetos atuais ou não responder a todas as conversas de e-mail que surgem em sua caixa de entrada. Use esse tempo extra para executar seu trabalho de verdade com foco, cuidado e habilidade.

Fatos Diretos

Quando se trata de persuasão, uma das habilidades mais importantes para se desenvolver é a de lidar com fatos com competência e responsabilidade. Pessoas conhecidas por lidar bem com fatos e que se destacam por distinguir informações certas das erradas são mais confiáveis e, como resultado, mais influentes. Quando elas falam, as outras ouvem, pois o que dizem provavelmente é verdade.

Em contrapartida, alguém que não respeita os fatos é inerentemente não confiável, quase por definição. Não é coincidência que advogados de defesa tentem enfraquecer a história da testemunha buscando pequenas inconsistências em seu depoimento. Usando desta artimanha, esses advogados tentam retratar a testemunha como alguém que não respeita a veracidade dos fatos e, portanto, a quem não vale a pena ouvir.

Aprender a tratar fatos com um alto nível de respeito exige prática consciente. Especificamente, exige um tipo de vigilância aprendida que considera a maioria das informações como suspeitas até que você mesmo tenha conferido sua veracidade. Estar consciente a respeito de informações factuais também significa desenvolver a habilidade de pesquisa. Se for citar uma estatística ou usar um exemplo histórico em uma conversa, assegure-se de ter feito o trabalho de determinar se o que você está dizendo é realmente o correto.

Até soltar uma informação aparentemente trivial pode gerar sérias repercussões para sua reputação e, portanto, para sua persuasão. Uma informação não ser importante para você não significa que ela não seja importante para seu público. E, se alguém no público for mais bem informado em um determinado assunto e perceber quando você entender algumas coisas de forma ligeiramente errônea, essa pessoa pode rapidamente criar a impressão de que você brinca com a verdade. Essa impressão o deixa em larga desvantagem, se seu objetivo for persuadir.

Na maior parte do tempo, esse devido cuidado passará despercebido — ficará oculto nos bastidores. No entanto, naquela única vez em que alguém lhe testar em uma reunião ou fizer uma pergunta surpresa, você estará preparado e com detalhes. Terá desenvolvido a reputação merecida de alguém que sabe do que está falando.

RECAPITULANDO

Nós nos aproximamos de pessoas que são ótimas no que fazem. Confiamos nelas, pedimos seus conselhos e as seguimos. Quando elas expressam uma opinião, nós a levamos a sério. Isso ocorre porque quando valorizamos e abordamos atividades com habilidade e foco, isso revela algo sobre nossa personalidade que, quando transparece, transmite uma tremenda influência em relação aos outros.

Logo, do ponto de vista da persuasão, a melhor maneira de começar qualquer projeto, seja ele pequeno ou grande, é enxergá-lo em termos das habilidades necessárias para executá-lo bem — e se comprometer a desenvolver e aprimorar essas habilidades. Essa é a busca de habilidades resumida. E ela vai ao encontro de um equilíbrio importante entre os truques de produtividade e a filosofia de trabalho masoquista de que "mais é mais e mais", que muitos reproduzem cegamente.

Você pode fazer a transição para essa abordagem baseada em habilidades considerando o seguinte:

1. Prática deliberada.
2. Dois anos de busca de habilidades.
3. Paixões, não passatempos.
4. Qualidade, não quantidade.
5. Fatos diretos.

Com o tempo, os altos padrões e o compromisso com a qualidade que você demonstrar começarão a defini-lo sob o olhar dos outros.

Se conseguir alcançar esse patamar, não apenas mais habilidades, mas mais influência surgirá.

Capítulo 11

luz pessoal

*Se a minha mente pode conceber e o meu coração pode
acreditar, então eu posso alcançar.*

— Muhammad Ali

A persuasão é a arte de influenciar as ações e as crenças dos
outros. Existem várias maneiras de fazer isso: você pode intimidar as pessoas, pagá-las, assustá-las, apelar para seus interesses
próprios ou culpá-las. Mas não existe melhor motivação no mundo do que a inspiração.

Quando nos sentimos inspirados a alcançar uma meta ou
assumir uma posição, não estamos apenas motivados, mas motivados de uma forma afirmativa, prazerosa e empolgante. A
inspiração nos preenche com uma sensação de possibilidade e
nos dá a determinação para nos esforçarmos além de nossos limites normais. Ela nos impele a sermos melhores do que somos.
Alimenta a alma.

Quando analisamos de perto, a maioria dos projetos que assumimos na vida começou em um momento de inspiração. Eu
aprendi a tocar um instrumento musical por causa da sensação
que tive depois de ouvir as linhas de baixo em "Love Will Tear Us

Apart", do Joy Division. Simples. Memoráveis. Para mim, lindas. Entrei na publicidade não por causa de quaisquer considerações práticas, mas porque, quando criança, eu amava o "Oh, yeah!" do personagem do Kool-Aid — a sorridente jarra antropomórfica que aparecia quebrando paredes e arruinava sua casa. As crianças gritavam: "Hey, Kool-Aid!", e ele aparecia com sua água doce e vermelha. Eu queria fazer parte dessa mágica de destruir a casa das pessoas com desenhos animados.

E quando alguém inspirador nos pede para fazer algo, é muito fácil responder sim. Se Jon Stewart aparecesse em meu escritório agora e pedisse meu carro emprestado, eu lhe jogaria as chaves.

Empenhar-se para ser inspirador no dia a dia é uma das estratégias mais poderosas para se tornar uma pessoa mais persuasiva. Não existe um único caminho para se tornar inspirador — como demonstra a grande diversidade de pessoas que nos inspiram. E, de certo modo, cada hábito e cada traço de personalidade discutido neste livro o ajudarão a se tornar mais inspirador. Se fizer o dever de casa para ser mais generoso, respeitoso e habilidoso com o storytelling, você desenvolverá uma personalidade que com certeza será fonte de inspiração para muitos. No entanto, inspirar os outros também se trata de viver uma vida de princípios, encorajar os outros a desafiar suas próprias preconcepções a respeito do que é possível e até fazer algum bem no mundo.

Ser inspirador não significa nunca cometer erros, afinal, somos todos humanos. Significa apenas que nosso objetivo é sempre dar o melhor para viver de acordo com nossos princípios pessoais.

Como a Inspiração Realmente Funciona

Quando penso nas figuras históricas mais inspiradoras, seja Harriet Tubman ou Albert Einstein, uma característica se destaca: todas demonstraram princípios e integridade extraordinários. Isto é, elas estavam dispostas a colocar suas crenças em prática, mesmo quando isso não era algo estimado e significasse arriscar seus próprios interesses imediatos. E, ao fazê-lo, foram capazes de mudar a forma como as pessoas ao seu redor pensavam e agiam.

Como boxeador, era incrível assistir a Muhammad Ali — uma combinação super-humana de técnica, tempo, velocidade e precisão excepcionais e talento puro. Porém, a verdadeira razão pela qual ele é inspirador está relacionada ao tempo que ele passou fora do ringue no fim dos anos 1960 e início da década de 1970. Em 1966, dois anos após ganhar o campeonato peso pesado aos 22 anos, Ali se recusou a ser convocado para lutar na guerra do Vietnã. Ele se absteve por razões religiosas (era muçulmano praticante) e porque considerava a guerra em si injusta, segundo seus próprios princípios morais.

Nos anos que se seguiram, ele foi condenado por fugir da convocação e sentenciado a cinco anos de prisão. Metade do país o viu não como o objetor de consciência cheio de princípios que ele era, mas como um covarde. Embora tenha permanecido em liberdade durante a apelação da sentença, sua licença para lutar boxe foi revogada em todos os estados. Seu passaporte foi apreendido, o que o impediu de lutar fora do país, e ele perdeu o título de campeão peso pesado.

A força necessária para Ali se manter de pé como ele se manteve é incrível. Ele era um homem no auge de sua capacidade como boxeador, a quem foi negado o direito de praticar sua profissão. Ele poderia ter se apresentado, se comportado e feito o que as autoridades queriam que fizesse — se não por si mesmo, pela família. Mas ele não o fez. Em vez disso, viu seu auge atlético se esvair enquanto esperava sua apelação ser julgada no vagaroso sistema judicial norte-americano. Foi apenas em 1971 que a Suprema Corte finalmente revogou sua sentença em uma votação unânime.[1] Ele ficou fora do ringue durante quatro anos.

246 A EXPRESSIVA ARTE *da* PERSUASÃO

E foi apenas em 1974, já com 32 anos (muito velho para um boxeador na década de 1970, em especial para alguém que se fiava tanto na velocidade e na agilidade quanto Ali), que ele recuperou o título de peso pesado em uma luta contra um George Foreman de 25 anos de idade em Kinshasa, no Zaire.[2] Quem sabe o que ele poderia ter conquistado como lutador se lhe fosse permitido exercer sua atividade entre os 20 e tantos e os 30 e poucos anos!

Ali foi fiel aos seus princípios não apenas quando foi fácil, mas também quando ele sabia muito bem que isso poderia lhe custar sua fonte de subsistência e até sua liberdade. Ele declarou várias vezes que estava disposto a ir para a cadeia se esta fosse a decisão da corte. Passou anos difíceis, quase sem nenhum dinheiro no bolso. E, em vez de fugir secretamente para outro país, permaneceu sob o olhar do público, dando suas opiniões e inspirando os outros a ter a coragem de viver de acordo com as próprias convicções. Como se provou, a história ficou do lado de Ali, porém, na época, boa parte do país não valorizava suas opiniões.

Se ele tivesse cedido e dito o que precisava para manter sua licença de boxeador e ficar fora da cadeia, poucas pessoas razoáveis o teriam culpado. Nós pensaríamos: "Eu provavelmente teria feito o mesmo no lugar dele." Ele ter se mantido fiel aos próprios princípios elevou o padrão para todo o resto. Por causa de Ali, o resto do mundo teve uma desculpa a menos para pegar o caminho fácil quando nossos valores forem postos à prova. Comprometer nossos princípios ficou um pouco mais difícil.

É isso que figuras inspiradoras são capazes de fazer. Pessoas assim podem nos empurrar além de nossos limites naturais e nos oferecer a força e a motivação para fazer melhor. Elas conseguem nos persuadir a sermos a versão mais resoluta de nós mesmos.

Quebrando o Feitiço do Espectador

Esse tipo de comprometimento com os princípios pode ser extraordinariamente eficiente em influenciar o comportamento das pessoas. E, em muitas situações, basta apenas um indivíduo para inspirar uma onda de mudança e tirar as pessoas do que os psicólogos chamam de *efeito espectador*.

O efeito espectador foi explorado pela primeira vez pelos psicólogos John M. Darley e Bibb Latané no final dos anos 1960. Essa pesquisa surgiu em resposta ao assassinato da jovem de 28 anos Kitty Genovese, no Queens, em Nova York, em 1964. Ela foi brutalmente estuprada e esfaqueada até a morte na rua em frente ao seu apartamento uma noite. Na época, foi muito divulgado que dezenas de pessoas admitiram ter visto ou ouvido o evento, mas ninguém interferiu no ataque ou mesmo ligou para a polícia.[3]

Descobriu-se que o relato havia sido exagerado. Duas pessoas ligaram, sim, para a polícia. Porém, a versão falsa da história chamou a atenção do país e provocou o debate em torno de uma pergunta: por que ninguém interveio?

Essa foi a pergunta que Darley e Latané quiseram responder em seus experimentos, que viraram referência. A hipótese foi que, quanto mais pessoas testemunham uma crise, menor a chance de alguém interferir e fazer alguma coisa. E foi exatamente isso que a pesquisa demonstrou.

Em um dos experimentos, um aluno de graduação foi convidado a participar de uma discussão sobre problemas pessoais e a vida universitária. Durante a conversa, outro participante, que, na verdade, fazia parte do experimento, fingia ter algum tipo de convulsão. O objetivo do exercício era verificar se o primeiro estudante ajudaria a vítima, e caso sim, quanto tempo levaria. Mais que isso, o estudo analisou como essas respostas mudavam de acordo com a quantidade de pessoas que estavam presentes.

248 A EXPRESSIVA ARTE *da* PERSUASÃO

Obviamente, os alunos estavam muito mais dispostos a ajudar (e logo) quando não havia mais ninguém testemunhando a convulsão. Quanto maior o grupo de testemunhas, menor a probabilidade de os estudantes intervirem. Aqueles que tentaram ajudar, no entanto, esperaram mais quando o grupo era maior.[4]

Ou seja, quando estamos entre muitas pessoas, é muito mais fácil não fazermos nada — sermos espectadores — em situações que pedem alguma ação. Isso ocorre até quando não agir significa violar nossos princípios éticos mais comuns, como "Quando alguém está em apuros, devemos ajudar".

De acordo com Darley e Latané, uma causa possível do efeito espectador é o fenômeno conhecido como *difusão de responsabilidade*. Quando existem muitas pessoas ao nosso redor, sentimos que nossa própria obrigação de ajudar alguém é, de algum modo, menos potente, o que nos deixa mais inclinados a relaxar e não fazer nada. Da mesma forma, qualquer culpa por não agir também é distribuída entre o grupo.[5] Pensamos: "Se ninguém está fazendo nada, por que eu deveria fazer?"

Essas descobertas são tristes para caramba. Mas existe um lado bom a ser constatado: quando alguém levanta e age, fica muito mais difícil para o resto das pessoas permanecer como meras expectadoras. Sério, basta apenas uma pessoa para quebrar o feitiço da difusão de responsabilidade e fazer as outras se sentirem compelidas a ajudar. E este é exatamente o papel que pessoas inspiradoras desempenham.

Podemos enxergar essa dinâmica em todos os lugares, se procurarmos. Por exemplo, se uma pessoa menos afortunada está pedindo dinheiro no metrô, com frequência nosso instinto é evitar contato visual e recusar dividir nossos trocados — até uma única pessoa lhe oferecer algumas notas ou mesmo algumas moedas. Aí, muitas vezes, percebemos as porteiras sendo abertas e todo mundo procurando qualquer quantia de que possa dispor. Também é por isso que programas de caridade continuam mostrando a contagem de quanto dinheiro os espectadores já doaram. (Essas tendências psicológicas podem ser manipuladas, é claro. Por exemplo, um músico de rua esperto muitas vezes põe um pouco do próprio dinheiro no chapéu antes de começar, para dar a impressão de que já ganhou algo.)

Pessoas inspiradoras não ditam o curso de ação correto. Ninguém precisa nos dizer que é certo dividir recursos com quem precisa ou proteger o meio ambiente. Em vez disso, essas pessoas nos impulsionam a defender princípios que já temos, e a resistir a nossas tendências mais insultantes e egoístas, inclusive nossa inclinação a sermos espectadores.

Foi exatamente o que aconteceu nos anos 1950, quando uma costureira negra de Montgomery, Alabama, chamada Rosa Parks se recusou a seguir as leis de segregação da cidade — especificamente a lei que exigia que pessoas negras se sentassem no fundo do ônibus. O absurdo e a crueldade das leis de Jim Crow eram óbvios para quem quisesse enxergar. No entanto, era raro que alguém se opusesse a elas.

Na quinta-feira, 1º de dezembro de 1955, no ônibus, voltando do trabalho na loja de departamento Montgomery Fair, foi solicitado que Parks cedesse seu lugar para um passageiro branco. O pedido foi ainda mais enfurecedor pelo fato de Parks já estar sentada na seção do ônibus para "pessoas de cor". A seção "branca" estava cheia. Então, para criar mais espaço para os passageiros brancos, o motorista pediu que Parks e outras três pessoas se levantassem. Ela não aceitou. E, com uma resposta simples, "Hoje não", ela se recusou a ser uma espectadora. Esse é o exemplo mais significativo da história do poder do não.

Como ela explicou mais tarde: "As pessoas sempre dizem que eu não cedi meu lugar porque estava cansada, mas não é verdade. Eu não estava fisicamente cansada… Não, só estava cansada de ceder."[6]

250 A EXPRESSIVA ARTE *da* PERSUASÃO

Seu extraordinário ato de desobediência civil a fez ser levada sob custódia pela polícia. Dias depois, foi condenada por conduta desordeira, mas apelou da decisão. Sua prisão e seu julgamento inspiraram um boicote em grande escala do sistema de ônibus da cidade, que durou mais de um ano — um protesto hoje histórico liderado por ninguém menos que um Martin Luther King Jr. de 26 anos de idade. E sua apelação acabou chegando à Suprema Corte em 1956, que decidiu a favor de Parks. Essa decisão levou à dessegregação do sistema de ônibus de Montgomey e abriu caminho para a Lei dos Direitos Civis, de 1964.[7] Tudo isso porque uma única pessoa rechaçou leis que violavam sua própria noção de integridade, igualdade e valor próprio. Ela não era a única pessoa que reconhecia que essas leis eram uma atrocidade moral; no entanto, estava entre as poucas que se recusaram a ceder ao efeito espectador. Como resultado, ela ajudou a remodelar a história.

Outro de meus exemplos favoritos desse princípio em ação envolve o pioneiro do ecodesign David Gottfried. Depois de trabalhar como construtor por anos, Gottfried se deu conta de quanto dano ambiental era causado por projetos de construção. Ele percebeu que a profissão que beneficiava sua carteira também prejudicava o planeta. Isso foi há 25 anos, em uma época em que o impacto ambiental das construções era a última coisa que passava pela cabeça de construtores e arquitetos ao iniciar novos projetos. Talvez mais do que qualquer outra pessoa, Gottfried foi quem mudou essas normas — e não apenas nos Estados Unidos, mas no mundo inteiro. Ele usou suas habilidades e sua rede de contatos para inspirar mudanças.

Na década de 1990, cofundou duas organizações: o U.S. Green Building Council e o World Green Building Council. Juntos, esses grupos criaram um movimento global com o objetivo de preservar nosso planeta por meio de construções sustentáveis. Perceptivelmente, Gottfried foi a força motriz por trás da certificação Leadership in Energy and Environmental Design

(LEED). Ela consiste em um sistema de classificação da adequação ambiental de uma construção, com base em uma variedade de fatores, desde materiais e recursos usados até a eficiência energética e de água, além de seus efeitos na qualidade do ar e na saúde dos ocupantes.

Atualmente, a certificação LEED é um requisito-padrão para todos os tipos de projetos de construção no planeta. De fato, construções com certificação LEED podem ser encontradas em 167 países. E estima-se que, todos os dias, aproximadamente 205 mil quilômetros quadrados de imóveis recebam essa certificação.[8] Em comparação à sua alternativa, construções com certificado LEED produzem 34% menos poluição de CO_2 e consumem 25% menos energia.[9]

É difícil exagerar as consequências disso. Muitos dos prédios que construímos hoje permanecerão aqui por gerações — o que significa que as decisões que tomamos agora terão enormes consequências para o meio ambiente em longo prazo. Considere que as construções são responsáveis por aproximadamente 40% das emissões de CO_2 dos Estados Unidos.[10] Assegurando que as construções atuais façam um uso eficiente de recursos e energia e gerem o mínimo de poluição, podemos fazer um progresso tremendo em direção a proteger o planeta. Este foi o insight que motivou Gottfried.

A determinação dessa única pessoa já criou benefícios imensos para nossa saúde e nosso meio ambiente — e continuará criando por séculos. Como Gottfried explicou uma vez: "Todos nós somos o átomo da mudança. Se pudermos ser ecológicos e tornar nossa esfera de influência ecológica, que compreende milhões e bilhões de pessoas, isso pode criar a gigantesca onda de transformação necessária."[11] Isso mostra que não importa qual é a sua área ou profissão, sempre é possível descobrir uma forma de fazer o bem com base em habilidades, rede de contatos e conhecimentos que você já tem.

Quando ninguém ajuda ou cuida do meio ambiente, podemos nos convencer de que não há problema em não fazer nada. Mas a maioria de nós é melhor que isso; basta sermos honestos conosco. Em nossos corações, sabemos muito bem quando é necessário agir. E, quando uma única pessoa responde a esse chamado, fica mais difícil para o resto de nós ficar parados. Pensamos: "Se essa pessoa consegue fazer alguma coisa, qual é a minha desculpa?"

É assim que pessoas inspiradoras exercem influência.

Até um Publicitário Pode Fazer o Bem

Durante grande parte da minha vida adulta, me considerei uma pessoa razoavelmente ética. Eu tinha minhas crenças e tentava me manter informado sobre os principais problemas do mundo. Apoiei candidatos nos quais acreditava de verdade e tinha conversas sérias em festas sobre a situação de nossa comunidade e do país. Nunca fiz nada em relação a isso — principalmente porque achava que os maiores desafios atuais eram grandes demais para que uma pessoa como eu causasse algum efeito. Sabe, aquele clássico pensamento de espectador. Mas o negócio é: viver uma vida com princípios não é a mesma coisa que ter conversas sérias. Há uma enorme diferença entre ter uma ideia e seguir com uma ideia. Como dizem por aí, falar é fácil.

Percebi esse fato depois da parceria com o ex-vice-presidente Joe Biden na campanha It's On Us. Não foi coincidência que esse movimento buscasse combater o efeito espectador ao encorajar todos os norte-americanos a se levantar e fazer sua parte para evitar ataques sexuais nos campi. Nós reconhecemos que o que possibilita esses terríveis crimes é nossa relutância em nos responsabilizar, sair da multidão e evitar ataques sexuais antes que eles aconteçam.

Nos anos que se passaram desde a campanha, levei essa percepção ao próximo nível ao cofundar uma organização chamada Creative Alliance. A ideia era ter acesso a algumas das empresas mais criativas do mundo para ajudar a conceber campanhas com o objetivo de realizar mudanças sociais reais.

A Creative Alliance foca quatro questões principais:

1. Combate ao ódio e à discriminação.
2. Igualdade de gênero.
3. Acesso à educação.
4. Engajamento civil.

Começamos com apenas nove parceiras quatro anos atrás. Hoje, temos mais de noventa empresas emprestando seus talentos e expertise para a organização, incluindo figuras de peso como CAA, Broadway Video, Comedy Central, MTV e agências de publicidade incríveis, como 72&Sunny, BBH, Subrosa, In Good Co e Havas. Conseguimos recrutar essas organizações, em grande parte, quebrando o feitiço do efeito expectador.

Para muitas de nossas empresas parceiras, o pitch foi completamente baseado na inspiração: "Estamos dispostos a usar nosso tempo, nossas energias, nossos recursos e nossa expertise para promover um verdadeiro bem social, em vez de apenas vender produtos. Você não quer se unir a nós e ajudar a liderar uma campanha com a qual realmente se importa?" Quando dizemos para uma pessoa que ela pode usar seus poderes para o bem, ela se ilumina.

Até hoje, lideramos mais de oito iniciativas com o objetivo de ajudar jovens a acessar o ensino superior, lutar contra a discriminação e promover a igualdade de gêneros.[12] Uma das iniciativas mais recentes da Creative Alliance, a #VoteTogether, tinha como objetivo aumentar a participação nas eleições organizando festas de bairro, churrascos e outros eventos próximos a locais de votação. Queremos encorajar indivíduos, famílias e comunidades a enxergar a participação democrática como uma oportunidade de se reunir e celebrar — em vez de uma fonte de divergências. Também temos alguns princípios inspiradores nos guiando: "Propósito em vez de Lucro", "Colaboração em vez de Competição" e "Movimentos, não Momentos".

Ao construir algo do zero, é sempre útil criar princípios fundadores inspiradores para iluminar o caminho à frente. Se alguém me dissesse alguns anos atrás que eu poderia ter um pequeno papel no aumento do número de estudantes de ensino superior ou na luta pela igualdade de gêneros, eu não teria acreditado. Teria dito que pessoas como eu não têm tempo e nem habilidade para fazer essas coisas. Esta é uma desculpa esfarrapada que se transforma em profecia autorrealizável. Acontece que pessoas como eu e você, na verdade, podem, sim, fazer essas coisas, basta tomar a simples decisão de agir.

Essa é minha forma de me recusar a ser um expectador face a problemas sociais urgentes. E a ideia unificadora por trás de todas essas iniciativas é que todos nós podemos fazer o mesmo. Todos temos o poder de desenvolver nossas habilidades para fazer algo bom — enquanto ganhamos dinheiro.

Convencendo por Meio da Autoridade Pessoal

Um dos benefícios do hábito de nos esforçar para transformar nossos valores em ações é que, com o tempo, ganhamos a fama de fazer o que dizemos de maneiras que realmente importam. E isso nos concede autoridade pessoal.

Tendemos a confiar que as decisões de quem tem este tipo de autoridade estão corretas. Nossa impressão natural dessas pessoas é que elas são sinceras, bem-intencionadas e se importam com as coisas certas. Se os outros o percebem dessa forma, são grandes as chances de que eles sigam sua liderança quando você expressar uma opinião.

Martin Luther King Jr. é o melhor exemplo dessa dinâmica em ação. Foi devido à sua extraordinária autoridade — conquistada ao longo de anos de liderança, estudos e devoção à igualdade social — que ele foi capaz de convencer membros do movimento pelos direitos civis de lutar pela causa de forma *não violenta*. Naquele período, houve muitos impulsos de enfrentar essa disputa política por meio da violência. Isso era absolutamente compreensível, considerando a história de séculos de subjugação que afeta a comunidade afro-americana até os dias atuais. Mas King, praticamente sozinho, persuadiu os ativistas de seu tempo a perseguir sua causa por meios não violentos — por vezes, enquanto eles mesmos sofriam violências brutais nas mãos de seus oponentes. Ele conquistou um feito considerável, não com argumentos, propagandas ou pela força, mas exercendo sua autoridade arduamente adquirida.

O resultado foi uma das revoltas políticas não violentas mais excepcionais da história. O boicote aos ônibus de Montgomery, a Marcha sobre Washington e as Marchas de Selma a Montgomery permanecem como modelos de ativismo político pacífico que ainda são emulados no mundo inteiro.[13]

Novamente, esse é um exemplo muito elevado de como a inspiração pode transmitir influência. No entanto, é algo que todos podemos aplicar em nossas vidas. Quando desenvolvemos a reputação de agir a partir de princípios e de nos importar com o que é certo, as pessoas ficam muito mais dispostas a nos seguir e a levar nossa opinião a sério.

Como Ser Inspirador

Não há um caminho único para inspirar aqueles ao nosso redor. O potencial inspirador de alguém sempre tem a ver com a época e as circunstâncias específicas daquela pessoa. Mas existem algumas coisas que podemos fazer para desenvolver o tipo de personalidade que provavelmente vai inspirar os outros.

Pregue Menos

Não há nada de errado em falar aos quatro ventos sobre as questões do dia. Essa também é a coisa mais fácil de se fazer no mundo, graças, em grande parte, a nossas incrivelmente sofisticadas tecnologias da informação. Em uma tarde, nosso feed do Twitter nos bombardeia com todo tipo de opiniões e crenças inflamadas, boa parte delas sendo posicionamentos vazios.

Converter nossos compromissos em ações é muito mais difícil, e é por isso que não vemos isso acontecer com frequência. Porém, as pessoas que nos inspiram de verdade são aquelas que levantam a bunda e fazem sua parte para transformar suas crenças em realidade, mesmo que de forma ínfima e incremental.

Foi o que David Gottfried fez com a certificação LEED e o que eu fiz quando ajudei a fundar a Creative Alliance. Mas você não precisa iniciar um movimento ou fazer algo tão elevado para seguir seus princípios. Transformar seus valores em ações pode ser tão simples quanto ajudar uma criança com a lição de matemática. Faça qualquer coisa com a qual se importe. E você pode começar observando quais habilidades desenvolveu em alguma área com a qual esteja familiarizado. Isso aumenta as chances de sucesso.

Quando esse tipo de engajamento se tornar parte de quem você é, suas palavras ganharão muito mais peso.

Use Seus Poderes para o Bem

Todos nós somos bons em alguma coisa. E uma maneira de agir de acordo com nossas crenças mais profundas é descobrir como usar nossos dons característicos em prol de uma causa. Você é um escritor talentoso? Procure uma organização sem fins lucrativos na qual acredita e se ofereça para ajudá-la a criar uma mensagem atrativa. Tem experiência como consultor financeiro? Encontre uma forma de passar seu conhecimento a membros menos afortunados de sua comunidade que estejam passando por problemas financeiros. Eu sou publicitário — alguém que ganha a vida vendendo cerveja e hidratante labial — e até eu consegui usar minhas habilidades para realizar mudanças sociais.

Não importa qual é o seu talento; apenas se certifique de também fazer alguma coisa para usar esses poderes para melhorar a vida de outras pessoas, e não apenas para servir aos seus próprios interesses e aos de seus empregadores. É isso que meu parceiro Josh Coombes tem feito, e com resultados profundos. Até pouco tempo atrás, Josh trabalhava como cabeleireiro em um salão em Londres. Ele sempre sentiu uma enorme compaixão pela população de rua da cidade, mas se achava impotente para fazer alguma coisa. Como um cabeleireiro pode gerar impacto na vida de pessoas sem-teto? Então, três anos atrás, ele teve uma epifania transformadora: e se usasse suas habilidades como cabeleireiro para melhorar a vida dos menos afortunados de Londres? Ele pegou sua mochila, foi para a rua e passou uma hora cortando o cabelo de um homem desabrigado. Sua esperança era que, ao usar suas habilidades dessa forma, ele pudesse oferecer uma pouco mais de confiança às pessoas que mais precisavam dela.

No entanto, o que logo descobriu foi que o corte de cabelo era apenas um veículo para a conexão humana, uma conexão tão recompensadora para ele quanto para aqueles cujos cabelos eram cortados. E, depois de fazer isso várias vezes, passou a enxergar esses cortes como uma forma de conhecer pessoas e compartilhar as próprias paixões, medos e ansiedades. Depois de cada corte, tanto Josh quanto a outra pessoa se sentiam diferentes — um pouco mais humanos, um pouco mais compreendidos e um pouco menos desamparados. De fato, quando fala sobre isso, ele destaca que as experiências que compartilha com as pessoas sem-teto são tão importantes para ele quanto são para elas.

Ele começou a postar histórias do que estava fazendo no Instagram — completas com imagens de antes e depois dos cortes — com a hashtag #DoSomethingForNothing [#FaçaAlgoPorNada]. Foi quando eu o descobri. Toda a ideia de usar habilidades para melhorar o mundo sem dúvida é algo importante para mim, e eu queria conhecer Josh melhor. Também queria compartilhar o que ele estava fazendo com o pessoal na Mekanism. Então, entrei em contato com ele e o convidei para falar na conferência anual da agência.

A conferência é um evento muito especial para a empresa. É a única ocasião do ano em que todas as equipes dos nossos quatro escritórios se juntam em um só lugar. Vemos essa como uma oportunidade de nos afastar do trabalho cotidiano, recarregar as baterias, focar o panorama geral e, acima de tudo, nos inspirar. É difícil ouvir sobre o que Josh faz sem se sentir inspirado. Logo, eu sabia que ele seria um acréscimo perfeito para as festividades, que naquele ano aconteceriam no México. Josh nunca havia palestrado em um evento, mas adorou a ideia e rapidamente concordou em fazer a viagem. Ele mandou muito bem.

Desde os primeiros posts no Instagram, os esforços de Josh se transformaram no movimento #DoSomethingForNothing, que inspirou vários outros a seguirem seu exemplo. Por exemplo, a veterinária Jade Statt iniciou um esforço que batizou de StreetVet, que tem como objetivo ajudar desabrigados a cuidar melhor de seus cães oferecendo tudo, de vacinas a cirurgias.[14] Enquanto isso, a fotógrafa Tatjana Hoffman fundou a There Is Hope Models, uma agência de modelos que inclui desabrigados de Londres e tem o objetivo de mudar a forma como os menos afortunados da cidade são vistos — e como essas pessoas se veem.[15]

Quando alguém pergunta a Josh como se envolver no #DoSomethingForNothing, a resposta dele é simples: escreva três coisas que gosta de fazer e para as quais tenha habilidade. Então, escreva três questões das quais seja entusiasta. Ele explica: "Quando colocamos uma lista ao lado da outra e as observamos por um tempo, facilmente encontramos formas de ligar os pontos."

O exemplo de Josh demonstra que não é preciso mudar o curso da história para melhorar as vidas das pessoas neste momento. Só precisamos oferecer algo de valor para alguém que necessite. Até uma coisa aparentemente corriqueira, como um corte de cabelo, pode mudar vidas.

Usar suas capacidades, quaisquer que elas sejam, para o bem é o caminho mais direto para a integridade e o propósito pessoais. Por integridade, quero dizer o tipo de harmonia pessoal criada quando nossas habilidades, nossos valores e nossos objetivos se alinham.

Encontre Sua Causa

Escolher uma causa que valha seu tempo e sua energia pode ser uma tarefa apavorante. Desde que me envolvi no ativismo social, fiquei impressionado com o número de organizações incríveis — assim como ativistas isolados — fazendo um ótimo trabalho ao abordar algumas questões. Mas como decidir onde depositar nossas energias?

É provável que você já tenha uma causa do coração ou, pelo menos, um assunto geral que acredita necessitar mais atenção do que está recebendo. Talvez seja a reforma da justiça criminal, os direitos dos veteranos ou as doenças raras. Pode ser um problema enfrentado pela sua comunidade local, ou apenas do seu bairro. Comece pesquisando e aprendendo os pormenores de qualquer tópico que chame a sua atenção naturalmente. Depois de formar uma opinião clara sobre ele, encontre organizações que estão fazendo progresso de forma que ressoe em você. Recursos como GiveWell.org ou Philanthropedia [conteúdos em inglês] podem ser guias úteis nessa fase de busca.

Depois de reduzir a sua lista a poucos grupos, mergulhe nos materiais impressos deles — pesquisas, relatórios anuais, qualquer coisa em que conseguir pôr as mãos. Se a missão deles ainda ressoar em você, ligue para esses grupos e fale com alguém que já esteja envolvido. O mais importante: pergunte como você pode ajudar.

Recomendo também que você se limite a uma ou duas grandes causas. A qualidade é mais importante que a quantidade. Assim sendo, concentre-se em atividades e organizações nas quais acredita que suas contribuições terão maior impacto.

Recorra a Seus Heróis

Fico impressionado como raramente ocorre às pessoas entrar em contato com os heróis que as inspiram. Tendemos a pensar que aqueles que fizeram grandes coisas são, de alguma forma, super-humanos — abençoados com algum talento especial que falta em nós, meros mortais. Mas esse tipo de pensamento pode, na verdade, nos impedir de nos envolver em questões que sejam importantes para nós.

As psicólogas Penelope Lockwood e Ziva Kunda analisaram a relação entre modelos de conduta e inspiração. E o que descobriram foi que, enquanto pessoas extraordinárias podem ser grandes fontes de motivação, elas também podem "levar ao desencorajamento e à autodesvalorização, em vez de à inspiração desejada. Isso provavelmente ocorre quando o modelo de conduta atingiu um sucesso inalcançável no domínio de interesse de alguém".[16] Isso faz sentido. Se é necessário alguém como Ghandi para efetuar uma mudança real no mundo, o que uma pessoa como você ou eu pode esperar realizar?

Mas adotar essa atitude é um erro. E uma forma de evitar esse equívoco é recorrer àqueles que o inspiram. Mande um e-mail, um tuíte ou uma DM ou aborde-os depois de um evento e se apresente. Comece uma conversa sobre seus valores compartilhados. Faça perguntas sobre como aquela pessoa chegou aonde está e o que você pode fazer para seguir seu exemplo. E depois convide-a para um café ou um almoço.

Muitas vezes, essas conversas não chegarão a lugar nenhum; você pode nem receber uma resposta ao seu e-mail. No entanto, pode ser que aprenda algo ou até comece uma relação que pode durar anos. Nesses casos, você começará a ver que essas figuras inspiradoras não são muito diferentes de você em vários aspectos. Como resultado, a ideia de que as conquistas delas estão fora do seu alcance começará a ruir. Eu ainda sou amigo de David Gottfried e Josh Coombes, e entrei em contato com eles para começar uma relação.

Você ficará surpreso com o quanto nossos modelos de conduta podem ser acessíveis. Muitos daqueles que temos alta consideração adoram orientar pessoas e repassar seus conhecimentos. E você ficaria surpreso com o pequeno número de pessoas que realmente os aborda, por ser algo intimidador.

Com o tempo, você desenvolverá uma rede de amigos e parceiros de conversa para os quais a integridade pessoal e fazer o bem são uma parte normal da vida. E isso o ajudará a manter padrões igualmente altos.

RECAPITULANDO

De todas as formas de persuadir uma pessoa a agir, a inspiração é, sem dúvida nenhuma, a mais profunda e, em vários casos, a mais poderosa. Se conseguir ser uma fonte de inspiração para os outros, raramente terá problemas para ter sua opinião levada a sério. Seus pontos de vista carregarão o peso da autoridade e as pessoas se desdobrarão para atender aos seus pedidos. Você terá atingido um tipo de influência que vai muito além da venda, da retórica ou da barganha. Esse poder de persuasão emanará diretamente de sua alma.

Tornar-se uma fonte de inspiração é um projeto desafiador e para toda a vida. Envolve se esforçar constantemente para agir de acordo com seus princípios. Talvez as figuras mais importantes e inspiradoras tenham desenvolvido uma alta capacidade de resistir ao efeito espectador e se destacar da multidão quando seus valores exigem ação.

As pessoas mais inspiradoras:

1. Pregam menos e praticam mais.
2. Usam suas capacidades para o bem.
3. Buscam causas que disseminem seus valores.
4. Recorrem aos seus heróis.

Se adotar esses hábitos e transformá-los em parte do seu dia a dia, você definitivamente se tornará o tipo de pessoa que oferece aos outros uma razão para agir, em vez de uma desculpa para não fazer nada.

Você se tornará uma fonte de inspiração.

CONSIDERAÇÕES FINAIS
PRINCÍPIO 4: EXPRESSIVIDADE

A persuasão moderna não precisa ser uma atividade inexpressiva. Pelo contrário, as formas mais inspiradoras e estimulantes de influência são aquelas que ressoam profundamente em nossas almas. Quando alguém nos inspira apenas pela força da personalidade, coisas antes difíceis podem parecer fáceis e ideias que você considerava totalmente erradas podem ganhar nova plausibilidade, e até magnetismo.

Esse tipo de experiência define a persuasão expressiva.

Palavras Finais

"Persuasão" se tornou uma palavra negativa na cultura atual, e o meu próprio setor, a publicidade, contribuiu para isso.

A ideia de que a persuasão — e, especificamente, a publicidade — é uma atividade nefasta remonta, no mínimo, ao livro de 1957 do crítico social Vance Packard, *The Hidden Persuaders* [sem publicação no Brasil]. Em sua obra de referência, Packard revelou as maneiras como os publicitários da época usavam pesquisas da área da psicologia para virar os desejos inconscientes dos consumidores contra eles próprios. Esta foi uma acusação nociva para a indústria e, de várias formas, nós talvez já esperássemos.

Mas *The Hidden Persuaders* não é um livro sobre persuasão. Quando a psicologia é usada como artifício para moldar as pessoas segundo nossos desejos, não se trata persuasão, mas de manipulação. E a manipulação é sempre indefensável.

Persuasão é diferente. Quando persuadimos uma pessoa, não a enganamos para que acredite em alguma coisa, e nem a forçamos a fazer algo que não faria se tivesse uma visão mais clara das coisas. Na verdade, nós a inspiramos a fazer uma escolha específica de livre e espontânea vontade. Deixamos que ela tome a decisão.

Essa diferença crucial foi elucidada durante a eleição presidencial norte-americana de 2016, quando agentes estrangeiros abusaram das mídias sociais para influenciar a corrida injustamente. Trolls russos espalharam informações e secretamente atacaram os vieses inconscientes dos norte-americanos para atingir um resultado desejado. Em outras palavras, eles manipularam os eleitores.

Por outro lado, quando candidatos usam mídias sociais para destacar determinados fatos, revelar partes de sua personalidade, contar uma história específica a respeito do futuro do país ou chamar os eleitores a fazer a coisa certa, eles não estão trapaceando, estão fazendo um jogo justo. A razão é que eles estão persuadindo — não manipulando. Você pode não concordar, mas a escolha é sua. E essa escolha faz toda a diferença.

Quando alguém nos inspira a agir segundo nossas próprias piores tendências — de acordo com nossa noção de medo, ódio ou maldade —, isso também é uma forma de persuasão, e muito poderosa. Também é possível empregar técnicas persuasivas para fazer pessoas conscientemente lutarem em guerras injustas ou gastarem seu dinheiro de forma estúpida. A persuasão pode ser usada tanto para propósitos destrutivos quanto para construtivos.

Por que a Persuasão É Importante

Não podemos esquecer que algumas das façanhas mais positivas da história da humanidade foram possibilitadas por ações de persuasão. Abraham Lincoln e Rosa Parks foram mestres da persuasão e usaram suas habilidades para combater injustiças morais descaradas. Se tivessem simplesmente esperado que as pessoas mudassem de ideia sozinhas, instituições como a escravização e a segregação teriam permanecido como norma por muito mais tempo. E a fonte de sua influência foi suas próprias personalidades.

O objetivo deste livro é trazer a ideia da persuasão para o século XXI, explorando uma abordagem que tira sua força não da negatividade e da divisão, mas dos aspectos mais louváveis e positivos de nossas personalidades. No mínimo, a persuasão é a forma mais positiva, produtiva e ética de mudar a cabeça das pessoas. Ela respeita completamente a ideia de que somos todos indivíduos livres e iguais e temos direito de tomar nossas próprias decisões por nossas próprias razões.

Ela também é uma ferramenta essencial para abordar os problemas mais desafiadores que encaramos agora. Acredito profundamente que a persuasão é o único recurso que temos para vencer esse momento atual de conflito social, polarização política, desacordo tóxico e tribalismo.

Ainda assim, nossa conversa como sociedade não visa a persuasão. Sejam artigos de opinião ou "textões" nas mídias sociais, nossos principais meios de comunicação servem apenas para reforçar nossas crenças existentes e representar aqueles que discordam de nós como inferiores, retrógrados ou mesmo maus. Nossos debates públicos se tornaram brigas de torcida. Essas tendências sociais nos colocaram uns contra os outros e levaram nossas instituições à beira do colapso.

Essa situação é simplesmente insustentável, especialmente em uma sociedade tão diversa e individualista quanto a nossa. Se quisermos viver bem juntos, precisamos ser capazes de fazer as pessoas enxergarem o nosso ponto de vista sem forçá-las, envergonhá-las ou censurar seu discurso, mas convencendo-as. Persuadindo-as.

A Volta da Personalidade

Há uma razão para sermos otimistas, porque nosso momento atual também trouxe à tona a importância da personalidade. Vários movimentos sociais em torno de questões como raça, igualdade de gênero e inclusão começaram a elevar as expectativas a respeito de como conduzimos nossas vidas privadas e públicas. Tendências pessoais que antes eram ignoradas ou, pelo menos, toleradas — comentários humilhantes no local de trabalho, racismo, bullying e sexismo — agora são consideradas inaceitáveis.

Ao mesmo tempo, práticas corporativas antiéticas também estão recebendo o escrutínio minucioso que merecem. Maneiras antigas de fazer as coisas — sejam técnicas de produção prejudiciais ao meio ambiente, exploração do trabalho ou uso descuidado e impróprio de dados de consumidores — estão sendo punidas. O produto finalizado ou o resultado final não é mais a única coisa que importa no mundo corporativo. Os valores que motivam uma empresa e a maneira como ela se impõe no mundo — ou seja, sua personalidade — agora são componentes necessários para o sucesso em longo prazo.

Como resultado dessa mudança cultural moderna, a influência está mais proximamente ligada à personalidade do que nunca. Apenas apoiar as crenças certas com palavras não é mais suficiente. Precisamos incorporar essas crenças em nosso dia a dia: na maneira como tratamos aqueles à nossa volta, interagimos com nossa comunidade e colegas e demonstramos respeito por aqueles com culturas, bagagens e tradições diferentes. Nossas novas normas estão apenas começando a tomar forma. E ainda há muito progresso a ser feito.

PALAVRAS FINAIS 269

O Presente Pede Persuasão Expressiva

Reunidas, as forças que moldam nossa cultura atualmente tornaram a discussão da persuasão expressiva ainda mais urgente. Todos nós precisamos ser persuasores expressivos melhores. E o caminho para a persuasão eficiente começa no trabalho de nossas próprias personalidades. Se quisermos exercer influência, precisamos nos tornar o tipo de pessoa com que as outras querem genuinamente concordar — alguém original, generoso, empático e expressivo. E seguir essas práticas ajuda a formar hábitos.

HÁBITO 1: *Ser você, mesmo que seja estranho* dificulta que os outros o vejam como falso ou manipulador e permite que o reconheçam como um indivíduo único.

HÁBITO 2: *O poder do storytelling* o ajudará a reformular questões controversas e oferecer o seu ponto de vista de maneira que ressoe em um nível humano.

HÁBITO 3: *Nunca fechar negócio* e evitar a "venda direta" o ajudará a demonstrar que você se importa com outras coisas além do seu próprio ganho imediato.

HÁBITO 4: *Doe-se*, buscando oferecer algo a cada interação. Assim, você pavimentará o caminho para a cooperação.

HÁBITO 5: *A atração da positividade* combate as emoções negativas que nos separam.

HÁBITO 6: *Um pouco de respeito* pode neutralizar o pensamento "nós contra eles" da parte de seu público.

HÁBITO 7: *Não sou eu, somos nós* é a habilidade de enxergar as coisas da perspectiva do outro. Identificar-se de verdade com o ponto de vista do outro possibilitará que você satisfaça os termos do seu público e o guie até um novo ponto de vista.

HÁBITO 8: *A colaboração* levará os outros a enxergá-lo como um membro do próprio time, deixando-os muito mais propensos a ficar do seu lado agora e no futuro.

HÁBITO 9: *Encontrar uma área comum* basicamente envolve aprender a enxergar as pessoas como semelhantes. Isso suprimirá as tendências tribais de seu próprio pensamento e ajudará a motivar os outros a fazer o mesmo.

HÁBITO 10: *A busca de habilidades* traz um alto nível de competência a tudo o que você faz, conferindo-lhe uma autoridade inata, que carrega uma influência real.

HÁBITO 11: *Ser uma fonte de inspiração* ajudará os outros a superar suas próprias limitações normais e se juntar a você em suas buscas positivas.

Decisivamente, essas práticas não podem ser adotadas apenas em um nível superficial. Para que funcionem como fontes de persuasão, elas precisam estar tão profundamente entrelaçadas em nosso modo de vida a ponto de se tornarem espontâneas, naturais e inconscientes. Elas precisam ser uma *expressão* da sua alma.

Os quatro princípios centrais e os onze hábitos o tornarão uma pessoa mais positiva, mais feliz e com mais experiências recompensadoras. Esses traços também o tornarão mais influente em uma ampla gama de situações, tanto no âmbito pessoal quanto no profissional.

Fortalecer sua própria personalidade pode não ser o caminho mais curto para a influência, mas é o mais eficiente.

Se você conseguir enxergar o valor em se tornar alguém mais original, generoso, empático e expressivo, considere-se persuadido.

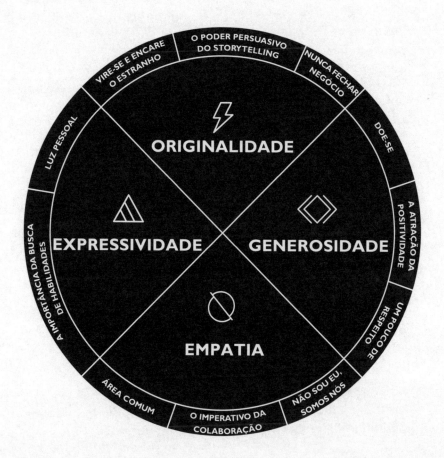

Notas

O Ponto de Partida

1. "Public Trust in Government: 1958–2017", Pew Research Center, 14 de dezembro de 2017; Art Swift, "Democrats' Confidence in Mass Media Rises Sharply from 2016", Gallup, 21 de setembro de 2017.

2. Casey Newton, "America Doesn't Trust Facebook", The Verge, 27 de outubro de 2017.

3. Natalie Jackson e Grace Sparks, "A Poll Finds Most Americans Don't Trust Public Opinion Polls", *Huffington Post*, 31 de março de 2017.

4. Frank Newport, "Congress Retains Low Honesty Rating", Gallup, 3 de dezembro de 2012.

274 NOTAS

Capítulo 1

1. Rob Sheffield, "Thanks, Starman: Why David Bowie Was the Greatest Rock Star Ever", *Rolling Stone*, 11 de janeiro de 2016.

2. https://www.nytimes.com/2018/08/29/obituaries/lindsay-kemp-dead. html; https://www.theguardian.com/music/2016/jan/11/david-bowie-death-worldwide-tributes-death-work-of-art [conteúdos em inglês].

3. Christopher Mcquade, "'I Loathed It': What David Bowie Learned from His Brief Spell in Adland", The Drum, 11 de janeiro de 2016.

4. Angela Natividad, "Alligator, Space Invader: The Many Faces of David Bowie in Advertising", *Adweek*, 11 de janeiro de 2016.

5. Aristotle, *Rhetoric*, trad. W. Rhys Roberts, I.2.

6. Leanne ten Brinke, Dayna Stimson e Dana R. Carney, "Some Evidence for Unconscious Lie Detection", *Psychological Science* 25, n⁰ 5 (2014).

7. ten Brinke, Stimson e Carney, "Some Evidence".

8. Pamela Tom, "The Unconscious Mind Can Detect a Liar — Even When the Conscious Mind Fails", comunicado de imprensa, Haas School of Business, Universidade da Califórnia, Berkeley, 27 de março de 2014.

9. Paul C. Price e Eric R. Stone, "Intuitive Evaluation of Likelihood Judgment Producers: Evidence for a Confidence Heuristic", *Journal of Behavioral Decision Making* 17, n⁰ 1 (2004): 39–57.

10. Lawrence Hosman, "Powerful and Powerless Speech Styles and Their Relationship to Perceived Dominance and Control", em *The Exercise of Power in Communication: Devices, Reception and Reaction*, editado por Rainer Schulze e Hanna Pishwa, 221–232 (Nova York: Palgrave Macmillan, 2015).

11. https://video.foxnews.com/v/5309865225001/#sp-show-clips [conteúdo em inglês].

12. Ezequias Rocha, "Sean McCabe", *Medium*, 8 de março de 2013.

Capítulo 2

1. Yuval Noah Harari, "Power and Imagination", http://www.ynharari.com/topic/power-and-imagination [conteúdo em inglês].

2. Daniel Smith et al., "Cooperation and the Evolution of Hunter-Gatherer Storytelling", *Nature Communications* 8 (2017): 1853.

3. Donald T. Phillips, *Lincoln on Leadership: Executive Strategies for Tough Times* (Nova York: Warner Books, 1992), 155.

4. Donald T. Phillips, *Lincoln Stories for Leaders: Influencing Others Through Storytelling* (Arlington, TX: Summit, 1997).

5. Doris Kearns Goodwin, *Team of Rivals: The Political Genius of Abraham Lincoln* (Nova York: Simon and Schuster, 2006), 713.

6. "Kiss — America's #1 Gold Record Award Winning Group of All Time", comunicado de imprensa, Recording Industry Association of America, 15 de setembro de 2015.

7. Mikey Baird, "Top 10 Krazy Kiss Merchandise", *Hit the Floor Magazine*, 14 de março de 2014; Action figures do Kiss: http:// www.kissarmywarehouse.com/action_figures_and_toys/; canivetes: https://www.budk.com/KISS-Black-Folding-Knife-in-Collectible-Tin-14990; protetores labiais: http://www.kiss armywarehouse.com/the-spaceman-blister-pack-lip-balm/; cheques bancários: https://www.bradfordexchangechecks.com/products/1801119001-KISSand153-Personal-Check-Designs.html [conteúdos em inglês].

8. Keith Caulfield, "15 Surprising Artists Without a No. 1 Album", *Billboard*, 11 de agosto de 2014.

9. Melanie C. Green e Timothy C. Brock, "The Role of Transportation in the Persuasiveness of Public Narratives", *Journal of Personality and Social Psychology* 79, nº 5 (2000): 701–721.

10. Jennifer Aaker, "How to Use Stories to Win Over Others" (video), Lean In, https://leanin.org/education/harnessing-the-power-of-stories [conteúdo em inglês]; Cody C. Delistraty, "The Psychological Comforts of Storytelling", *The Atlantic*, 2 de novembro de 2014.

11. Gus Cooney, Daniel T. Gilbert e Timothy D. Wilson, "The Novelty Penalty: Why Do People Like Talking About New Experiences

276 NOTAS

but Hearing About Old Ones?", *Psychological Science* 28, nº 3 (2017): 380–394.

12. Cooney, Gilbert e Wilson, "The Novelty Penalty".

13. Cooney, Gilbert e Wilson, "The Novelty Penalty".

14. Jonathan Haidt, *The Righteous Mind: Why Good People Are Divided by Politics and Religion* (Nova York: Vintage, 2013), 328 [publicado no Brasil como *A Mente Moralista: Por que pessoas boas são segregadas por política e religião*].

Capítulo 3

1. Tom Peters, "The Brand Called You", *Fast Company*, 31 de agosto de 1997.

2. "Maximizing Your Personal Brand", curso MKSB1-CE8500, School of Professional Studies, Universidade de Nova York; resultados da pesquisa de "marca pessoal" no Coursera, https://www.coursera.org/courses?languages=en&query=personal%20 branding [conteúdo em inglês].

3. Stacey Ross Cohen, "Personal Branding: A Must for the College-Bound, CEO and Everyone in Between", *Huffington Post*, atualizado em 6 de dezembro de 2017.

4. https://www.meaningful-brands.com/en [conteúdo em inglês].

5. Sivan Portal, Russell Abratt e Michael Bendixen, "Building a Human Brand: Brand Anthropomorphism Unravelled", *Business Horizons* 61, nº 3 (2018): 367–374.

6. "'I Am a Brand,' Pathetic Man Says", *The Onion*, 29 de novembro de 2012.

7. Tristan Cooper, "McDonald's Let the Internet Create Their Own Burgers and Guess What Happened", Dorkly, 20 de julho de 2016.

8. Connor Simpson, "The Internet Wants to Send Pitbull to an Alaskan Walmart", *Atlantic*, 30 de junho de 2012; Sophie Schillaci, "Pitbull 'Exiled' to Alaska, Poses with Stuffed Bear at Walmart", *Hollywood Reporter*, 30 de julho de 2012.

NOTAS 277

9. Todd Wasserman, "Congrats, Internet: Pitbull Is Going to Alaska", Mashable, 17 de julho 2012.

10. "Global Trust in Advertising: Winning Strategies for an Evolving Media Landscape", Nielsen, setembro de 2015.

11. Joshua David Stein, "The Unfamous Man Who Made Everything Famous", *GQ*, 5 de outubro de 2016.

12. "How a Punch in the Face Sparked Shep Gordon's Incredible Hollywood Career", CBS News, 12 de novembro de 2016.

13. Melissa Gomez, "They Bought a Ghost Town for $1.4 Million. Now They Want to Revive It", *New York Times*, 18 de julho de 2018.

14. Elaine Walster e Leon Festinger, "The Effectiveness of 'Overheard' Persuasive Communications", *Journal of Abnormal and Social Psychology* 65, nº 6 (1962): 395–402.

15. Brendan Gahan, "Limbic Resonance — The Science Behind the Success of YouTubers", 2 de dezembro de 2014, http://brendangahan.com/limbic-resonance-science-behind-success-youtubers [conteúdo em inglês].

16. Rip Empson, "Twitter Buys TweetDeck for $40 Million", TechCrunch, 23 de maio de 2011; Jason Kincaid, "Twitter Acquires Tweetie", TechCrunch, 9 de abril de 2010.

17. "How to Make Ads That Even Savvy Customers Trust", Kellogg Insight, Kellogg School of Management, Universidade Northwestern, 13 de abril de 2017.

Capítulo 4

1. Robert B. Cialdini, *Influence: Science and Practice* (Boston: Pear- son, 2009), 13 [publicado no Brasil como *As Armas da Persuasão: Como influenciar e não se deixar influenciar*].

2. "Principles of Persuasion" (vídeo), https://www.influenceat work.com/principles-of-persuasion [conteúdo em inglês].

3. Christian Smith, "What Makes Us Generous?", comunicado de imprensa, Universidade de Notre Dame, 27 de maio de 2014.

4. Atos 20:35.

278 NOTAS

5. Richard Alan Krieger, ed., *Civilization's Quotations: Life's Ideal* (Nova York: Algora, 2007).

6. Jordan Michael Smith, "Want to Be Happy? Stop Being So Cheap!", *New Republic,* 21 de setembro de 2014; Elizabeth W. Dunn, Lara B. Aknin e Michael I. Norton, "Prosocial Spending and Happiness: Using Money to Benefit Others Pays Off", *Current Directions in Psychological Science* 23, nº 1 (2014): 41–47; Ashley V. Whillans, Elizabeth W. Dunn, Gillian M. Sandstrom, Sally S. Dickerson e Ken M. Madden, "Is Spending Money on Others Good for Your Heart?", *Health Psychology* 35, nº 6 (2016): 574–583; Elizabeth Renter, "What Generosity Does to Your Brain and Life Expectancy", *US News and World Report,* 1º de maio de 2015.

7. Andrew W. Delton, Max M. Krasnow, Leda Cosmides e John Tooby, "Evolution of Direct Reciprocity Under Uncertainty Can Explain Human Generosity in One-Shot Encounters", *PNAS* 108, nº 32 (2011): 13335–13340.

8. Geoffrey Forden, "False Alarms in the Nuclear Age", PBS, 6de novembro de 2001; David Wright, "A Nuclear False Alarm That Looked Like the Real Thing", Union of Concerned Scientists, 9 de novembro de 2015.

9. Christian B. Miller, "True Generosity Involves More than Just Giving", Aeon, 4 de maio de 2018.

Capítulo 5

1. Robert Mann, "How the 'Daisy' Ad Changed Everything About Political Advertising", *Smithsonian Magazine,* 13 de abril de 2016.

2. Daniel J. O'Keefe e Jakob D. Jensen, "Do Loss-Framed Persuasive Messages Engender Greater Message Processing than Do Gain-Framed Messages? A Meta-Analytic Review", *Communication Studies* 59, nº 1 (2008): 51–67.

3. Stanley Schachter e Jerome E. Singer, "Cognitive, Social, and Physiological Determinants of Emotional State", *Psychological Review* 69, nº 5 (1962): 379–399.

NOTAS 279

4. John B. Judis, "Nobody Likes Mitt", *New Republic*, 13 de setembro de 2012.

5. Lynda Mae, Donal E. Carlston e John J. Skowronski, "Spontaneous Trait Transference to Familiar Communications: Is a Little Knowledge a Dangerous Thing?", *Journal of Personality and Social Psychology* 77, nº 2 (1999): 233–246.

6. Alison Wood Brooks, "Get Excited: Reappraising Pre-Performance Anxiety as Excitement", *Journal of Experimental Psychology* 143, nº 3 (2014): 1144–1158.

Capítulo 6

1. Christine Porath, "Half of Employees Don't Feel Respected by Their Bosses", *Harvard Business Review*, 19 de novembro de 2014.

2. "The Rescue of Deputy Moon: Hero Inmates Save Lone Guard as He's Choked by Prisoner in Violent Attack", *Daily Mail*, 6 de novembro de 2009.

3. "Inmates Recount How They Saved Deputy from Attack", *Tampa Bay Tribune*, 5 de novembro de 2009.

4. Citado em Edward Alexander Westermarck, *Christianity and Morals* (1931; Nova York: Routledge, 2013).

5. "The Sentences of Sextus", trad. Frederik Wisse, Nag Hammadi Library, Gnostic Society Library, http://www.gnosis.org/naghamm/sent.html [conteúdo em inglês].

6. Citado em Westermarck, *Christianity and Morals*, 71.

7. Levíticos 19:18.

8. E. M. Bowden, comp., *The Essence of Buddhism* (Girard, KS: Haldeman-Julius, 1922).

9. Gurcharan Das, "Draupadi's Question: Lessons for Public and Corporate Governance", in *Textuality and Inter-Textuality in the Mahabharata*, editado por Pradeep Trikha (Nova Déli: Sarup and Sons, 2006), 121.

10. Jeffrey Wattles, *The Golden Rule* (Nova York: Oxford University Press, 1996), 192.

280 NOTAS

11. Porath, "Half of Employees Don't Feel Respected by Their Bosses".

12. William Safire, "On Language: The Elision Fields", *New York Times Magazine*, 13 de agosto de 1989.

13. Mariek Vanden Abeele, Marjolijn Antheunis e Alexander Schouten, "The Effect of Mobile Messaging During a Conversation on Impression Formation and Interaction Quality", *Computers in Human Behavior* 62 (2016): 562–569.

14. Varoth Chotpitayasunondh e Karen M. Douglas, "The Effects of 'Phubbing' on Social Interaction", *Journal of Applied Social Psychology* (online), 24 de janeiro de 2018, DOI: 10.1111/jasp.12506.

15. Suzanne Wu, "Was It Smart to Use Your Phone at That Meeting?", comunicado de imprensa, Universidade do Sul da Califórnia, 24 de outubro de 2013.

16. Andrea Park, "Disney Drops Director James Gunn from 'Guardians of the Galaxy' over Offensive Tweets", CBS News, 20 de julho de 2018.

17. Alison Mitchell, "Impeachment: The Overview — Clinton Impeached; He Faces a Senate Trial, 2d in History; Vows to Do Job till Term's 'Last Hour'", *New York Times*, 20 de dezembro de 1998.

18. "Anthony Weiner Scandal: A Timeline", CNN, atualizado em 30 de agosto de 2016.

Capítulo 7

1. Shanto Iyengar, Gaurav Sood e Yphtach Lelkes, "Affect, Not Ideology: A Social Identity Perspective on Polarization", *Public Opinion Quarterly* 76, nº 3 (2012): 405–431.

2. Lynn Vavreck, "A Measure of Identity: Are You Married to Your Party?", *New York Times*, 31 de janeiro de 2017.

3. "Trayvon Martin Shooting Fast Facts", CNN, atualizado em 5 de junho de 2013.

4. Amy Davidson Sorkin, "'If I Had a Son, He'd Look Like Trayvon,'" *New Yorker*, 23 de março de 2012.

5. Sorkin, "'If I Had a Son'".

NOTAS 281

6. Bill Demain, "Ten Days in a Madhouse: The Woman Who Got Herself Committed", Mental Floss, 2 de maio de 2011.

7. "Empathy Is Key to Political Persuasion, Shows New Research", comunicado de imprensa, Rotman School of Management, Universidade de Toronto, 11 de novembro de 2015.

8. "Empathy Is Key to Political Persuasion".

9. "Empathy Is Key to Political Persuasion".

10. Cal Fussman, "5 Tips to Develop Your Own Big Questions", https://convertkit.s3.amazonaws.com/landing_pages/incentives/000/361/656/original/CalFussman_5Tips.pdf?1533062919 [conteúdo em inglês].

11. Richard Feldman, "Charity, Principle Of", *Routledge Encyclopedia of Philosophy* (online).

Capítulo 8

1. Henri Tajfel, "Social Psychology of Intergroup Relations", *Annual Review of Psychology* 33 (1982): 23.

2. James H. Stark e Douglas N. Frenkel, "Changing Minds: The Work of Mediators and Empirical Studies of Persuasion", *Ohio State Journal on Dispute Resolution* 28 (2013): 263–356.

3. E. Aronson, "The Power of Self-Persuasion", *American Psychologist* 54, nº 11 (1999): 875–884.

4. https://psycnet.apa.org/record/1970-10278-001 [conteúdo em inglês].

5. Pew Research Center, "Changing Attitudes on Gay Marriage", 26 de junho de 2017.

6. "In-Depth Topics A to Z: Marriage", Gallup, https://news.gallup.com/poll/117328/marriage.aspx [conteúdo em inglês].

7. Adam Liptak, "Supreme Court Ruling Makes Same-Sex Marriage a Right Nationwide", *New York Times*, 27 de junho de 2015.

8. Alex Tribou e Keith Collins, "This Is How Fast America Changes Its Mind", Bloomberg, atualizado em 26 de junho 2015.

9. Pew Research Center, "Where the Public Stands on Religious Liberty vs. Nondiscrimination", 28 de setembro de 2016.

282 NOTAS

10. Daniel Cox e Harmeet Kamboj, "How Social Contact with LGBT People Impacts Attitudes on Policy", Public Religion Research Institute, 7 de junho 2017.

11. Joe Otterson, "TV Ratings: Super Bowl LII Slips 7% from 2017 to 103.4 Million Viewers", *Variety*, 5 de fevereiro de 2018.

12. Bradley Johnson, "Big Game Punting: Super Bowl Scores $5.4 Billion in Ad Spending over 52 Years", *Ad Age*, 11 de janeiro de 2018.

13. Tanza Loudenback, "Middle-Class Americans Made More Money Last Year than Ever Before", *Business Insider*, 12 de setembro de 2017.

14. Ben Franklin, *The Autobiography of Ben Franklin*, ed. Frank Woodward Pine (Nova York: Henry Holt, 1916), Capítulo X [publicado no Brasil como *Autobiografia de Benjamin Franklin*].

15. Yu Niiya, "Does a Favor Request Increase Liking Toward the Requester?", *Journal of Social Psychology* 156, nº 2 (2016): 211–221.

16. Shana Lebowitz, "A Psychologist Says a Small Tweak to the Questions You Ask Your Boss Can Make Them Think Better of You", *Business Insider*, 15 de setembro de 2016.

17. Wendy Liu e David Gal, "Bringing Us Together or Driving Us Apart: The Effect of Soliciting Consumer Input on Consumers' Propensity to Transact with an Organization", *Journal of Consumer Research* 38, nº 2 (2010): 242.

18. "All the Great Mad Men Era Volkswagen Ads", BuzzFeed, 1º de setembro de 2013.

Capítulo 9

1. National Human Genome Research Institute, "Frequently Asked Questions About Genetic and Genomic Science", https://www.genome.gov/19016904/faq-about-genetic-and-genomic-science [conteúdo em inglês].

2. Sha Be Allah, "Today in Hip Hop History: Kool Herc's Party at 1520 Sedgwick Avenue 45 Years Ago Marks the Foundation of the Culture Known as Hip Hop", *The Source*, 11 de agosto de 2018.

3. Amos Barshad, "Rude Boys", *New York Magazine*, 24 de abril de 2011.

NOTAS 283

4. Sha Be Allah, "Today in Hip-Hop History: Run-DMC Drops 'Walk This Way' Featuring Aerosmith 31 Years Ago", *The Source*, 4 de julho de 2017.

5. Samir Meghelli, "Hip-Hop à la Française", *New York Times*, atualizado em 15 de outubro de 2013; Johann Voigt, "From Russia with Flow: How Rap Became Russia's Most Important Genre", *Noisey*, 22 de março de 2018; Victoria Namkung, "Seoul's Bumping B-Boy Scene", *New York Times*, 16 de dezembro de 2017; P. Khalil Saucier e Kumarini Silva, "Keeping It Real in the Global South: Hip-Hop Comes to Sri Lanka", *Critical Sociology* 40, nº 2 (2014): 295–300.

6. Jay-Z, *Decoded* (Nova York: Spiegel & Grau, 2010).

7. Nick Joyce e Jake Harwood, "Context and Identification in Persuasive Mass Communication", *Journal of Media Psychology* 26, nº 1 (2014): 50–57.

8. Naina Bajekal, "Silent Night: The Story of the World War I Christmas Truce of 1914", *Time*, 24 de dezembro 2014.

9. David Brown, "Remembering a Victory for Human Kindness", *Washington Post*, 25 de dezembro 2004.

10. Nadège Mougel, "World War I Casualties", trad. Julie Gratz, Centre Européen Robert Schuman, 2011.

11. Peter Kaufman, "The Similarities Project", *Everyday Sociology Blog*, 5 de dezembro de 2011, http://www.everydaysociologyblog.com/2011/12/the-similarities-project.html [conteúdo em inglês].

12. Kaufman, "The Similarities Project".

13. Kaufman, "The Similarities Project".

14. Dan Primack, "Unilever Buys Dollar Shave Club for $1 Billion", *Fortune*, 19 de julho de 2016.

Capítulo 10

1. Anita Elberse e Jeroen Verleun, "The Economic Value of Celebrity Endorsements", *Journal of Advertising Research*, junho de 2012, 149–165.

2. Kenneth T. Walsh, "Tom Hanks Is Most Trusted American, Obama Far Behind", *US News and World Report*, 9 de maio de 2013.

284 NOTAS

3. Tim Ferriss, "How to Breakdance 101: Unleash Your Inner B-Boy", 25 de outubro de 2009, https://tim.blog/2009/10/25/how-to-breakdance-101; Tim Ferriss, "How to Lose 30 Pounds in 24 Hours: The Definitive Guide to Cutting Weight", 18 de janeiro de 2008, https://tim.blog/tag/dehydration [conteúdos em inglês].

4. "Hack", Techopedia, https://www.techopedia.com/definition/27859/hack-development [conteúdo em inglês].

5. Nat Eliason, "No More 'Struggle Porn'", Medium, 18 de outubro de 2018.

6. "Company Info", Patagonia, https://www.patagonia.com/company-info.html [conteúdo em inglês].

7. Jon Porter, "The New MacBook Air and Mac Mini Are Made of 100 Percent Recycled Aluminum", The Verge, 30 de outubro de 2018; Nick Statt, "Apple Says It's Now Powered by 100 Percent Renewable Energy Worldwide", The Verge, 9 de abril de 2018.

8. Walmart, "2018 Global Responsibility Report".

9. K. Anders Ericsson, Michael J. Prietula e Edward T. Cokely, "The Making of an Expert", *Harvard Business Review*, julho–agosto de 2007.

10. Mike Berardino, "Mike Tyson Explains One of His Most Famous Quotes", *Sun Sentinel*, 9 de novembro de 2012.

Capítulo 11

1. Andrew Wolfson, "Muhammad Ali Lost Everything in Opposing the Vietnam War. But in 1968, He Triumphed", *USA Today*, 19 de fevereiro de 2018.

2. Jim Weeks, "How Muhammad Ali Stunned the World at the Rumble in the Jungle", Vice Sports, 29 de junho de 2017.

3. Stephanie Merry, "Her Shocking Murder Became the Stuff of Legend. But Everyone Got the Story Wrong", *Washington Post*, 29 de junho de 2016.

4. John M. Darley e Bibb Latané, "Bystander Intervention in Emergencies: Diffusion of Responsibility", *Journal of Personality and Social Psychology* 8 (1968): 377–383.

5. Darley e Latané, "Bystander Intervention in Emergencies".

6. Jennifer M. Wood, "15 Inspiring Quotes from Rosa Parks", Mental Floss, 4 de fevereiro de 2018.

7. "63 Years Ago, Rosa Parks Stood Up for Civil Rights by Sitting Down", CNN, 1º de dezembro de 2018.

8. U.S. Green Building Council, "Up-to-Date, Official Statistics About USGBC Programs", outubro de 2017, https://www.usgbc.org/articles/usgbc-statistics [conteúdo em inglês].

9. U.S. Green Building Council, "Benefits of Green Building", https://www.usgbc.org/articles/green-building-facts [conteúdo em inglês].

10. U.S. Green Building Council, "Benefits of Green Building".

11. Mairi Beautyman, "Write Your Own Eulogy, Says Father of LEED David Gottfried to a Crowd in Las Vegas", TreeHugger, 17 de junho de 2008.

12. Better Make Room, https://www.bettermakeroom.org; Stand Stronger, https://committocitizenship.org; The United State of Women, https://www.theunitedstateofwomen.org [conteúdo em inglês].

13. "About Dr. King Overview", The King Center, http://www.thekingcenter.org/about-dr-king [conteúdo em inglês]; Emily Wax, "Martin Luther King's Nonviolent Civil Rights Efforts Still Inspire Across Globe", Washington Post, 27 de julho de 2011.

14. "About StreetVet", https://www.streetvet.co.uk/about [conteúdo em inglês].

15. "About TIH Models", http://www.tihmodels.com/about [conteúdo em inglês].

16. Penelope Lockwood e Ziva Kunda, "Superstars and Me: Predicting the Impact of Role Models on the Self", Journal of Personality and Social Psychology 73, nº 1 (1997): 91–103.

Índice

A

Abraham Lincoln, 39

  discurso de Gettysburg, 40–41

adaptação, 32

altruísmo, 104–105

análise, 32

Aristóteles, 19

arrependimento, 159

audácia, 33–34

autenticidade, 23

  adaptação, 27–28

  método, 25–28

  percepção, 25

autopersuasão, 185, 187

autoridade, 30–32

autorrespeito, 158

B

Barack Obama, 167

Benjamin Franklin, 192

Beyoncé Knowles, 189–190

Bill Clinton, 156

C

Cal Fussman, 174

caráter, 20

  definição, 6

  persuasivo, 6

Christian B. Miller, 109

Christine Porath, 144

compassividade nos negócios, 73

confiabilidade, 145

confiança, 35

consciência, 32

conselhos, 194

controle de danos, 156

conversa fiada, 21

crença no produto, 79

crenças, 178

cubo de Necker, 212–220

cultura do estupro, 131

curiosidade, 171–172

    técnicas, 173–177

D

Daniel Smith, 38

David Bowie, 15–19

David Gottfried, 250–251

democracia nos EUA, 184

desculpas antecipadas, 150

desonestidade, 21

    reações inconscientes, 21–22

diálogos significativos, 175

difusão de responsabilidade, 248

dilema do prisioneiro, 104–105

discurso fragmentado, 31

Disney, 47–51

disponibilidade, 151

Donald Trump, 120

E

efeito Benjamin Franklin, 193–194

efeito espectador, 247

    difusão de responsabilidade, 248

Elliot Aronson, 185

emoções afirmativas, 120–121

empatia, 165–182

como estabelecer, 173–177

    experimentos, 170–171

especificidade, 170

estado de necessidade, 115

estar presente, 147

    técnicas, 149–153

expressividade, definição, 226

G

generosidade, 108

    de espírito, 121

genialidade, 177

George Orwell, 169

George Zimmerman, 167

gerenciamento de crise, 156

H

hesitação, 146

honestidade, 157

I

identidade social, 205

influenciadores, 78

    Kiss Army, 43–44

investir em longo prazo, 72

    regras, 79–95

J

James Gunn, 155

Jerome E. Singer, 124

Joe Biden, 128–132

Jonathan Haidt, 62

K

Kiss, banda, 42

L

Lei dos Direitos Civis, 250

lembrete, 90

linguagem coerente, 31, 33

linguagem fragmentada

 eliminar do discurso, 32–33

Lyndon B. Johnson, 119

M

Malcolm Gladwell, 230

manipulação, 265–266

 versus persuasão, 265

mansplaining, 144

marca, 67

 antropomorfismo de, 68

 merchandising de, 43

 transacional, 67

marketing

 de envolvimento, 191

 de influenciador, 78

Martin Luther King Jr., 255

Maya Angelou, 227

mensagens negativas, 120–122

mentalidade de busca de
 habilidades, 232

Meryl Streep, 227

Michael Lewis, 169

Microsoft, 152

mídias sociais, repercussão, 155

modelos de comportamento, 28–29

mudança geracional, 186

Muhammad Ali, 245

N

Necker, cubo de, 212–220

Nellie Bly, 169

P

perguntas certas, como fazer, 174

personal branding, 66

personalidade, 268

persuasão, 19

 autopersuasão, 185, 187

 disposições pessoais, 6

 expressiva, 5, 232–242

 negativa, 119

 pessoas persuasivas, 5

 positiva, 120

 versus manipulação, 265

phubbing, 148

pontualidade, 146

positividade, contágio, 124

powerful speech. *Consulte* linguagem
 coerente

290 ÍNDICE

powerless speech. *Consulte* discurso fragmentado

prática deliberada, 236

Primeira Guerra Mundial

    Trégua de Natal, 206–207

princípio da caridade, 179

priorizar relações, 91

promessas, 145

R

racismo, 168

regra

    regra da reciprocidade, 102

    regra das 10 mil horas, 230

    regra de ouro, 143–144

religiões, 39

resposta imediata, 151

reuniões, 135–136

Robert Cialdini, 102

Rosa Parks, 249

S

Shep Gordon, 72

Stanley Schachter, 124

Stephen Douglas, 40–41

storytelling, 37

    edição, 56–57

    estrutura básica, 53–54

etapas, 52–54

Kiss, banda, 42–44

para convencer, 39–42

transporte, 44–46

Walt Disney, 46–51

Super Bowl

    publicidade, 188–190

    show do intervalo, 189–190

T

teste da cerveja, 127–128

Tom Hanks, 227

transações, 72–74

transferência espontânea de traços, 135

truques de produtividade, 225

V

valores, 34

    Walt Disney, 46–51

vício em sofrimento, 231

viés de confirmação, 176

Vine, 80

W

Watergate, caso, 156

Windows Vista, campanha, 151

Projetos corporativos e edições personalizadas
dentro da sua estratégia de negócio. Já pensou nisso?

Coordenação de Eventos
Viviane Paiva
viviane@altabooks.com.br

Contato Comercial
vendas.corporativas@altabooks.com.br

A Alta Books tem criado experiências incríveis no meio corporativo. Com a crescente implementação da educação corporativa nas empresas, o livro entra como uma importante fonte de conhecimento. Com atendimento personalizado, conseguimos identificar as principais necessidades, e criar uma seleção de livros que podem ser utilizados de diversas maneiras, como por exemplo, para fortalecer relacionamento com suas equipes/ seus clientes. Você já utilizou o livro para alguma ação estratégica na sua empresa?

Entre em contato com nosso time para entender melhor as possibilidades de personalização e incentivo ao desenvolvimento pessoal e profissional.

PUBLIQUE SEU LIVRO

Publique seu livro com a Alta Books.
Para mais informações envie um e-mail para: autoria@altabooks.com.br

 /altabooks   /alta-books   /altabooks   /altabooks

CONHEÇA OUTROS LIVROS DA **ALTA BOOKS**

Todas as imagens são meramente ilustrativas.

Este livro foi impresso nas oficinas gráficas da Editora Vozes Ltda.,
Rua Frei Luís, 100 – Petrópolis, RJ.